J1311-85

年度主题　**先读为快　行稳致远**

2019 年度深圳市宣传文化事业发展
专项基金资助项目

★★★

主　　编：尹昌龙

副 主 编：丘　干

统　　筹：杨　红

编　　辑：关　婷　陈宏强　叶　特　余晓霓

尹昌龙　主编

# 深圳全民阅读发展报告2020

SHENZHEN QUANMIN YUEDU FAZHAN BAOGAO 2020

深圳市全民阅读研究与推广中心

海天出版社
·深圳·

图书在版编目（CIP）数据

深圳全民阅读发展报告. 2020 / 尹昌龙主编. — 深圳 : 海天出版社, 2020.4
ISBN 978-7-5507-2863-9

Ⅰ. ①深… Ⅱ. ①尹… Ⅲ. ①读书活动—研究报告—深圳—2020 Ⅳ. ①G252.17

中国版本图书馆CIP数据核字（2020）第039816号

**深圳全民阅读发展报告2020**
SHENZHEN QUANMIN YUEDU FAZHAN BAOGAO 2020

出 品 人　聂雄前
特约策划　深圳市全民阅读研究与推广中心
责任编辑　朱丽伟　雷　阳
责任校对　万妮霞
责任技编　郑　欢
装帧设计　知行格致

---

出版发行　海天出版社
地　　址　深圳市彩田南路海天综合大厦　（518033）
网　　址　www.htph.com.cn
订购电话　0755-83460239（邮购、团购）
设计制作　深圳市知行格致文化传播有限公司　Tel：0755-83464427
印　　刷　深圳市华信图文印务有限公司
开　　本　787mm×1092mm　1/16
印　　张　20.5
字　　数　235千
版　　次　2020年4月第1版
印　　次　2020年4月第1次
定　　价　86.00元

---

# 目 录

## 特 稿



## 总报告



## 阅读综合研究

## “深圳读书月”研究



## 数字阅读研究



## 图书馆研究

## 阅读平台研究



## 阅读空间研究

## 附 录

# 特 稿

深圳全民阅读
发展报告
2020

# 充分认识阅读对未来教育的意义

朱永新

## 未来教育：学什么和怎么学

学习科学自20世纪80年代问世以来，备受教育界关注。世界范围内知名的脑科学家、认知神经心理学家、教育家都在自己的领域进行研究，探究人的记忆、学习机制、生理机制、心理机制等方面的问题。

现代教育发生了很大的转变，从教转向学，从以教师为中心、以书本为中心、以知识为中心，转向以学生为中心、以学习为中心。“从教转向学”有一个很重要的问题，那就是如何提高学习效率。

2018年12月，“中国教育三十人论坛”在深圳召开了一个有关教育的前沿峰会，就学习科学进行专门讨论。会上，几乎所有研究学习科学的专家的关注重点都在于——如何让学习更有效率，如何提高记忆效率，如何尽快地掌握知识，如何让记忆变得更牢固，等等。但是，如果一个孩子的学习效率很高，学到的知识却是无用的，该怎么办？这是我在会上提出的一个问题——大多数人关注学习这件事情本身，而很少有人去研究学习的内容。

我在新书《未来学校：重新定义教育》里面，专门就未来学校应该学什么进行了讨论。学生花那么多精力和时间去学没用的东西，这是教育面临的一个大问题。今天的学校生活，是天经地义的吗？学校里教的知识都是理所当然的吗？如果不是的话，能不能改一改呢？

我们知道，现在学校的学科越分越细，学科科目越来越多，不断做加法。这样下去，学生吃得消吗？而科学本身，在发生新的整合。所以我在《未来学校：重新定义教育》这本书里提出了关于未来学习内容的一个新主张——大量压缩学习内容。

个人认为，现在学校里教的课程最多保留 50%，把另外 50% 的时间还给学生，让学生自我定制学习、自我建构学习。对于学校来说，砍掉 50% 的课程谈何容易？但实际上，砍掉 50% 都是保守的。

2015 年，世界教育创新峰会（简称 WISE 峰会）对全世界的教育家做了一个调研。我也收到了一份问卷，问卷上的问题是："你认为现在孩子要学习的这些知识要保留多少？"大家猜猜最后的答案是多少？平均数只有 17%。也就是说，学生现在学的这些东西，其实很多是没有必要的，是在大量地浪费时间。

这一调研结果，几乎彻底颠覆了我们对学校学科知识的认知。大家可以设想一下，我们从小学、中学到大学学习的东西，在一生中派上了几次用场？在我们的知识结构中有多少是自学得来的？

这样一想，我们会发现这个数据是有道理的。因为，我们大部分的知识是自学的，是自我建构的。与其这样，学校不如把好的学习方法教给学生，让学生进行自我定制的学习，进行自我建设的学习。现在的学习低效甚至无效，常常引起学生的厌烦。其中有一个很大的问题，就是学生对学习内容不感兴趣。

在我们建构的未来学习中心的基础课程体系里，首先是生命教育课程。教育首先为生命而存在，涵养生命是教育的天职。所以我们首先要把关于生命的学问、知识和能力教给学生。生命有三个维度，第一个是长度，第二个是宽度，第三个是高度。长、宽、高，构成了立体的生命。长是距离，没有生命的长度，教育都是空话。

首先，解决生命的长度，这就需要安全健康知识。他们要学会好好吃饭、喝水、睡觉、吃药，在危急的情况下能逃生、自救，在他人发生危险的情况下会施以援手。人们常说身体的健康是“1”，其他都是“0”。教育首先要帮助一个人解决“1”的问题，先把“1”给“立住”。

其次，解决生命的宽度。人是社会的人，人生活在人群中，每个人都具有社会性。在生活中，我们会发现，有的人走到哪里都受人欢迎，有的人走到哪里都令人讨厌。这在心理学里有专门的名词，分别叫“人缘儿”和“嫌弃儿”。为什么会有这样的差别？这是因为“人缘儿”懂得和人交往的艺术、知识和技能。所以我们的课程要解决生命的宽度问题，让他成为受欢迎的人。

再次，解决生命的高度。人要有精神生活。人和其他动物不一样，其他动物也有社会性，也有长度和宽度，但是它们没有高度。只有人有高度、有价值观、有原则，这也是作为一个人的底线。

因为这门课非常重要，所以我们主编了一套《新生命教育读本》，覆盖从幼儿园到高中的学生，每学期一本。这套书目前还不是国家教材，但是已经在几百所新教育实验学校使用。我觉得未来它应该成为国家教材，因为这套书对人一生的发展都有意义。现在的学校并不是完全没有生命教育课，心理课、生理课、职业生涯规划课，这些都属于生命教育课程。只不过太分散、太琐碎，所以我们把它们整合成一门课程。

在我们建构的未来学习中心的基础课程体系里，在生命教育课程的基础之上，还有真——智识教育课程、善——道德教育课程和美——艺术教育课程。“真”分两门课程，一门大科学和一门大人文；“善”是大德育，“美”是大艺术。这样就把现在中小学所有的学科都整合了。

在大科学课程中，我们需要的是一门面向所有人的科学，是帮助人培养科学思维、科学精神和学习科学方法的科学。所以我们根据物质科学、生命科学、宇宙科学这三大现代科学支柱概括出十四个大科学概念，用科学概念来整合科学知识体系。

其实早在几年前，中国工程院院士韦钰已经和全世界的科学家一起把十四个科学概念提出来了，只是还没有形成非常完备的体系。新一版的国家小学科学教材基本上是根据科学概念来整合的。很遗憾的是，到了中学科学又被割裂了。尤其是文理分班以后，绝大多数学生就不再学习科学。这些学生以后不再接触科学，实际上是很遗憾的一件事情。而我们要做的大科学，是一门要面向所有人的学科。

同时，我们还做了一门面向所有人的大人文，包括文学、哲学、历史、地理、政治等学科。人文本身是一门综合性的课程，你能说《史记》是语文，是历史，还是地理吗？《史记》是一个综合性的文本。所以未来的人文学习是以文本为基础，主要采用项目制学习与主题性学习的方法进行学习。这样就把文学、哲学、历史、地理完整地用人文科学的概念整合起来。

2019 年 7 月，在江苏召开的新教育实验年度研讨会上，我做了一个报告，提出来 12 个关于人文科学的大概念。未来，我们会用人文科学大概念编一本新教材，也是从小学覆盖到中学。我觉得它符合未来的教育方向。这样我们就把那么多门课变成了两门课——科学、人文，而且所有人都要学，不允许文理分科。

不允许文理分科，不等于不培养学生的个性。另外 50% 的时间，我们会让学生做选择。比如学生想成为一位化学家，我们有化学模块的课程；学生想成为雕塑家，或者电影家，我们也有相应的课程。这就是让学生在选修课程的过程中，进行自我建构。

以“善”为指向的，是道德教育课程。我们把公民教育、道德教育、思想品德教育整合成大德育。大德育培养学生与人和谐相处的能力、领导能力、社会责任和经济生活管理能力（财商）等。

以“美”为指向的，是艺术教育课程。美术和音乐是100年前艺术教育的样式，戏剧、设计、创意这些现代艺术教育形式，还没有真正进入学校的教学体系。所以我们专门设计了一套以艺术教育大概念为统领的艺术教育课程。

## 学科阅读：为什么读和读什么

学什么的问题很重要，和它相关的就是读什么的问题。2010年，我们在北京成立了新阅读研究所，王林是研究所第一任所长。研究所花了大量的精力研制《中国人基础阅读书目》，现在9个书系已经全面完成。这样，不同年龄阶段的不同职业群体要读什么书，就有了一个比较靠谱的书目。

应该说，这在中国还是第一次系统地研制阅读书目。中国古代有很多书目，包括张之洞曾经编撰的《书目答问》，但基本上还是以中国传统文化为导向进行梳理的。我们研制的书目包括人文、科学、社会等成体系的书目，并涉及不同人群，这在中国历史上还是第一次。

“虽有遗珠之憾，但绝无鱼目混珠。”曹文轩曾经这样评价《中国小学生基础阅读书目》。我认为这个书目应该成为我国中小学图书馆馆配的基础书目。2019 年两会上，我专门有一个提案提出，中小学生的营养午餐基本解决了，但是精神正餐没有解决。

每年我差不多要走访一百所中小学，特别要到农村学校去看一看。我看农村孩子的伙食是可以放心的，每一餐基本上都有肉，营养也比较合理。因为国家抓得很紧，拨款也很到位。但是精神正餐没有解决，农村中小学图书馆基本上没有成体系地构建。有的学校干脆没有图书馆，有的图书馆“铁将军把门”基本不开放，有的图书馆虽然开放，但是图书一塌糊涂。问题非常多，更不用说阅读指导、阅读课、图书馆管理员等一系列问题。

2018 年 11 月，我到过云南一个国家级贫困县的小学。小学里的书倒是不少，但是全部被捆起来放在仓库。我跟校长说，一本书就是一个老师，很多老师也许还不如一本书的水平高。一个学生可能通过一本书爱上阅读，从此就会自己找书看。一本书对一个学生的影响，可能远远超过老师对他的影响。你一定要记住，一本好书一定不亚于一个好老师。

所以，“读什么”这个问题要解决得更加深入。三年前，我们开始研究全学科书目。为什么要做全学科阅读的书目？因为我们做完《中国人基础阅读书目》之后发现，基础阅读书目很难涵盖中小学生的学科内容。现在的中小学生书目各包含 100 本书，基础书目 30 本，推荐书目 70 本，其中人文、文学、科学各占三分之一，因此要具体到某一门学科就很困难。

我们觉得学科阅读对学生的健康成长非常关键，但是现在的中小学基本上没有学科阅读。讲起阅读基本上都是语文老师的活儿，阅读好像变成语文学科的事情，其他学科不关注阅读，也没有帮学生养成阅读习惯。

我刚开始做书目的时候，有一位化学特级教师跟着我做访问学者。他问我，为什么化学学科还要读那么多书？一位教授级的化学特级教师，他觉得化学学科就是做实验，不需要阅读。

我告诉他，学科阅读至少有三大好处。

第一，学科阅读有助于激发学生好奇心，学生可能从此对学科产生浓厚的兴趣。我看过很多科学家的传记，很多人由于在小学读了一本书，于是爱上了这门学科。比如说，学生可能是因为《元素的故事》喜欢上了化学，也可能因为读了《从一到无穷大》喜欢上了数学。

教科书是干巴巴的、没有可读性的。它只是一个知识体系的框架，不是一个好的读本，很难点燃学生对学科的兴趣。而学科阅读的书不一样，现在有很多非常好的学科阅读读本。我曾在新浪微博上推荐过一套学科阅读的书“宝宝的量子物理学绘本”，这是一套写给 3~10 岁孩子看的图画书，作者是加拿大物理学家克里斯·费里。Facebook（脸书）创始人扎克伯格的女儿在一岁半的时候就开始进行学科阅读，看的就是这套图画书。

第二，学科阅读有助于帮助学生追寻人生榜样。寻找生命的原型，对一个人来说非常重要。每个人的生命其实都是一个故事，优秀的人能够把自己的故事变成一部传奇，普通人就是一个平庸的故事，甚至还有人把故事变成了事故。

新教育实验有一套关于教师成长的理论，其中一个理论就是生命叙事。我们认为要成为一个优秀的教师，就要用自己的生命把故事变成传奇。首先教师要去寻找生命的原型，通俗地来说就是人生的榜样，就是要像谁那样活着。

优秀的人心中总有自己的人生榜样，这是所有人成长过程中的重要动力。我有一个博士生叫李镇西，他是语文特级教师，语文学科的教师基本都知道他。他说，两个人给了他人生的动力，第一个是陶行知。他看过陶行知先生所有的书，认真读过十几卷的《陶行知全集》。像陶行知那样做一个平民教育家，是他的人生梦想。第二个是苏霍姆林斯基。他专门到乌克兰去致敬苏霍姆林斯基，读过苏霍姆林斯基所有能找到的著作。有人把他称作“中国的苏霍姆林斯基”。他做校长以后在学校里面建了两个院子，一个叫陶院，一个叫苏院，因为他做教育的动力就来自这两位伟大的教育家。如果去做追溯和研究的话，其实那些优秀教师的成长历程中，都有这样的榜样。

科学家约翰尼斯·迪德里克·范·德·瓦耳斯也是如此，他是一位荷兰物理学家，曾经获得过诺贝尔物理学奖。在他成长的过程中，他心中就有一个偶像。这个偶像不是物理学家，而是一位哲学家，和他在同一个村庄，比他早几代出生。他认为，自己跟他一样，都生长在同一片土地，生活条件也都差不多。既然他能成为一个伟大的人，为什么自己不能呢？于是，瓦耳斯每天专门绕一段路，来到这位哲学家的铜像前为自己打气。最终，这座城市也有了他的雕像。

第三，学科阅读本身也是走进学科本质的最重要的路径。教科书是“压缩饼干”，它把学科体系中最重要的原理、知识、定律串联起来。但它不是一个完整的内容，不是一个丰富的实体。学生要真正地掌握学科本质，特别是理解学科之间的内在联系，需要大量的学科阅读，有时还需要整合学科。

目前，我们的研制工作进行得比较顺利。我们把中小学所有学科，包括我们自己做的生命生理课，都做了一个学科阅读书目研制计划，预计今年全面完成。针对每一门学科，我们为中国的老师和学生，各做了一个100本书的书目。在学科阅读书目中，老师和学生的读物有交叉，但不完全一样。这个书目是我的第二个大工程，以前也没有人做过这件事。

## 未来阅读与未来学校：怎么关联怎么实现

学科阅读书目完成以后，我还有一个梦想，就是做主题研究书目。为什么要做这个书目呢？因为未来教育的主要学习形态不再是分科教学，而是以项目制学习、主题性学习为主导的新型学习形式，所以光有学科阅读是不够的。

未来，传统的班级授课制肯定会被打破，而学科阅读书目很难适应新的学习形式。但研究不一样，中国有100个左右的一级学科，它可以直接为包括中小学生在内的所有希望研究相关主题的未来学生，甚至为所有希望终身学习的人的研究性学习、主题性学习提供服务。

在研制的过程中，我们按照一级学科和二级学科的体系，按照城市问题、环境问题这些问题式的方式，去选择未来学生在研究过程中需要的知识体系。

这项工作我准备也要尽快启动，已经与中国大百科全书出版社洽谈合作。中国大百科全书出版社凝聚着国家所有学科的第一流人才，每门学科都有召集人。我们想请每门学科的召集人来主持书目，选编图书。

这样，就可以形成一整套从基础书目到学科书目，再到主题研究书目的完整阅读体系。我认为这是一个比较重要的奠基性工程，也是会对未来教育产生深刻影响的工程。

未来教育，会变得让人难以想象。我在接受媒体就《未来学校：重新定义教育》采访时，被问到一个问题：未来学校什么时候能实现？我说，中国是世界上最有条件实施未来学习中心的国家，因为中国有着执行力极强的政府，只要政府下决心，看清未来的方向，就会全力以赴地完成。

全面变革学校，应该首先出现在中国，因为技术已经完全提供了可能。大数据、人工智能等已经为未来学校提供了所需的技术支撑，现在只剩下思想上的障碍。只要思想上的障碍解决了，中国的推动力会强于任何一个国家。

《未来学校：重新定义教育》这本书里的所有教育模式，在现实生活中都有原型，其中大部分来自美国。从 20 世纪 60 年代开始，美国就已经有了不上课的学校。学生把想学的东西告诉学校，学校帮忙配备资源，完全以学生为中心来进行教学。《未来学校：重新定义教育》里所有的故事都有原型，我只不过是把它们重新汇聚，用现代教育体系进行重新构架。

未来学习中心是没有围墙的校园，甚至是虚拟的网络空间。学习中心可以是类似于传统中小学的学习机构，也可以将其设立在社区、科技馆、博物馆、图书馆或者大学里。只要能够提供丰富的学习资源和良好的学习环境，任何地方都可以成为未来学习中心。

未来是能者为师的时代，世界上只有十分优秀的人才能做老师。比如对于艺术课而言，现在都是师范院校学艺术的老师来教，未来都是艺术家来教。北京大学附属中学已经做到了这一点，它的艺术课程是由艺术家来教授。艺术家在校园里建各种各样的工作坊，学生可以自主选择课程。上海包玉刚实验学校的体育课，是由奥运冠军、亚运冠军在教。这样的教育，就会提供一个新的景观。

未来学习中心也没有现在的补习班。现在的学生很苦，要到学校学数学、英语，要到培训机构补习数学、英语。未来，学习中心把知名机构的老师请来教数学、英语，学生何必再去补课呢？未来，那些优秀的英语老师，会开英语课程公司；那些优秀的语文老师，会开语文课程公司，为各种学习中心提供课程。所以如何调动教师的积极性，校长就不用担心了。教师教得不好，校长可以换人。

未来的教育经过重新构架以后，会发生让我们难以想象的新的变化，会更加便捷、自由化、定制化、个性化。未来教育的变化会非常大，但是有一条是永远不可能变的，那就是无论教育怎么变，阅读是不会变的。阅读包括纸质阅读和网络阅读，它是获得知识的一个最重要的途径，也是我们进行各种学习的最重要的文本。

正因如此，我们要充分认识阅读在未来教育中的意义和价值，充分认识学科阅读对学生成长的意义和价值，充分认识主题研究阅读对培养有创造力的人的意义和价值。

朱永新，全国政协常务委员兼副秘书长，民进中央副主席

# 文化中国，从阅读开始

王京生

今天的中国，阅读风气日渐浓厚，国民阅读量逐年增加，以深圳读书月为代表的全民阅读活动点亮阅读的星火，在全国轰轰烈烈开展，已成燎原之势。习近平总书记多次谈读书经历、推荐书单，他在接受俄罗斯媒体专访时说到："现在，我经常能做到的是读书，读书已成了我的一种生活方式。"李克强总理在2019年政府工作报告中强调，倡导全民阅读，推进学习型社会建设。国家领导人对于全民阅读的观点，不仅代表中国领导人的素养，也表达了中华民族对阅读的推崇和重视。

中华文明何以历久不衰并且日益壮大？这与中华民族形成了一种对学习、阅读的推崇有关。孔子说："十室之邑，必有忠信如丘者焉，不如丘之好学也。"意思是说，有忠信之德者并不少见，但真正"好学"之人却并不多。《论语》以"学而时习之，不亦说乎"为发轫之辞，绝非偶然。"好学"对于中国文化之传续、发达，有不可低估的作用，对中华民族的民族性格亦有重要的塑造作用。阅读带给我们的，不仅是个人的幸福之时，也是社会的和谐之声，是民族的复兴之路。

在全球瘟疫流行的当下，更需"以读攻毒"。读书是抵抗疫病，提升人们充实感和幸福感行之有效的手段。读书带给我们智慧之乐、心灵之乐、和美之乐，赋予我们创新、智慧、包容和力量。亲近阅读就是亲近文明。我们国家之所以能够在疫情防控战中取得阶段性胜利，与中华文明中的坚韧、仁爱等民族精神密不可分。

可以说，真正的复兴是文明和文化的复兴。研究显示，2000—2016 年，无形资产资本化支出在全球总营收中的占比从 5.4%增加到 13.1%，[①]知识和无形资产越来越得到重视。全球价值链的知识密集度不断提高。在全球竞争迈入价值链重构和经济高质量发展新格局的今天，屹立于世界民族之林的文化中国，必须唤起中华民族以阅读为基本的更大的学习热情，唯此，我们的民族才能更加进步。

全民阅读是基础性、战略性工作，对于塑造民族精神、提升民族素质、推动民族发展具有重大意义。阅读，是国家走向复兴的基本战略。人们越来越认识到，创新对于国家发展的重要性。纵观人类历史，我们就会发现，凡是创新能力强盛的民族和国家，也一定是阅读学习杰出的民族和国家。因为所有的创新必须依赖于对知识的拥有和重新认识，在阅读中获得知识、发现问题、寻求突破，正是创新的思想逻辑，创新与阅读本就相伴而生。因此，要像重视创新一样，高度重视阅读。

文化中国，从阅读开始。

---

① 数据来源：《数字全球化：全球流动的新时代》，2016 年 2 月由麦肯锡全球研究院（MGI）发布。

# 一、阅读赋予我们强大的精神力量，对凝聚民族精神，形塑民族品格至关重要

## （一）阅读是构建中华民族基本素质的优良传统，彰显了民族精神的核心要义

几千年来，中华民族传承下来的书籍典藏汗牛充栋，勤学善学的精神更是一脉相承。“忠厚传家久，诗书继世长”，中国人一直把阅读当作和生命一样重要的东西。从孔子的“学而不思则罔，思而不学则殆”，到杜甫的“读书破万卷，下笔如有神”；从于谦的“书卷多情似故人，晨昏忧乐每相亲”，到苏轼的“发奋识遍天下字，立志读尽人间书”；从“凿壁借光”到“囊萤映雪”，对书本的热情、对阅读的推崇以及读书之刻苦、学习之勤奋，从中可见一斑。

崇尚读书是中华民族的优良传统，阅读让人们在持续的学习中增长知识、汲取智慧。子曰：“吾十有五而志于学”，“吾尝终日不食，终夜不寝以思，无益，不如学也。”孔子一生为学、勤勉好学，他认为学习应早立志向，认为思考要以学习和实践为基础和前提。“敏而好学，不耻下问”“学而不厌，诲人不倦”，《论语》中关于“学”的论述俯拾皆是。中国人崇学善学，认为学海无涯、学无止境，一直以来，阅读传统和好学精神推动了中华民族文明的发展和社会的进步。

孔子认为“好学”是非常重要而难得的品质和美德。他最赞赏的弟子颜渊不仅以好学出名，而且品性高洁，是士大夫和君子的楷模。“笃信好学，守死善道”，好学善思不仅让人思想聪慧，也给人带来坚定的信念，端正人的行为品德，形成一个人基本的道德素养。孔子曾提出“六言六弊”：

好仁不好学，其蔽也愚；好知不好学，其蔽也荡；好信不好学，其蔽也贼；好直不好学，其蔽也绞；好勇不好学，其蔽也乱；好刚不好学，其蔽也狂。

“六言皆美德，然徒好之而不学以明其理，则各有所蔽。”① 仁、智、信、直、勇、刚是孔子推崇的美德，然而如果不加以认真学习，知晓其中的道理，则很可能走向德行的反面。换言之，知之无涯，行之有度，是为好学。好学是阅读的动机，也是阅读的目的。好学精神是民族精神的要义，是中华文化宝贵的精神财富，不仅让中华文明得以传承下来，也将让中华文明延续下去，汇入世界文明的广阔流域。

## （二）阅读是涵养社会主义核心价值观的重要路径，为社会发展提供了价值规范

文化人类学家怀特认为：“人类行为是文化的函数”，在构成决定行为的诸多因素中，最终的决定因素不是社会或群体，而是文化传统。社会主义核心价值体系充分吸收了数千年传统文化中精华的价值理念、价值规范和价值准则，创造性地继承和转化，形成了更符合当代中国语境和更适应当下世界竞争格局的新的民族精神。富强、民主、文明、和谐、自由、平等、公正、法制、爱国、敬业、诚信、友善，从国家层面、社会层面、个人行为层面做出了新时代中国精神最权威、最凝练的表达。培育和践行社会主义核心价值观，本质上是重塑一种新的文化传统。

强国自国民始，高文化素质的国民自教育始，教育自读书始。犹太民族是世界上公认的最爱读书的民族，诞生了马克思、爱因斯坦、毕加索等

① 摘自朱熹《论语集注》。

众多杰出人物，在诺贝尔奖 100 多年历史上，犹太人获奖比例接近 20%。阅读是教育的重要途径，阅读造就专业和卓越，为国富民强提供强大智力支持，推动实现国家层面的价值目标。

阅读唤起文化自觉，重建一种社会责任。随着阅读逐渐成为一种生活方式，人们对美好生活的精神需求也更加旺盛。无论对于个人而言，还是在国家和民族层面，有了对文化多样性的包容，对文化价值的判断和选择，才有对社会主义先进文化的认同。文化自觉是自醒，也是自省。有了深刻的文化自觉，才带来坚定的文化自信，确立和明晰社会层面的价值取向。

阅读提高公民的道德修养。“夫子德配天地，而犹假至言以修心”。阅读经典、博览群书，能净化心灵，明理修身，提升文化水平以及人的思想和智慧。个人阅读能力和文明素养往往是相辅相成的，善读书必然博学、善思、卓尔不群，而一个灵魂高贵的人必然也深谙阅读之道和阅读之美。当一种价值观上升为个人的价值追求，才能真正塑造一个文明社会。

### （三）阅读是构建人民美好生活的必然要素，为日常生活提供了文明范式

“文化”一词最早源于罗马政治家西塞罗[①]。“cultura”从古拉丁词“colere”派生，原意是土地耕种，西塞罗把文化视作灵魂（精神）的耕种和培育（cultura animi）。文化决定了一个社会、群体的精神向度和精神高度，决定了人的精神生活。诗人但丁在《神曲》中写到，他在地狱看到荷马、亚里士多德、柏拉图等先贤圣哲，感到由衷地荣幸和自豪，不吝赞颂

① 西塞罗在《图斯库兰讨论集》（*Tusculan Disputations*）第一次使用了“文化”（cultura）一词。

和溢美之辞，认为他们代表了人类精神和思想巅峰的智慧和才华。文化和智性的光辉昭示了代表最高文明的生活方式，诗人引领的西方人文主义打破封建神学的世界观，打开了欧洲文艺复兴的大门。

无论是古老的中华文明，还是源于古希腊思想的欧洲文明，都十分重视人的精神生活。在文化耕种的土地上，阅读带来源源不断的给养。当今世界，北欧是人们幸福指数最高的聚集区域。在联合国 2019 年《世界幸福报告》中，北欧五国占据前 10 名的半壁江山。这和北欧人热爱阅读有着必然联系，在北欧国家旅行，公共场合的读书现象常为国人感叹。北欧五国是当今全球图书馆最为密集的地区之一，在不足 140 万平方公里的土地上分布着约 8000 座图书馆。被评为全球最幸福国家第一位的芬兰则有 2500 余座，是世界上人均拥有图书馆最多的国家，每 2000 个人就拥有一座图书馆。①

文明的生活方式不是田园牧歌的原始主义，也不是娱乐至上的精致利己主义，而是一种沉思而昂扬的、饱满而轻盈的智性生活。柏拉图有一句名言，我知我无知。求知使人无限接近生命的本质，是最高级的文明样式。阅读则是通往文明生活的捷径，是美好生活构成的必然要素，也是塑造国人精神气质的最佳手段。

深圳读书月有一个年度主题是“阅读筑梦 阅读圆梦”。筑梦，是构建和寻找梦想；圆梦，是完成和实现梦想。梦是我们在精神世界构建的理想国，每个人的梦想如何产生和实现，阅读都是很重要的途径。阅读潜移默化雕塑着一个国家和民族的精气神——通过阅读，尊重知识、崇尚文化、

① 数据来源：《联合国教科文组织全民教育全球监测报告》（*UNESCO EFA Global Monitoring Report*），2017 年 7 月发布。

追求文明的文化气象正在升腾；通过阅读，积极乐观、与人为善、和睦和谐的社会氛围日渐形成；通过阅读，知书达理、勇于创新、不断进取的中国人，将进一步夯实民族的文化根基，创造着一种高尚的文明样式。

我们要从阅读中汲取实现中国梦的力量。实现中国梦，从阅读开始。

## 二、阅读培育强大的学习能力，对提升民族素质，促进文化繁荣和可持续发展具有根本意义

### （一）阅读是传承和发扬民族优秀传统文化的重要依托

中华文明历经流变从未中断，在于独具特色、博大精深的中华文化，形成强大的精神支撑。文化复兴的前提是要尊重历史，延续好的传统，传播好的文化，让民族精神的根脉在文化的土壤里越扎越深。

“昔者仓颉作书而天雨粟，鬼夜哭”。文字的产生如此惊天地、泣鬼神，以至于天上下起了粟米，鬼神在黑夜里哭泣。文字的产生真正揭开了天地的奥秘、孕育了人类的文明，使中华民族获得前所未有的思维广度和创造空间。

鉴往知来使我们明于事理。“学于古训乃有获。”孔子教人亦曰：“好古，敏以求之。”学习古人留下的训诲，一定会有收获。古训有益，如何传习？朱熹云：“道之在天下，其实原于天命之性，而行于君臣、父子、兄弟、朋友之间，其文则出于圣人之手，而存于《易》《书》《诗》《礼》《春秋》。”圣贤之道形之于文字，体现在经书典籍之中，传于后世子孙，施行教化，影响深远。

文字记载历史，阅读传播文明。2019 年，我国共有 501 家出版社的

24168种图书进入海外图书馆系统永久收藏。中国图书迎来了世界出版时代，尤其是人文社科类著作，大批中文主题图书实现多语种版权输出。在经济全球化、社会信息化的今天，人们很容易通过阅读实现跨地域跨文化的信息互通，打破语言文字的壁垒，把世界带到自己面前。

书籍记录了文明成果，书写了文明发展史。阅读建立了我们与历史、与世界对话的通道。向世界输出自己的核心文化价值，是民族素质增强，具有强大文化软实力的标志，中华文化通过阅读活动而世代沿袭，并将继续发扬光大。

### （二）实现公民文化权利，阅读是行之有效的核心策略

阅读是公民最基本的文化权利，是提高国民素质的根本保障。《中共中央关于深化文化体制改革、推动社会主义文化大发展大繁荣若干重大问题的决定》明确提出，要满足全体人民读书看报等基本文化权益，加快城乡文化一体化发展，加强县级文化馆和图书馆、乡镇综合文化站、村文化室建设，深入实施农家书屋等文化惠民工程，深入开展全民阅读。

以阅读为抓手，建立全覆盖、普惠型的公共文化服务体系，推出实在的惠民工程、多样的利民举措、丰富的便民活动，能有效提升公共文化服务建设标准化均等化，使每个公民都拥有享受文化成果的权利、参与文化活动的权利、开展文化创造的权利和文化选择的权利。

我国扶贫工作提出“扶贫先扶志、扶贫必扶智”，充分体现了知识和教育的重要性。阅读为公民提供最基本的学习权利，通过阅读改善贫困地区和贫困人口的学习条件，营造文化环境，是摆脱贫困的根本，是阻止贫困代际传递的重要途径。

当前，阅读已纳入国家立法，从文化建设软指标转变为硬指标，列入

经济社会发展规划。阅读成为重要的政府保障民生工程，各省市也纷纷出台本土的阅读立法文件。立法之后，全民阅读促进工作有了统一规划、组织保障和经费支持，重要的就是如何执行，如何把实现公民文化权利和推动全民阅读和终身学习作为法律的旨归，不断丰富和完善法律实践。

美国早在 1998 年通过了《卓越阅读法案》，政府拨款 50 亿美元，特别补助阅读环境较差的弱势学生。英国从 1998 年开始推行全国扫盲战略，其后七年间共投入约合 11 亿美元资金推动实施阅读计划。阅读是千秋大业，不仅需要政府前瞻性的战略构想和顶层规划设计，更需要巨大的投入和巨大的耐力切实推进，勉力促进全民阅读健康发展，真正实现全体公民的文化权利。

### （三）推动全民终身学习，阅读是最好的可持续发展

联合国大会《2030 年可持续发展议程》把全民终身学习列入 17 个可持续发展目标之一，发展愿景包含了要成为“一个人人都识字的世界”。人是社会发展的组成要素和根本动力，是可持续发展的关键。为学之道，莫先于穷理；穷理之要，必在于读书。[①] 人的可持续发展靠阅读和学习，阅读是最好的可持续发展。

首先，阅读培育树立正确价值观，启迪人的思想。康德提出，启蒙的目的是让尽量多的人变得成熟而有文化，所谓不成熟的状态即对运用自己的理智无能为力。亚里士多德一生至少撰写了 170 种著作，其中流传下来的有 47 种，内容涉及古希腊人已知的各个学科。人们通过阅读认识世界，认识自己。阅读带来独立之精神，自由之思想，指引和教导人们如何选择生活。

① 摘自朱熹《性理 精义·行宫便殿奏札二》。

其次，阅读促进行为习惯的养成，塑造合格的公民。犹太人告诉他们的孩子，头脑中的智慧谁也抢不走，比钻石还要珍贵。一个人阅读什么，他就变成什么。阅读是最有价值的无形资产之一。文化的发展不总是向前的，人们对阅读习惯的放弃也将造成人类社会的退化。一个忽视阅读的社会必然消费主义盛行，滋生怠惰和野蛮，走向文明的反面。而一个重视阅读的社会，则不断积累优质人才与高素质公民，共同塑造理想社会与理想生活。

第三，阅读培养学习能力，为发展注入动力。联合国报告显示，2000年至2015年，全世界成人识字率从81.5%提高到86%；青年文盲人数减少27%，仍有1亿多青年不识字。[①]2019年，联合国教科文组织进一步完善了“可持续发展目标4”中的教育指标（SDG4-Education），对阅读能力提出更加明确和具体的要求，包括“在阅读方面，要求二年级学生能够阅读并理解量表中的大多数书面文字，特别是熟悉的文字，并能够从句子中提取明确的信息；三年级学生能够准确而流利地朗读书面文字，能够理解句子和短文的含义，能够识别文本的主题。”阅读能力是通往知识世界的入口，也是通向真理的关键，是可持续发展的基石。

一个民族的阅读状况和学习能力，是民族素质的最直接体现。文化中国，不仅是知识中国，也必然是学习型中国。英国是世界上首个提出“阅读年”并两度举办“阅读年”活动的国家，他们提出的口号是“打造一个举国皆是读书人的国度”。对于中国来说，打造一个崇学善学、充满书香的社会，是全民阅读和终身学习的共同愿景。

---

① 数据来源：《联合国教科文组织全民教育全球监测报告》（*UNESCO EFA Global Monitoring Report*），2017年7月发布。

书香中国是中华民族文明昌盛的最诗意的表达。建设书香中国，从阅读开始。

## 三、阅读激发强大的创造力，为建设创新型国家，实现民族复兴提供内生动力

前文讲到了阅读与创新的关系。当今世界，创新是引领发展的第一动力。2018 年，全球创新者共提交了 330 万件专利申请，连续第九年实现增长，涨幅为 5.2%。中国国家知识产权局受理的专利申请数量最多，达到创纪录的 154 万件，占全球总量的 46.4%。[①] 中国在知识产权领域表现强劲，带动全球知识产权申请数量创新高。在激烈的国际竞争中，惟创新者进，惟创新者强，惟创新者胜。创新驱动战略一定时期内仍是国家发展的基本方略。阅读锤炼革故鼎新的创新精神、孜孜以求的学习精神，也激发了强大的创造力。阅读驱动创新，不仅转化为强劲的内生动力，同时也成为竞争力的外在表现。

国家创新战略涉及全方位创新，尤其需要观念的引领，如此才能使民族创新形成汪洋恣肆之势，而不是局限于个别领域，这是人类发展史上的铁律。文艺复兴引领的欧洲各国如此，北美新大陆的迅速崛起如此，中国近百年发展更是如此。改革开放的排头兵深圳是国家首个创新型城市，本身也是与时俱进、思想解放的产物。经济特区建立四十年来，深圳异军突起、大放异彩，首要原因是新观念的引领。这里首先生长观念，然后才生

① 数据来源：《世界知识产权指标 2019》（*World Intellectual Property Indicators 2019*）。

长高楼大厦，百业兴旺。以“深圳读书月”为代表的全民阅读活动是深圳观念的文化摇篮。“实现市民文化权利”“让城市因热爱读书而受人尊重”，由阅读引发的文化思考和发展理念逐渐成为一座城市的文化符号，与敢为人先的改革精神、创新精神一脉相承，相辅相生。“改革创新是深圳的根、深圳的魂”“鼓励创新，宽容失败”，这些观念也不断产生并越来越深入人心。

阅读孕育创新观念，阅读驱动创新发展。放眼世界，创新最强的国家往往是国民阅读最普及的国家。世界创新能力最强的国家是以色列，它是创新成果最多，转化率最高的国家，同时也是全球人均读书量最高的国家，人均每年读书 64 本。而欧洲国家年人均读书量约为 16 本，北欧国家达到 24 本。在 2019 全球创新指数中，排名前 10 的国家中，北欧占了三席，其中瑞士连续 7 年名列第一。[①] 可见，国民阅读率决定国家创新力，阅读指数和创新指数高度重合。当前，我国国民阅读量仍处于较低水平，人均纸质图书阅读量不到 5 本。中国要建设创新型国家，实现民族伟大复兴，必须高度重视阅读，阅读是最基础、最重要的文化战略。

研究表明，全球城市竞争力强劲的世界级城市通常是人们公认的爱读书的城市，比如英国伦敦、新加坡和日本东京。全球城市竞争力前十强的城市里，深圳位居第 5，成为中国唯一跻身前 10 名的城市。[②] 深圳作为建市时间仅有 40 年的年轻城市，是联合国教科文组织授予的唯一一个

---

① 2019 年全球创新指数前十名国家包括：瑞士、瑞典、美国、荷兰、英国、芬兰、丹麦、新加坡、德国、以色列。中国排在第 14 位。来源：全球创新指数（GII）排行榜，由世界知识产权组织（WIPO）、美国康奈尔大学、欧洲工商管理学院联合发布。

② 数据来源：《全球城市竞争力报告 2018—2019：全球产业链：塑造群网化城市星球》，2018 年 10 月，由中国社会科学院与联合国人居署联合发布。全球竞争力前十强城市为纽约、洛杉矶、新加坡、伦敦、深圳、圣何塞、慕尼黑、旧金山、东京和休斯顿。

“全球全民阅读典范城市”，不仅在阅读方面颇有建树，创新能力也是首屈一指。《中国城市竞争力报告》将“创新力”列为深圳的核心竞争力。作为国家首个创新型城市，深圳也赢得了创新之城、全球最佳创客中心等美誉。

深圳，这个中国改革开放的前沿阵地，因经济腾飞声名鹊起，又因阅读文化夺得世界瞩目。深圳经济特区建立四十年，正是中国高速发展的四十年。中国从“站起来”到“富起来”，再到今天“强起来”，深圳即是这段改革发展历程的缩影。时任联合国教科文组织总干事博科娃为深圳颁发“全球全民阅读典范城市”证书时说：“深圳是全球唯一获得这个荣誉的城市，从中可以看到中国人对于全民阅读的重视和热爱。这个荣誉代表了中国人民热爱读书的形象。”阅读成为深圳城市文化名片，也成为中国形象的文化名片。

竞争战略之父 、哈佛大学教授迈克尔·波特指出，基于文化的优势是最根本的、最难以替代和模仿的、最持久的和最核心的竞争优势。深圳在“拼经济”的同时，一直不忘“拼文化”。2000 年深圳读书月创立后，全市范围内掀起一股全民阅读的风潮，城市文化振兴和创新发展的关键密码正来源于此。对于一个国家和城市，经济硬实力的强大能引来钦羡，文化软实力的深远影响则赢得尊重。深圳曾提出“让城市因热爱读书而受人尊重”，值得自豪的是，通过不懈的追求和努力，深圳不仅以经济奇迹赢得了国际社会的肯定，还以热爱读书的城市形象赢得了全世界的尊重。

深圳有一个城市观念，“文化深圳，从阅读开始”，这是 2011 年深圳读书月活动主题。联合国教科文组织前助理总干事班德林曾参观深圳最大的书城中心书城，与市民热情交谈，连说了三遍“文化决定未来”。他说："当我来到深圳，来到中心书城，我问自己身处何方？我发现我身处未来，所以我的脑海里就有了'文化决定未来'的感慨。在这里，我看到了如此多读者尤其是年轻人专注在一本本书中，为知识而着迷，这表明这座城市有力量、有希望、有未来。"阅读不仅是眼前的繁荣，也是传统的承续，更是未来的希冀。从阅读开始，我们塑造一个文化的城市，一个文化的中国，必然是能拥有未来并决胜未来的中国。

热爱读书的民族必将自强于天下。

文化中国，从阅读开始。

王京生，国务院参事、深圳读书月组委会总顾问

# 先读为快，行稳致远

## ——深圳全民阅读二十年

李小甘

2020 年是深圳经济特区建立 40 周年。40 年改革开放，特区的发展蜕变是经济实现腾飞的伟大奇迹，也是文化走向繁荣的光辉历程。特别是自 2000 年创办读书月起，深圳用 20 年时间持之以恒打造中国全民阅读的城市样本，极大地改变了这片热土上的阅读生态与文化风貌，成为受联合国教科文组织表彰的唯一一座“全球全民阅读典范城市”，探索出一条“先读为快，行稳致远”的书香先行路。

进入新时代，深圳抢抓粤港澳大湾区和中国特色社会主义先行示范区“双区驱动”重大历史机遇，全面开启了建设中国特色社会主义先行示范区的新征程，文化和阅读事业翻开了新篇章。深圳将深入贯彻落实习近平总书记“要提倡多读书，建设书香社会”的重要指示要求，围绕“城市文明典范”战略定位，以“先读为快，行稳致远”为内在驱动，推动全民阅读向纵深发展，为率先塑造展现社会主义文化繁荣兴盛的现代城市文明，加快建设区域文化中心城市和彰显国家文化软实力的现代文明之城提供底蕴深厚、续航持久的精神动力和文化支撑。

## 一、认识：以习近平新时代中国特色社会主义思想为指导，持续深化全民阅读工作的战略地位

**（一）深入开展全民阅读工作，是深圳建设中国特色社会主义先行示范区的需要。**2019年8月，《中共中央 国务院关于支持深圳建设中国特色社会主义先行示范区的意见》发布，赋予深圳“高质量发展高地”“法治城市示范”“城市文明典范”“民生幸福标杆”“可持续发展先锋”五大战略定位。广东省委副书记、深圳市委书记王伟中同志指出，这意味着深圳不仅要成为“单项冠军”，更要成为“全能冠军”。城市的先行不仅靠经济腾飞，还要靠文化繁荣。全民阅读作为建设书香社会和高水平学习型城市的着力点、突破口，对涵养现代化文明、提升文化软实力、驱动高质量可持续发展具有不可替代的推动作用。近年来，深圳坚持把全民阅读作为推进“文化立市”“文化强市”战略的基础工程，先后提出“实施市民阅读推广计划”“倡导每天阅读一小时”“深化全民阅读活动”等倡议，以高质量阅读充实市民精神世界，推动城市精神文明与物质文明向更高层次迈进，不断提升城市竞争力、创新力、影响力，为全面建设中国特色社会主义先行示范区奠定了坚实基础。

**（二）深入开展全民阅读工作，是深圳发挥粤港澳大湾区核心引擎功能的需要。**深圳是粤港澳大湾区四大中心城市之一，肩负区域发展核心引擎的重任，正在努力打造具有全球影响力的创新创业创意之都。文化创新是创新创业创意的基本动力，全民阅读是文化创新的重要抓手。近年来，深圳推进实施《深圳文化创新发展2020（实施方案）》，以全民阅读创新思想理论载体、城市形象标识、媒体运行机制、文化服务方式与产业发展模式，不断涵养城市主流文化与核心价值，丰富“月月有主题、全年都精

彩”的“城市文化菜单”，拓展数字阅读媒体融合平台，完善“十分钟文化圈”公共服务体系，培育“文化 +”新型业态示范企业和优秀项目，以阅读文化为纽带增进湾区交流合作、加强辐射带动作用，全面推进了创新创业创意之都建设，更好地发挥了粤港澳大湾区核心引擎功能。

**（三）深入开展全民阅读工作，是深圳打造“城市文明典范”的需要。**开展全民阅读工作，建设书香社会和高水平学习型城市，是“城市文明典范”的题中应有之义，是现代城市文明的必然要求。公共图书馆数量、实体书店进出人次、人均阅读率等阅读指标是衡量一个国家、一个城市文明程度的重要标志。一流的文明城市，必然有一流的阅读设施、一流的阅读氛围和较高的市民阅读率。当前数据显示，深圳成年居民全年人均电子图书阅读量为 7.36 本，远超全国平均水平。在中国新闻出版研究院公布的第十六次全国国民阅读调查中，深圳的城市阅读指数、个人阅读指数和城市公共阅读服务指数均位居榜首，被评价为“全民阅读活动开展最早、活动影响力最大、活动效果最好的代表性城市”。深圳“城市文明典范”的形象，因全民阅读而丰满。

## 二、实践：以提倡多读书和建设书香社会为目的，持续推动全民阅读工作向纵深发展

**（一）健全政策法规，提供坚实保障。**深圳将全民阅读视作城市发展的战略选择，通过一系列政策法规，扎实推动相关工作制度化、规范化、常态化。早在 2010 年，中共深圳市委就下发《关于深入开展全民阅读活动，加快学习型城市建设的若干意见》，首次对全民阅读工作进行系统部

署。2016年，出台全国阅读推广领域第一部法规《深圳经济特区全民阅读促进条例》，要求市、区人民政府将全民阅读促进工作纳入文化事业发展规划，设立深圳市全民阅读指导委员会，规定每年11月为深圳读书月、每年4月23日为深圳未成年人读书日，鼓励企事业单位、其他组织和个人开展全民阅读促进活动，实现了这座“爱阅之城”从公共服务到文化治理的美丽嬗变。

**（二）培育读书品牌，营造书香氛围。**深圳以国际一流城市为标杆打造城市文化品牌体系，形成了贯穿全年、遍布全市的“阅读文化菜单”，平均每天开展各类阅读文化活动约51场。丰富多彩的读书品牌营造了芬芳浓郁的书香氛围，春风化雨地孕育着“让城市因热爱读书而受人尊重”“让城市的每扇窗户都透着阅读的灯光”等城市观念，使全民阅读成为深圳人共同的精神追求。其中，全国首创的“深圳读书月”已成功举办20届，累计开展活动近9000项，培育了深圳读书论坛、“年度十大好书”、经典诗文朗诵会等知名品牌，吸引超1.6亿人次热情参与，不仅深受市民读者喜爱，高票入选“深圳十大文化名片”，而且对全国全民阅读工作产生了重要影响，树立了积极典范。中宣部等相关中央部委两次在深圳、在读书月期间组织召开全国全民阅读工作经验交流会，高度肯定深圳读书月在全国所产生的品牌效应和示范作用，先后颁授“全民阅读活动先进单位”“全国全民阅读优秀项目”等表彰。近年来，深圳读书月的品牌影响力进一步向全球扩展，成为深圳促进对外交流、提升国际化程度的闪亮名片。在刚刚过去的第二十届深圳读书月启动仪式上，联合国教科文组织原文化助理总干事班德林先生特别发来贺信，称赞深圳“这座建市历史只有40年的城市，已坚持开展全民阅读活动长达20年，成果斐然，让人惊叹”。

**（三）优化公共服务，完善阵地建设。**深圳以市民精神文化需求为导向构建现代公共文化服务体系，把全民阅读作为基本内容与重要环节，通过日臻完善的阵地建设，不断缩小原特区内外公共文化服务差距，努力打通“最后一公里”，积极构建“十分钟文化圈”。一方面，深圳率先建设“图书馆之城”，持续提升公共图书馆的数量规模、体系结构、服务效益，共建成公共图书馆673座，投放24小时自助图书馆286台，实现每1.5万人口拥有一个图书馆服务，创造了便捷的阅读条件，促成了广泛的阅读参与。另一方面，深圳积极建设“书城书吧之城”，创新打造引领全国书业融合发展、转型升级的“深圳书城模式”，大力推进“一区一书城、一街道一书吧”战略布局，迄今建成 6 座超过 3 万平方米的大型书城和开办700 余家各类实体书店，每年依托书城书吧开展超过 1 万场公益文化活动，在充分落实文化惠民的同时，进一步激发了城市的读书热情，营造了热烈的文化生态。

**（四）推动资源整合，凝聚民间力量。**深圳在打造全民阅读品牌活动的过程中，较早意识到民间阅读力量的积极作用与巨大潜能，主动搭建资源整合共享的联合平台，促进了全民阅读的制度化、常态化和普及化，推动阅读文化的自觉下沉。2012 年成立的深圳市阅读联合会，是国内第一家阅读联合组织，目前聚集有会员单位 106 家，较为充分地整合了全市的阅读网点、阅读组织、阅读资源，通过“全民阅读典范城市推广计划”和“阅读推广人下基层”两大品牌项目布局全市全年公益阅读文化活动。成立至今，深圳市阅读联合会已统筹开展各类活动 5000 余场，培育壮大了三叶草、彩虹花、南都读书俱乐部、爱阅公益基金会等国内高水平民间阅读组织，为全社会营造读书向学的良好风气寻获了辐射更广、扎根更深的力量源泉。

**（五）深化载体创新，推动数字产业。**“阅读永恒，载体创新”是新时代深圳开展全民阅读工作的重要方向，旨在适应新理念、新技术、新载体影响下人们阅读方式与阅读习惯的改变，促进以媒体融合为主要特征的数字阅读的普及和发展。2010 年起，深圳每年依托文博会平台举办国家级数字出版高端论坛，集中展示数字阅读领域的最新理论和实践成果，为媒体融合与数字产业发展引路。近年来，深圳积极投身实践，广泛应用新的技术手段搭建“互联网 + 读书”平台，打造了 QQ 阅读、“深圳文献港”、掌上书城 App、全民阅读 App、阅芽计划 App 等数字阅读终端产品，不断丰富数字阅读资源，持续完善线上阅读服务。同时，通过“手机阅读”“扫码听书”等形式多样的“互联网 + 读书”活动，带动培育城市数字阅读新风尚，促使深圳连续三年获评“中国十大数字阅读城市”。数据显示，2019 年深圳居民平均每日数字化阅读时长已达 121.62 分钟，成年居民平均每周数字化阅读率高达 98.6%，位居全国前列。这为深圳进一步发展数字文化产业和创意文化产业奠定了扎实的市场环境与科技基础。

**（六）加强理论研究，促进学术发展。**全民阅读是深圳理论建设和学术创新中，具有基础性、全局性、前瞻性、战略性的特色学科，研究水平位居全国前列。2015 年，深圳成立首个专事于全民阅读理论研究及成果推广的事业单位“深圳市全民阅读研究与推广中心”，积极组织重大课题研究，推动学术交流与示范推广，为全市乃至全国全民阅读工作提供了理论支撑和学术参考。中心在全国率先建立了评价指标体系，组织了阅读指数工作，全面考察城市全民阅读基本建设和市民阅读行为，并连续 4 年编印国内首部城市阅读发展报告，围绕阅读综合研究、图书馆之城研究、阅读空间研究、阅读推广研究等课题总结深圳经验，进一步打造了理论与实践相结合的全民阅读城市范本。

## 三、展望：以建设区域文化中心城市和彰显国家文化软实力的现代文明之城为愿景，持续提升全民阅读工作水平和质量

**（一）在广度、深度、精度上提升全民阅读工作水平和质量。**深圳全民阅读走过 20 年，已经到了由“氛围营造”向“水平提升”转变的关键阶段，将坚持以“深圳质量”为推动，不断走向更广、更深、更精的新境界，进一步制定全民阅读“深圳标准”，为全国各地做出先行示范。具体而言，不仅要倡导“读书好”，更要倡导“读好书”，深化读书月、深圳书展和市民文化大讲堂等品牌活动内涵；不仅要培育阅读习惯，更要完善阅读服务，支持建设社区阅读创新创业平台，加强流动服务设施和自助服务设施建设；不仅要对标国内，更要放眼国际，策划开展粤港澳大湾区共读活动及国际阅读交流活动；不仅要开展各类阅读文化活动，更要促进阅读与教育、民生等社会基础体系的有机结合，完善全民阅读体系建设。

**（二）在新手段、新载体上提升全民阅读工作水平和质量。**发挥“深圳高新技术产业发展成为全国的一面旗帜”的优势，不断强化科技创新支撑，积极深化“文化 + 科技”实践探索，为数字阅读产业乃至整个数字文化产业培育良好的发展环境与受众土壤。推进媒体融合，实施“移动优先”战略，打造具有强大传播力、引导力、影响力、公信力的“互联网 + 读书”平台，基于社区阅读、有声阅读、社媒阅读等细分领域打造全民阅读新手段和新载体。推进数字书城工程，打造数字阅读优质品牌，培育数字阅读新风尚。提升新闻出版数字化、智能化、云端化水平，探索设立国家级新媒体技术重点实验室，为实现“深圳出版”的振兴提质、弯道超车创造有利条件。建设国家级数字出版产业园区，健全覆盖版权、出版、发

行、支付和金融服务等的全产业链条。

**（三）在法治化、制度化上提升全民阅读工作水平和质量。**全民阅读不在一朝一夕，并非一蹴而就，其全面深入持续发展离不开成熟稳定的运作机制和外在保障。将严格依照《广东省全民阅读促进条例》《深圳经济特区全民阅读促进条例》开展全民阅读工作，以深圳市全民阅读指导委员会为法定统筹协调组织，不断深化“政府倡导、专家指导、社会参与、企业运作、媒体支持”的全民阅读“深圳模式”，进一步细化制定各阶段规划纲要，整合资源、形成合力，不断提高深圳全民阅读的工作水平和发展质量。

“先读为快 行稳致远”，既是深圳坚持阅读优先、通过书香社会建设迈向“城市文明典范”的思考与追求，更展现了深圳对新时代新征程的美好憧憬与文化自信。站在特区建立40周年的新起点上，深圳全民阅读蓄势向前，将进一步发挥勇当尖兵的典范效应、沉淀求知进取的内在驱动、贡献静水深流的书香力量，为建设中国特色社会主义先行示范区贡献源自书香的力量。

李小甘，中共深圳市委常委、宣传部部长

# 总报告

深圳全民阅读
发展报告
2020

# 2019年深圳全民阅读发展报告

总报告课题组

2019年是中华人民共和国成立70周年，也是深圳经济特区建立40周年。2019年2月和8月，中共中央、国务院先后印发《粤港澳大湾区发展规划纲要》和《中共中央 国务院关于支持深圳建设中国特色社会主义先行示范区的意见》，赋予深圳新时代发展的新使命、新定位，也为深圳未来文化发展指明了方向。作为其中的重要工作，深圳2019年的全民阅读以习近平总书记关于“要倡导多读书，建设书香社会”重要指示精神为指导，推进落实《深圳文化创新发展2020（实施方案）》《深圳经济特区全民阅读促进条例》要求；围绕庆祝中华人民共和国成立70周年和深圳经济特区建立40周年以及市委、市政府的中心工作，持之以恒地打造全民阅读的“深圳模式”，进一步提升深圳全民阅读的感染力与引领力，为深圳加快打造“城市文明典范”、建设区域文化中心城市和彰显国家文化软实力的现代文明之城提供了精神动力与文化支撑。

## 一、2019年深圳全民阅读开展情况

以2000年首届深圳读书月的举办为标志和节点，深圳开展大规模的

全民阅读活动迄今已 20 年。2019 年，深圳全民阅读在以往基础上进一步拓展，取得了新的成绩，如在 2019 年公布的第十六次全国国民阅读调查中，深圳在城市阅读指数、城市个人阅读指数、城市公共阅读服务指数三项榜单上均位居首位，被评为“全民阅读活动开展最早、活动影响力最大、活动效果最好的代表性城市”。整体而言，其成绩或进展主要体现在如下方面：

### （一）围绕中华人民共和国成立 70 周年、深圳经济特区建立 40 周年等重要庆典，开展丰富多彩的主题阅读活动

2019 年，是中华人民共和国成立 70 周年，同时也是深圳经济特区建立 40 周年。70 年沧桑巨变，中国从一个积贫积弱的国家，一跃成为当今世界第二大经济体，综合国力的历史性跨越为世人所瞩目。40 年筚路蓝缕而又充满荣光，深圳用 40 年时间走过了世界上许多城市用数倍时间才走完的路程，创造了世界工业化、城市化、现代化发展史上的奇迹。2019 年深圳全民阅读工作结合这两大重要庆典，开展了丰富多彩的全民阅读活动，弘扬改革开放精神，再塑深圳改革开放新形象，营造良好社会文化氛围。

在阅读内容组织上，深圳借举办 2019 南国书香节暨深圳书展（简称深圳书展）之机，在主会场组织各大书城、书吧举办“70 周年主题出版物展销”，推荐了一批反映中华人民共和国成立 70 年来伟大实践和成就的优秀出版物。举办“悦读·为祖国喝彩”主题读物展，展出精选图书 8000 种，涵盖习近平新时代中国特色社会主义思想、“不忘初心、牢记使命”主题教育、“一带一路”与海洋文化、粤港澳大湾区建设等 57 个不同主题，内容全面丰富，生动诠释了“悦读·为祖国喝彩”之年度主题，五大分会场及各专项活动点亦均在显要位置进行了主题陈列。海天出版社和深圳报业集团

出版社组织、策划、出版了《深圳地标》《深圳，深圳》《深圳改革开放实录》（第三辑）、《寻找光明记忆：农场往事》《营造“天堂”：深圳图书馆之路》《大转折：深圳 1949》《东纵英雄列传》等系列主题出版物。全市各大书城、书吧在重要位置设立与庆典活动相关的精品图书专柜。

在主题阅读活动上，深圳策划举办了“庆祝中华人民共和国成立 70 周年”系列活动，为祖国喝彩。通过“一项朗读、二组赛事、三次表演、四场展览”，弘扬民族精神，激发爱国热情。“阅读·深圳”经典诗文朗诵会紧扣“我与祖国”的家国情怀和时代主旋律，邀请嘉宾诵读经典诗文；《七十风华——庆祝中华人民共和国成立 70 周年书画作品展》展出深圳诗词学会 57 位诗书画家为中华人民共和国成立 70 周年而倾情奉献的原创作品；《东江铁流 南粤旌旗——东江纵队史实展》通过精选珍贵史料和照片，展示东江纵队的发展历程和历史功绩，重温革命精神；《习近平新时代中国特色社会主义思想主题图书展》围绕“奋进新时代 共筑中国梦——庆祝中华人民共和国成立 70 周年”和“不忘初心、牢记使命”两大主题，重点展出习近平总书记著作及其权威解读；“我是朗读者——我和我的祖国”线上朗读活动，邀请市民在“且停亭”朗读经典篇章；“读剧”庆祝中华人民共和国成立 70 周年专场活动以“伟大的长征”为主题，通过现代青年穿越时空与老红军对话的故事，带领读者感受革命先辈不畏牺牲的崇高精神，激发青年一代缅怀过去、珍惜现在，为实现中华民族伟大复兴接力。

### （二）成功举办 2019 南国书香节暨深圳书展，掀起深圳市民阅读新热潮

国内外许多城市都有自己知名的书展品牌，如北京国际图书博览会、法兰克福书展、伦敦书展、纽约书展、香港书展、上海书展等。一个成功

的书展是一个城市文化内涵的重要象征。2019 年，深圳成功举办了 2019 南国书香节暨深圳书展，掀起深圳市民的阅读新热潮。深圳书展由中国出版协会、中国书刊发行业协会指导，中共深圳市委宣传部、深圳市新闻出版局主办，深圳读书月组委会办公室、深圳出版集团有限公司承办，于 2019 年 7 月 19 日正式开幕，7 月 22 日圆满落幕。各主、承办单位全力以赴、高效推进，克服了筹备时间短、承办任务重等现实问题，办出了一届让社会各界交口称赞的精彩展会，再次展现了深圳速度与深圳质量，展现了敢闯敢试、能办大事的深圳精神，更展现了这座城市创新发展过程中始终活跃的阅读文化力量。

首届深圳书展以“悦读·为祖国喝彩”为主题，采用“1+5+N”的办展模式，设深圳会展中心 1 号馆为主会场，并依托深圳书城设罗湖区、福田区、南山区、宝安区、龙岗区五大分会场，依托简阅书吧设多个专项活动点。展会期间，全国各地 300 余家优质出版机构应邀参展，约 10 万种、近 100 万册精品图书集中亮相，130 多项阅读文化活动在全市绽放，吸引近 50 万人次读者和 45 家图书馆参与，主、分会场图书零售额达 1076 万元，馆配交易额达 4985 万元。在连日雷电、暴雨等恶劣天气下，深圳书展展现出了这座城市“雷阵雨也浇不灭”的读书热情和文化追求。

首届深圳书展立足提供公共文化服务、丰富“城市文化菜单”，从满足市民的精神文化需求与培育城市的创新发展气质出发，呈现出书多、人多、活动多，服务好、评价好、效果好“三多三好”的特色亮点。

“三多”即书多、人多、活动多。书多是指主题读物内容丰富，青少年图书品类齐备，本土出版大放异彩，数字出版亮点频出。核心区域的主题读物展精选图书 8000 种，分 57 个不同主题，内容维度丰富。人多是指读者线上关注讨论，线下踊跃参与，购书热情高涨。展会期间，每天 10 余万人次走进书展主、分会场，周末两天更是人山人海、人头攒动。活动多是指书展期间，平均每天有30多项活动在主、分会场和专项活动点密集上演，麦家、池莉、冯唐、李潘、曹文轩、沈石溪、皮耶鲁齐、六小龄童等50余位名家大咖先后亮相，与深圳读者面对面、近距离交流，场面十分火爆。各分会场根据不同主题策划开展了各有侧重、特色鲜明的活动。

“三好”即服务好、评价好、效果好。服务好是指书展以满足市民读者精神文化需求为导向，积极落实文化惠民服务，以智能科技打造出全新的书展体验。评价好是指书展备受全国瞩目，受到全国业界的高度关注，并在开幕后受到各界领导嘉宾的广泛好评，被称为“深圳又一具有代表性和影响力的城市文化名片”。效果好是指首届深圳书展坚持“展销结合，双效统一”的办展思路，取得经济效益和社会效益双丰收，进一步满足了深圳人日益增长的精神文化尤其是读书购书需求，擦亮了深圳全民阅读这张闪亮的城市文化名片，为丰富“月月有主题、全年都精彩”的“城市文化菜单”提供了强劲支持。

### （三）阅读阵地建设取得新进展，城市阅读空间进一步完善和优化

2019年，深圳不断拓展全民阅读的服务阵地，将全民阅读阵地建设纳入构建“一分钟文化圈”城市公共文化服务体系，以加快推进“一区一书城、一街道一书吧”和“图书馆之城”建设为抓手，进一步完善和优化城市阅读空间。

2019年，“一区一书城、一街道一书吧”战略扎实推进。12月31日，作为深圳第六代书城及市内第二大书城的深圳书城龙华城落成开业，呈现出“智能化程度高、生态化程度高、美学化程度高、功能强大”等多元优势，

赢得广泛好评。其他书城项目也在有序推进：深圳书城湾区城初步完成概念设计方案，光明城初步确定项目选址，大鹏城进入地块意向选择阶段，清水河物流基地项目已纳入政府城市更新项目。书吧建设步伐持续加快，公共书吧、党建书吧双轮驱动，并与图书馆融合发展，新桥、龙华党建、玉塘田寮3家智能书栈落地运营，为市民提供全新阅读体验。截至2019年底，深圳出版集团已建成6座本地书城、1座异地书城和46家公共书吧。

2019年，深圳继续深入推进“图书馆之城建设”，陆续完成《深圳经济特区公共图书馆条例》修订送审稿、送审注释稿、立法计划项目建议书、实施情况评估报告、立法前评估报告、风险评估报告等。深圳第二图书馆建设取得重大进展，完成可研修编和项目概算编制，取得项目批复，并着手进行施工总承招标工作。深圳第二图书馆总建筑面积约7.2万平方米，地上建筑面积3.74万平方米，地下建筑面积3.45万平方米，总投资约10.48亿元，建成后将成为我市又一个文化地标。城市街区自助图书馆服务持续优化，修整13个服务点的防雨棚和周边环境，优化迁移14个服务点，自助图书馆全年外借34.06万人次、外借图书91.87万册次，同比分别增长0.12%和2.29%；预借配送近29.55万册次，同比增长2.75%。

截至2019年第三季度，全市312家公共图书馆、245台城市街区自助图书馆和光明区51台24小时书香亭已实现统一服务。统一服务平台年度新增办证读者28.17万人，文献外借量达到1470.48万册次，同比增长13.77%。

### （四）第二十届深圳读书月成功举办，诸多品牌阅读活动让城市书香氛围更加浓郁

深圳读书月作为深圳开展全民阅读的品牌，已成为城市的文化名片，在引领城市阅读中的作用日益显著。2019年是深圳读书月创办的第20年。

第二十届深圳读书月加大创新力度，进一步加强专业引领、激发品牌活力、拓展合作交流、推动载体创新，以“先读为快，行稳致远”为年度主题，策划开展阅读文化活动722项，组织捐赠爱心图书近150万码洋，吸引约1100万人次以各种方式参与，再掀风行全城的书香热潮。其主要亮点，一是活动丰富，创新多、宣传广、影响大。第二十届深圳读书月共组织开展重点主题活动60项，其中约40%是创新项目。各项活动受到中央及省市各级媒体持续关注，相关新闻报道累计刊发2200余条，实现1.44亿人次全网推荐阅读量。其中《东方风来，书香满城——深圳读书月走过的二十年》等多篇报道登上学习强国App。读书月期间，全市投入4列地铁列车拉手环、23处户外楼宇大型LED、35处户外大型灯箱、200个公交站台、401套灯杆旗等宣传资源，氛围浓烈，效果良好。同时积极创新宣传方式，通过移动端二维码引流、书城连廊广告投放等形式探索效益转换路径，为读书月等公共文化资源的市场化开发打下基础。

二是注重总结经验，打造具有领先性、示范性的全民阅读标杆品牌。在继续面向全国遴选“年度致敬大奖”“年度领读者大奖”“阅读组织奖”“阅读项目奖”“阅读空间奖”“阅读支持奖”基础上，率先推出《领读中国白皮书》，率先研制可推广至全国的领读者指数指标体系。各类图书评选活动以“年度十大好书”“年度十大童书”为核心，向“大鹏自然童书奖”“劳动者文学好书榜”等细分领域延伸的品牌矩阵，受到全国读者与出版业界的高度关注，树立起书业评选的“深圳风向标”。

三是更加注重扎根基层，共建书香社会。推动一系列主题活动进校园、进企业、进社区、进街道，营造读书学习的浓郁氛围，扎根基层建设书香社会和高水平学习型城市。面向全市约800所中小学校开展的“最美校园图书馆”评选活动，从理念、空间、图书、服务、活动5个维度引领书香校园建设，吸引227.3万人次线上投票。首次开展的“行业领袖对话读书月”活动邀请多家百强企业管理者畅谈书香企业建设。特别设计的“悦读文化车”打开了“书香进社区”的全新形式，将扫码听书、图书借阅等阅读资源带进社区。升级打造的“阅读生活节”“龙岗大讲堂”“龙华区诗词大会”“光明区书香润心灵”等活动纷纷开设分会场，主动走向社区街道。依托公共交通系统开展的主题阅读活动成效颇丰，形成了“让书穿越城市”的文化生活新局面。

四是重视发挥名社名家的带动作用，积极引领阅读品位的提升。邀请人民文学出版社担任第二十届深圳读书月主宾出版社，围绕“文学成就有趣灵魂”的活动主题，策划展出茅盾等名家手迹、俞平伯等名家印章，组织邀请格非、阿来、李洱、叶兆言、陆建德等10余位知名作家举办讲座，集中展现充满人文关怀的历史经典与时代佳作。2019年度深圳读书论坛兼顾高端学术视角与大众读者立场，力邀严歌苓、梁晓声、徐则臣、毛尖、祝勇、艾伦·麦克法兰举办了6场名家论坛，并邀请王京生、朱永新、聂震宁开展了“在历史的天空下——城市与阅读”高端对话，场场活动座无虚席。此外，“南山文化讲坛”特别打造“名家专场”，邀请陈平原、陶思炎、程大利、安家瑶走进大学校园和区图书馆，为市民读者走进历史文化、赏析传统艺术搭建桥梁。

此外，“4·23世界读书日”暨“深圳未成年人读书日”系列活动、粤港澳“共读半小时”、“亲蓓蕾”早期阅读培养计划等品牌阅读活动也都办得越来越成熟，城市书香氛围因连续不断的阅读活动而更加浓郁。

### （五）全民阅读合作交流活动增多，城市文化影响力进一步提升

作为因阅读而受尊重的“全球全民阅读典范城市”，深圳始终注重全

民阅读外溢效应，加强与国内外城市合作，通过交流互鉴提升城市文化影响力，彰显“全球全民阅读典范城市”气质。2019年，以深圳读书月举办20年为契机，深圳积极承办中宣部“全国全民阅读工作经验交流会”，组织120余名来自全国各地的参会代表分享交流。“深圳读书月”在会上获评“全国全民阅读优秀项目”，多名参会代表称赞深圳“提供了推动全民阅读的样板和示范”，有力塑造了深圳在全民阅读推广中的先行示范形象。

进一步擦亮“全球全民阅读典范城市”的文化名片，“引进来”与“走出去”相结合，积极开展合作交流。经典活动“海洋文化论坛”第三次走出深圳，落地连云港，邀请全国各地海洋文化研究的专家学者为深圳加快建设全球性海洋中心城市建言献策，并组织“一带一路”图书馆联盟的15家成员图书馆分享交流发展新思路。创新策办的“同读BOOK共识中国‘一带一路’外国友人经典诵读活动”受到广泛好评，吸引20多个国家和地区的在深国际友人参与，为传播源远流长、博大精深的中国传统文化，讲好中国故事与深圳故事搭建生动平台，有力推动了文化的交流与融合。品牌活动“阅读双城记”牵手国际友城维也纳举办双城文学论坛，并在活动现场与维也纳、开封、丽江古城联合发起成立了以城市为单位、以文学为纽带的国际城际阅读联盟，未来将吸纳更多国内外名城共同培养阅读文化交流的土壤。以法语文学为出版特色的海天出版社持续推进中法交流，邀请法国作家塞西尔·皮沃来深交流分享，受到现场读者的热烈欢迎。

举办首届粤港澳“共读半小时”活动，促进湾区文化合作与交流，共同营造多元、丰富的书香氛围。4月23日，首届粤港澳“共读半小时”阅读活动在粤港澳大地的“4+N”个会场同时举行，6万人用具有仪式感的共读行为，诠释“让阅读成为习惯”的理念。其中“4”代表4个主会场，即广东省立中山图书馆、深圳图书馆、香港中央图书馆和澳门公共图书馆，“N”代表分布于社区、公园、医院、军营、工业区、咖啡馆、学校等的多个共读点。“共读半小时”活动共设共读点 500 多个，实现了粤港澳文化大联动。近 80 家新闻媒体刊发了活动报道 200 余篇，超过 4 万人在线观看了读特 App 对深圳主会场的现场直播。此次活动在粤港澳地区产生了良好影响，获得社会一致好评。

深圳市阅读联合会积极组织理事代表单位赴西安等地参加城际阅读交流活动，观摩书博会、参加第二十届深圳读书月策划交流暨重点活动推介会及读书月“赠书献爱心”活动推广动员暨答谢会等，宣传深圳品牌阅读项目，进一步扩大深圳全民阅读的全国影响力。

### （六）坚持精品出版创作、加快数字出版转型，本土阅读内容水平不断提升

2019 年，深圳狠抓属地出版社的原创出版能力，深入打造青春读物类、深圳地理人文类、非遗文化传承类、经济管理类、法语文学类等产品线，重点推出一系列市场反应好、社会效益佳的精品图书。

海天出版社共有 23 种（套）图书获得全国、省、市专业奖项或入选相关推荐书目。其中，《国王的宝藏》获广东省第十一届精神文明建设“五个一工程”奖；《加缪书店》与《魔鬼医生的消失》一起入围 2019 年第十一届傅雷翻译出版奖，《加缪书店》获评 2019 傅雷翻译出版奖新人奖；《与皮沃父女左岸读书》被《中华读书报》评为 2019 年 5 月月度好书，入选 2019 年深圳读书月“藏书与阅读推荐书目”；《壹棉壹世界：7000 年的棉与人》获第三十二届全国城市出版社优秀图书一等奖、2019 年广东书籍设计双年展“入围奖”和第二届“中国自然好书奖”入围奖；《行将消失的中国景象》《摆渡人》《华为之人力资源管理》《审美的盛宴》等 4

套图书获第三十二届全国城市出版社优秀图书二等奖；《地名古今丛书》获2019年广东书籍设计双年展“最美图书”奖；《非遗·中国剪纸经典系列》《寻找中医丛书》《深圳通史·图文版（01、02）》等3套图书获2019年广东书籍设计双年展“优秀作品奖”；《每个人的故乡都是宇宙中心》《深圳通史（01、02）》获评第六届“深圳十大佳著”。

深圳报业集团出版社共完成近80个品种图书的出版，全年申报各类图书选题64种，全年编辑文字总量约2500万字。其中，“我们深圳”系列丛书中的《街巷志：行走与书写》《大转折：深圳1949》《歌声起处：深圳流行音乐四十年》3本均获评第六届“深圳十大佳著”。除此之外，《街巷志：行走与书写》荣获广东省有为文学奖第五届“九江龙”散文奖金奖，《大转折：深圳1949》荣获广东省有为文学奖第三届“有为杯”报告文学奖优秀奖，《深圳动物日历》《寻找塞缪尔·罗：从哈莱姆、牙买加到中国》荣获第三届广东省书籍设计艺术双年展“优秀图书奖”。

2019年海天出版社数字化转型取得实质性进展。深圳出版集团将深圳市华文国际传媒有限公司划入海天出版社，壮大了海天出版社的数字出版队伍，强化了技术优势。同时，海天出版社与深圳市方直科技股份有限公司深度合作，成立深圳市深出发教育科技有限公司，双方资源共享，强强合作，为抢占数字教材教辅市场提供内容与技术保障。

深圳报业集团出版社狠抓融媒体转型发展，新媒体发展走在行业前列。微信公众号“共同体Community”，结合教辅出版的资源优势，以亲子教育为定位，吸引了近112万粉丝关注，头条推送文章平均阅读量在1万左右。“共同体Community”平台实现营收约130万元，增长势头良好。自2019年4月开始，出版社全媒体中心配置了年轻的新媒体力量，打造第二个新媒体平台“重点帮+”，在定位上与阅读、学习、服务一脉相承，与“共同体 Community”有效区分，目前“重点帮 +”粉丝量约 10 万，并呈现稳步增长趋势。

### （七）更加重视阅读权利公平，在对未成年人和社会弱势群体阅读关爱服务上探索新方式

在全民阅读中体现人文关怀、促进阅读公平一直是深圳推广全民阅读的重要理念。2019 年深圳全民阅读工作在提升对未成年人和社会弱势群体阅读关爱服务方面，敢于先行探索，确保阅读权利公平。

深圳书展恰逢暑期，主会场特设亲子阅读专区和文创精品展区，打造“童玩悦读节”和“文创文具嘉年华”的整体呈现，配套开展多项亲子阅读、DIY 手作、互动游戏、品牌发布、服务体验、论坛沙龙等活动，成为主会场“书展 + 亲子”“书展 + 文创”的热门活动区域，打造热闹活泼、生动有趣的书展文化生态和富有文化气息的假期生活。

深圳读书月推动一系列主题活动进校园、进企业、进社区、进街道，营造读书学习的浓郁氛围，扎根基层建设书香社会和高水平学习型城市。持续关注未成年人的阅读文化需求，积极传递关爱、提供指引。贯穿全年的“阳光童年——知识关爱留守流动儿童”项目，累计服务近 1200 人次，通过阅读工作坊、来深夏令营等形式鼓励留守流动儿童提升自信、大胆表达。面向儿童早期阅读的“阅芽计划”在全市设立了 60 个领取点，免费发放各年龄段“阅芽包”23 万余个，配套推出的阅芽计划 App 共计为 33.4 万用户提供亲子阅读服务。

2015 年 4 月，由深圳市阅读联合会承办的“阅读推广人下基层”公益活动正式启动。5 年来，数十位公益阅读推广人在全市 10 个区（新区）的社区图书馆、社区服务中心、社区书吧、外来务工子女聚集学校、企业

等多个基层阅读点开展公益阅读推广活动累计近 800 场，参与者近 5 万人次。这些活动丰富了基层群众的阅读文化生活，深受市民喜爱。

深圳图书馆广泛开展关爱弱势群体系列活动。其中，盲人诗歌散文朗诵暨散文创作大赛以“阅读点亮世界，书香温暖人生”为主题，展示视障人士积极向上的生活态度和浓厚的爱国热情；深圳市第十五届来深青工文体节知识竞赛内容设计突出中华人民共和国成立 70 周年主题，带领来深青工一起全面回顾了中华人民共和国成立前后的重大历史事件和辉煌历程，再塑新时代深圳特区的新面貌；“我爱你，中国——中老年读者诗文朗诵会”首次面向中老年读者举办专场活动，为中老年朋友搭建一个抒发情怀、展示自我的舞台。

深圳少年儿童图书馆继续推进家庭教育馆建设，努力支持家庭教育，构筑良好的家庭教育环境。该馆增设家庭教育阅览区，配备馆藏 5000 册中外文图书和报刊资料供读者开架阅览，涵盖教育学、心理学、婴幼儿营养保健等领域，全年开展家庭教育讲座、家庭教育沙龙、心理咨询等多元活动 35 场；依托分馆、馆外流通点为市民提供便捷的图书馆服务，开展“蒲公英”劳务工子女图书馆计划和“康乃馨”无差别阅读计划，加强分馆与馆外流通点的管理，通过走访流通点所在基层单位，深入了解群体阅读习惯与信息需求。

### （八）深化“阅读永恒，载体创新”理念，不断强化阅读推广的新载体、新手段

现代高新技术特别是互联网技术的高速发展和渗透，极大地改变了人们的阅读方式和阅读习惯。深圳作为高新技术发达城市，在运用新载体、新手段推动全民阅读方面有先发优势。秉承“阅读永恒，载体创新”理

念，2019 年深圳广泛应用新手段、新载体、新技术培育阅读新风尚。

首届深圳书展贯彻“科技办展”理念，通过一系列数字化、智能化手段提升服务质量。“深圳书展 SZBF”微信公众号实现了在线购票、预约报名、资料下载等服务功能，77% 的市民读者选择线上购票入场。主题读物展中的“人脸识别 AI 荐书”系统可从年龄、性别等维度进行个性化推演，实现了人工智能精准推送、个性荐书的初步构想，成为读者体验和媒体关注的焦点，展会期间为近 6 万人次的体验者“量身”荐书。依托深圳书城“微商城”开发的定位查询功能，能第一时间查找场馆内所有图书的具体位置和库存信息。10 台自助购书机和随处可见的“扫码购”二维码，为读者提供了更丰富、更便捷的买单选择。

第二十届深圳读书月继续设立“互联网 +”活动板块，广泛运用新技术、新手段、新载体，积极开展数字阅读推广普及活动与研讨深化活动。连续第三年发布的全国首份基于用户细分的全民数字阅读报告城市样本——深圳数字阅读报告，数据显示，2019 年，深圳市数字阅读用户规模接近 1856.30 万人，居全国次席；数字阅读活跃设备规模较去年同比增长 56%，发展势头迅猛。由深圳市作家协会携手阿里文学联合主办的“大湾区杯（深圳）网络文学大赛”，面向全国文学创作者及全世界华语人群征集网络文学原创作品。结合时下流行的互联网传播形式，创新推出的“湾区深圳 爱阅之城”Vlog 大赛鼓励市民读者记录拍摄城市阅读小视频，大赛受到抖音网红、旅游博主的青睐，收到 Vlog 作品 100 余个，包括拥有抖音 60 万粉丝的知识类网红 Audrey 和澳大利亚当红旅游博主 Amy 等的投稿作品。深圳之窗开发趣味互动小程序，组织“阅读的声音”音视频挑战赛，累计收到读者上传的阅读音视频 1600 余个。

深圳图书馆创新数字资源建设与推广模式，新媒体影响力不断提升。

全年采购数据库47个（共91个子库），含42个中文数据库、5个外文数据库，新增CNKI“个刊数纸统发”学术期刊网络版、QQ阅读和中国行业发展报告库3个数据库。牵头推进市、区公共图书馆数字资源联合建设与共同服务工作，深圳技术大学图书馆首次加入数字资源联合建设工作，目前，地区数字资源联合建设成员馆达13家。截至2019年12月，深圳图书馆数字资源馆外访问量破百万，达到109.63万人次，同比2018年增长25%，创历年新高。全新打造“深图视听”自建库，遴选出230场由深圳图书馆拍摄的讲座、活动视频，总时长约400小时。丰富e系列品牌活动，创立e读·读书会，举办三期线上和一期线下读书分享会；启动e屏·瀑布流电子图书借阅系统，500余本最新畅销电子图书以瀑布流形式进行呈现，开通后两个月，读者通过手持终端在瀑布屏扫码借阅电子文献约1.5万册次；举办e站·市民信息素养课堂；开展e书单、e学易用等数字资源在线推广。深化“M地铁·图书馆”公益阅读项目，重点推荐少儿阅读和期刊等资源。组织举办掌上诗词大赛，参与由新浪微博联合国家图书馆发起的“全民读书季·约会图书馆”主题活动等。

深圳少年儿童图书馆积极利用新媒体开展阅读服务。开通“深圳少年儿童图书馆订阅号”“深圳少年儿童图书馆服务号”“深圳少年儿童图书馆小程序”“我最喜爱的童书阅读推广活动订阅号”等平台，2019年上半年共推送文章98篇，阅读量达117917人次。借助微信平台多次直播大型活动，尤其是在2019“我最喜爱的童书”阅读推广活动颁奖典礼进行的微信直播，并在新闻门户平台（今日头条、中搜搜悦、百度新闻）、视频门户平台（第一视频、优酷、爱奇艺、哔哩哔哩）和直播门户平台（一直播、虎牙、YY）同步进行，在线观看人数高达50.2万人次。

### （九）民间阅读力量凝聚力不断提升，全民阅读社会合力持续增强

全民阅读需要政府的支持、推动，也需要社会阅读力量的参与，只有各类民间阅读组织蓬勃发展，深圳全民阅读才能真正实现由政府倡导向社会自觉推动的转变。十几年来，深圳市政府倡导并推动全民阅读，催生了众多的民间阅读组织，它们的广泛参与为深圳全民阅读注入了新的活力。2012 年 11 月，由市委宣传部、文化广电旅游体育局指导成立的深圳市阅读联合会致力于推动全市阅读资源整合与共享，培育和聚合民间阅读力量。2019 年，该联合会继续发挥沟通政府与民间的桥梁纽带作用，提供服务、反映诉求、规范行为；发挥民间阅读平台整合优势，积极组织民间阅读组织、阅读推广人开展阅读推广活动，全民阅读社会合力持续增强。

2019 年，深圳市阅读联合会组织会员单位开展丰富多彩的常态化阅读推广活动近 20000 场，吸引上千万人次参与。围绕《2019 年全民阅读典范城市推广计划》，深圳市阅读联合会组织会员单位开展 56 项、1650 余场贯穿全年的阅读推广活动，其中线下活动 1500 余场，线上活动 150 余场。积极组织会员单位参与“4·23 世界读书日”活动及第二十届深圳读书月活动。在世界读书日活动中，联合会会员单位策划开展丰富多样的阅读活动 31 场。在读书月期间，会员单位共开展 34 项活动。各类阅读活动覆盖全市，进一步充实了市民的文化生活。连续第五年承办“阅读推广人下基层”公益阅读活动，全年共组织 42 位公益阅读推广人在全市社区图书馆、社区服务中心、社区书吧、外来务工子女聚集学校、企业等 46 个基层阅读点开展 300 场公益阅读推广活动。继续开展城际民间阅读组织阅读交流活动。2019 年，组织相关专家及会员单位代表，参加深圳、丽江两地阅读文化交流活动，扩大深圳全民阅读影响力。

民间阅读组织创新活力不断增强，积极探索出更多有活力的新形式。比如由深圳市阅读联合会精心策划的“湾区深圳 爱阅之城”Vlog大赛评选活动，采用“阅读活动+流行媒体记录”相结合的方式，吸引了众多参与者，获奖作品的作者既有代表草根的外卖工作人员，也有人气颇高的网红；由深圳市阅读联合会组织的“2019最美校园图书馆”评选活动，获第二十届深圳读书月“最具人气”奖。

政府与民间阅读组织的联系更加紧密，合力进一步增强。2019年召开了全民阅读工作交流会，深圳市委宣传部有关负责人和民间阅读组织负责人等40余人出席，政府对民间阅读组织给予更多关注。深圳市阅读联合会积极发挥沟通政府与会员单位的桥梁作用，组织会员单位申报2019年全民阅读推广活动优秀项目、优秀组织奖，申报优秀项目奖58项、优秀组织奖27家。经阅读指导专家研究评审，最终评出10个优秀项目奖、10个优秀组织奖。组织会员单位完成2020年市宣传文化事业发展专项资金阅读类项目申报74个，最终56个项目通过初评，列入《2020年全民阅读典范城市推广计划》。组织会员单位参加2019南国书香节暨羊城书展，展示深圳民间阅读推广机构的力量和风采。

### （十）对深圳全民阅读经验进行系统总结，阅读理论研究成果增多

深圳全民阅读经过20年的“高贵坚持”，逐步形成了“政府倡导、专家指导、社会参与、企业运作、媒体支持”的“深圳模式”，荣获了包括联合国教科文组织颁发的“全球全民阅读典范城市”在内的诸多荣誉，提升了深圳全民阅读在国内乃至国际的影响力。以深圳读书月举办20周年庆为契机，深圳对全民阅读的“深圳模式”进行系统的梳理总结，以发

挥既有优势，保持深圳全民阅读推广活动的后继活力。

第二十届深圳读书月特别策划了“二十年，十个一”系列项目，以图书、展览、诵读等丰富多彩的形式，向深圳全民阅读 20 年的高贵坚持致敬。纪念图书《让城市的每扇窗户都透着阅读的灯光——20 年，与深圳读书月一起走过》温暖首发，收录 40 篇各界人士参与读书月的动人故事，图文并茂地回顾了 20 年读书月的温馨历程，得到谢冕、唐浩明、张抗抗等历届活动嘉宾饱含深情的撰文支持。图文展览“字述二十载，图览二十年”生动清晰地回溯了“实实在在读一本书”“我阅读 我快乐”“让城市因热爱读书而受人尊重”“阅读永恒，载体创新”等历年主题。金庸与二月河对话“历史·小说·人生”、全国全民阅读工作经验交流会在深召开、“全球全民阅读典范城市”称号花落深圳等历史瞬间，在全国全民阅读工作经验交流会、首届海南岛国际图书（旅游）博览会上受到高度关注。深受市民喜爱的品牌活动经典诗文朗诵会邀请祝希娟、姚锡娟、虹云等朗诵名家共同演绎，以《秋风浩荡好读书——深圳读书月二十年巡礼》抒情长文揭开帷幕，向参加全国全民阅读工作经验交流会的各地代表展现了深圳“一座城 20 年读出习惯、读出新意”的慨叹，引发广泛共鸣。

深圳作为全国全民阅读先进城市以及“全球全民阅读典范城市”，不仅在阅读推广层面上继续开展丰富的实践，也十分重视阅读理论研究。2019 年，深圳市全民阅读研究与推广中心继续致力于全民阅读理论研究及成果推广，连续第五年组织开展全民阅读评价指标体系和全民阅读指数工作，连续第四年编印国内首部城市阅读年度发展报告，为推动全民阅读提供可量化的评估参考。此外，策划编辑“全民阅读丛书·名家系列”，丛书第一期共推出《让城市因热爱读书而受人尊重：阅读与城市发展》

《造就中国人：阅读与国民教育》《改变，从阅读开始：阅读与时代变革》等3本图书，为全国全民阅读研究工作提供了重要借鉴。

2019年，深圳全民阅读取得了显著成绩，进一步提升了城市文化的影响，较好地实现了市民阅读权利。但也应清醒地看到，深圳全民阅读还存在一些问题和挑战，需要在以后的工作中切实解决。这些问题主要体现在：

一是全民阅读设施体系还不够健全和完善。因历史原因，深圳原特区内外发展不平衡，优质资源主要集中在原特区内。近年，深圳虽在文化领域推进特区一体化的力度很大，如实施了公共图书馆总分馆制，推动了"一区一书城、一街道一书吧"建设，一些阅读活动也有针对性地向原特区外倾斜，但这种不平衡不充分发展情况短期内仍较突出，全民阅读设施、资源、服务不均衡等突出问题仍亟须破解。

二是全民阅读政策体系还不够完善，落实力度不够。深圳虽早在2016年就通过了《深圳经济特区全民阅读促进条例》，但缺少相关配套制度，比如依据《深圳经济特区全民阅读促进条例》相关法律条款，应尽快组建运作"深圳市全民阅读基金"，但至今尚未落实，导致目前全民阅读经费来源单一，影响全民阅读的进一步开展。

三是全民阅读统合、协调能力还有待加强，全民阅读推广服务效率还有待提高。目前，在开展全民阅读服务过程中仍存在相关部门各自为政的现象，还未形成有效合力，市全民阅读指导委员会的协调机制有待进一步完善，统筹协调作用有待加强，以更好统筹全市全民阅读基础设施建设和资源分配，解决全民阅读工作中的一些重大问题。

四是民间阅读组织发展活力仍需进一步激发。民间阅读组织在深圳全民阅读推广中发挥了重要作用，阅读组织的数量也快速增加。但目前民间阅读组织发展面临内部管理、人才队伍、经费保障、场地使用等诸多问题，需要针对性出台相关政策，加大政府采购力度，在资金、人员、培训、场地上给予更多支持，推动民间阅读组织健康成长，激发民间阅读组织的发展活力。

五是本土出版社数量偏少，内容出版有待加强。出版社作为图书出版单位，是阅读内容的提供者，也是阅读产品的生产者和传播者，在一定程度上引领全民阅读的风向。作为全国四大一线城市之一，深圳的出版社仅有两家，出版单位数量匮乏且规模偏小，内容生产能力相对滞后，精品力作出版偏少，不仅难以生产相当规模的优质阅读产品，也难以组织高水平的阅读推广活动。

六是全民阅读理论研究能力和水平亟待提高。全民阅读推广应加强理论研究，解决阅读过程、阅读方法、阅读效用等方面的难题。目前深圳的阅读理论研究水平不高，人才不足，对阅读活动出现的新动向、新问题反馈滞后，应加大阅读研究力度，特别是加大对数字阅读等即时性问题的研究，以便更好地从阅读实践中总结经验，再用以指导阅读实践，推进全民阅读向纵深发展。

## 二、2020 年深圳全民阅读展望

2020 年是深圳经济特区建立 40 周年，是粤港澳大湾区和深圳先行示范区建设全面铺开、纵深推进的关键一年，也是全面建成小康社会和完成“十三五”规划、《深圳文化创新发展 2020（实施方案）》的收官之年。作为城市软实力和现代城市文明建设的重要组成部分，深圳全民阅读工作面临新的机遇与挑战：一是建设先行示范区对全民阅读提出了新要求。根据《中共中央 国务院关于支持深圳建设中国特色社会主义先行示范区的意见》，深圳要打造“城市文明典范”，构建高水平的公共文化服务体系，成为新时代举旗帜、聚民心、育新人、兴文化、展形象的引领者，这为全民阅读确立了新目标和新使命。二是进入新时代，市民文化需求日趋多元化、高端化，阅读选择更加丰富，中小学素质教育对学生阅读能力也提出了新要求，须因应需求变化提出新的对策。三是全民阅读受到国家和社会各界的高度重视，作为全国较早开展全民阅读的城市，深圳须继续深化探索，在提升全民阅读效能、构建长效机制方面做出新的贡献。

面对新形势和新要求，2020年深圳全民阅读工作要紧紧围绕建设区域文化中心城市和彰显国家文化软实力的现代文明之城的目标，全面落实习近平总书记关于全民阅读工作的重要讲话精神，着力推动体制机制和工作创新，丰富全民阅读活动内容，完善阅读服务体系，提升全民阅读推广影响力，营造浓郁的书香城市氛围，为先行示范区建设提供强有力的文化支撑，以优异成绩为深圳经济特区建立40周年献礼。

### （一）以庆祝深圳经济特区建立40周年为契机，进一步加强全民阅读工作，努力推动全民阅读再上新台阶

2020年是深圳经济特区建立40周年。深圳全面阅读是伴随特区事业发展而成长起来的，是深圳亮丽的文化名片。如今，“让城市因热爱读书而受人尊重”已成为深圳重要的城市基因，深圳也因此荣获“全球全民阅读典范城市”称号。可以说，全民阅读为深圳软实力建设做出了突出贡献。2020年，深圳全民阅读工作要围绕庆祝经济特区建立40周年的主题，进一步推动工作创新，不断扩大影响力，着力推动全民阅读再上新台阶。

一方面，要全面梳理回顾深圳全民阅读发展历程，总结全民阅读开展的经验和规律，查找工作的不足。在此基础上，进一步明确全民阅读未来发展的目标和举措。深圳作为经济特区，在推动经济发展的同时，应始终注重文化建设，积极推动全民阅读工作，努力建设学习型城市，在促进文化建设取得成绩的同时也为经济建设提供有力的文化支撑。通过不断探索创新，深圳积攒了全民阅读的深圳经验，深圳读书月、书城模式、书吧建设等已广为外地所学习借鉴，全民阅读活动蓬勃开展，“图书馆之城”建设成果丰硕，全民阅读服务日益完善，全民阅读组织迅速发展，这些都已成为深圳全民阅读的重要经验。要在总结回顾深圳全民阅读发展历程的基础上，结合“十四五”规划编制，广泛学习借鉴国内外全民阅读先进经验，研究制定未来 5 至 10 年全民阅读规划纲要和“图书馆之城”建设规划等中长期规划，特别是结合大湾区规划和先行示范区建设的要求，立足长远和先行示范的要求，进一步理清未来发展思路，描绘全民阅读先行示范蓝图，指导全民阅读行稳致远。

另一方面，要精心组织策划，积极开展向深圳经济特区建立 40 周年献礼活动。全民阅读是深圳经济特区建设成就的重要体现，在庆祝深圳经济特区建立 40 周年的过程中，要彰显全民阅读发展的成果，体现全民阅读对城市精神塑造的重要作用。通过举办系列活动，营造良好的社会文化氛围，激发广大市民投身新一轮特区建设的热情。要实施特区建立 40 周年主题出版计划、原创精品扶持计划，策划举办“40 年 40 本最美图书”，开展全民阅读主题系列评选活动，推动精品出版，扩大全民阅读的影响。要在“4·23 世界读书日”和深圳读书月期间举办系列主题活动，引导广大市民多读书、读好书，为特区建设提供更多智力支持。

## （二）完善“图书馆之城”建设机制，提升公共图书馆服务水平，进一步夯实全民阅读基层基础

“图书馆之城”作为深圳“两城一都”特色文化品牌的重要组成部分，是推广全民阅读的重要载体和书香城市建设的基本支撑。要对照《深圳市“图书馆之城”建设规划（2016—2020）》确立的目标，全面完成各项任务。要坚持“共建、共享、互通、互连”的总体要求，创新服务内容与方式，进一步巩固深圳图书馆建设核心指标在全国的领先水平。

以实施《深圳市加快推进重大文体设施建设规划》为契机，加快推进深圳第二图书馆建设，支持在新设立的行政区和新区建设区级图书馆，合理规划建设街道、社区图书馆，完善图书馆服务网络。深化区级图书馆总分馆制建设，全面推进区级图书馆总分馆人财物垂直管理。稳定城市街区自助图书馆规模，进一步优化布局，完善功能，切实提高利用率。推进基层图书馆建设改造和资源整合，加快实现全市基层综合性文化服务中心全覆盖。完善基层图书馆服务标准，规范服务项目和服务流程，盘活现有图书和服务资源，促进基层图书馆由数量扩张向质量提升转变，从提供文献服务向多元化服务转变。

加强图书馆馆藏文献资源建设，加快推进资源更新，更好满足读者阅读需求。要完善文献资源协调与保障机制，加强文献存储、利用、调配的全市协同，发挥存量文献效能。完善全市公共图书馆数字资源协调采购与合理利用机制，推进数字资源的联合采购、协同保存与利用。

加强图书馆服务创新，加强特色资源建设总体布局与协作协调，积极建设各类特色图书馆。实施中小学图书馆“常青藤”计划，推进“图书馆之城”云平台建设。运用网络与移动互联技术，构建多元化图书馆服务平台。加强大数据技术应用开发，完善“图书馆之城”数据分析平台，全面

推进图书馆服务数据可视化。加强读者数据分析研究，及时跟进阅读需求变化，推进图书馆管理与服务向智能化、个性化方向发展。

### （三）加强书城书店书吧建设，打造城市阅读新空间，推动书业经营与公共文化服务深度融合

书城模式是深圳一大创举，是突破传统书业经营模式，将书业、文化、商业、设计、创意、展览等业态在书城空间进行融合，充分发挥平台聚合效应，形成体验式书城业态和书业跨界融合的商业模式。深圳书城作为城市公共文化生活的重要载体，集聚了公共性、开放性、体验性等鲜明特征，既是深受市民欢迎的公共文化场所，也是开展全民阅读、构建现代公共文化体系的重要阵地。在几大书城之外，遍布全市各街道的书吧也成为深圳的一大特色，书吧融合商业和公共文化服务功能，是书店经营和公共文化体系建设的一大创新。目前，以大书城为主阵地、以小书吧和各类特色书店为网络节点的空间布局，有效地构筑起覆盖读者家门口的“十分钟文化圈”，成为城市文化生活新空间。

2020 年，要进一步完善“一区一书城、一街道一书吧”的空间布局，提升阅读服务功能，助力全民阅读发展。一是加快推进书城书吧建设。推动深圳书城湾区城早日立项建设，打造“人文湾区”新地标；完成深圳书城中心城维修改造，进一步完善阅读服务功能，丰富阅读空间，更好地服务读者需求；加快品牌书吧布点，推动简阅书吧进驻商业旺区，完善服务设施和配套功能，扩大品牌影响力，助推建设具有普惠性、高质量、可持续的城市公共文化服务体系。二是推动实体书店创新发展，出台扶持实体书店发展管理办法，为实体书店提供运营经费补贴支持，帮助书店应对经营成本上升的不利影响。开展最美书店评选，引导实体书店立足自身发展

实际，突出发展特色，向特色化、精品化、专业化、高端化方向发展，形成一批在全国有重大影响的特色书店品牌。三是依托书城、书店、书吧，策划各类全民阅读推广活动，举办讲座、论坛、读书交流等活动，形成书业经营和公共服务的新亮点、新品牌。

### （四）广泛开展全民阅读主题活动，切实提高活动质量，掀起先行示范区全民阅读新热潮

全民阅读活动是开展全民阅读、营造书香城市氛围的重要方式。2020年，要精心策划各类主题阅读活动，着力提升活动策划水平，更好带动全民阅读高质量发展。

要精心策划好第二十一届深圳读书月活动。第二十一届深圳读书月是深圳经济特区建立40周年举办的一次重要活动，也是经历20年发展、进入新十年后开展的第一届读书月，可以说读书月站在了新的起点上。要提前做好策划工作，紧扣时代主题，贴近市民阅读需求变化，突出活动质量和实效，既要体现活动主题，也要大力营造氛围，调动市民广泛参与。既要发挥各承办主体的作用，也要积极发挥社会各界的作用，形成合力。重点办好深圳读书论坛和“年度十大好书”“阅读达人”“书香家庭”“华文领读者大奖”评选等传统品牌活动，积极创设推出新的特色阅读活动。要办好“4·23世界读书日”暨“深圳未成年人读书日”系列活动，推动中小学开展各类阅读活动。在4月23日“世界读书日”、6月1日“国际儿童节”、9月9日“国家图书馆日”等重要时间节点，精心组织策划开展相关主题演讲、经典诵读、读书征文、知识竞赛等丰富多彩的阅读活动，与深圳读书月共同形成贯穿全年、四季响起的“文化闹钟”。

要继续办好第二届深圳书展，努力打造中国南部新的书展品牌。积极引进全国优质出版资源，加强市场营销，促进图书展示与销售有机统一，进一步扩大图书销量。通过论坛讲座、评书荐书、名家签售等群众喜闻乐见的形式，将书展打造成为连接读书人、写书人、出书人、评书人的全民阅读盛会。要加强城际阅读交流活动，以文博会和深圳读书月为平台，加强与各地特别是粤港澳大湾区各城市的交流合作，分享全民阅读经验，推动协同发展。

要大力推动全民阅读进社区、进家庭、进学校、进机关、进企业、进军营活动，使阅读活动更加深入基层、深入群众。建立和完善阅读推广机制，开展好“书香家庭”“书香企业”“书香机关”等创建推荐活动，展现基层群众的读书传统和读书风采，发挥典型榜样的引领示范作用。依托遍布全市的公共图书馆服务网络，开展多样化、差异化、特色化、品牌化的阅读推广活动。进一步发挥“图书馆阅读推广联盟”作用，组织开展系列阅读推广活动，打造深圳阅读品牌。推动全民阅读“一区一品牌”建设，丰富“月月有主题、全年都精彩”的“城市文化菜单”。

要重点关注并满足少年儿童、老人、残障人士和劳务工等特殊群体的阅读需求，有针对性地举办全民阅读活动。大力发展“青工书屋”和劳务工图书馆，优化 24 小时街区图书馆在工业区的布局。针对来深建设者开展丰富多彩的阅读主题活动，办好来深青工文体节，在来深建设者中倡导读书学习与提升知识素养、追求心灵和谐、实现人生价值相结合。

在阅读主题活动组织策划中向重点人群倾斜，为老年人、残障人士等特殊群体提供便捷的阅读服务。鼓励开展“银发阅读”“爱心伴读”等活动，通过老年读书交流，开展残障人士诗文朗诵会、“赠书献爱心”等活动，为特殊群体参与全民阅读活动创造条件。

## （五）坚持创新引领，推动载体创新，巩固深圳在新阅读领域的领先优势

随着移动互联网的普及，数字阅读正深刻影响人们的文化生活，“一屏万卷”、随时随地阅读成为现实。作为全媒体时代新的阅读方式，数字阅读拓展了图书的形态和文字传播的介质，也丰富了人们的阅读体验和精神文化生活。作为较早关注和推动数字阅读的城市，深圳十分注重数字阅读发展，积极推动阅读载体创新，倡导“互联网＋阅读”，并在全国较早发布数字阅读城市报告。根据报告显示，深圳市 2019 年数字阅读用户规模达 1800 余万，已成为全国第二大数字阅读城市。

随着 5G 时代的到来和虚拟现实、人工智能等技术的应用，数字阅读的应用场景和用户体验将得到进一步丰富和提升。5G 万物互联特性将使“万物皆可为媒体”，车联网、可穿戴设备、智能家居等均可能成为阅读的载体，各种阅读终端之间也能实现无缝切换。作为年轻人居多的城市，深圳要积极拥抱先进技术，进一步推动数字阅读。要加快发展基于 5G、AI、大数据等先进技术的数字阅读产业，努力提供全方位的数字化阅读解决方案。充分利用互联网和云计算技术，加快建设数字化、智慧型的书城、书店、书吧及各类数字阅读设施。

加快推动数字内容生产，积极推动数字阅读企业与传统出版社合作，开发更多优质数字出版内容。坚持以用户为中心，加强阅读需求研究，全面细分各专业领域，通过细分内容分发有效拉动数字阅读用户在不同场景中的全新增长。加快推动传统出版单位、传统新闻单位的数字化转型升级，开发电子书、电子刊及优质数字阅读产品、数字阅读资源。发挥我国数字版权费较低的优势，提供更多高质量的阅读资源，有效激发读者的付费意愿和阅读热情。

加大数字阅读资源供给，加快推进公共图书馆馆藏资源数字化，打造“数字图书馆之城”。提高市、区图书馆数字资源的采购比例，提升“图书馆之城”数字资源服务与保障能力，满足数字阅读、移动阅读和科研需求。重点引进大众阅读、移动阅读类数字资源，利用网站、移动服务平台和自助图书馆构建实用性的大众数字阅读平台，为市民提供丰富的数字阅读资源与便捷的数字阅读服务。拓展“深圳文献港”功能，持续扩大资源总量，完善“图书馆之城”数字资源服务平台。

加强数字阅读研究，及时跟进数字阅读需求变化，继续发布数字阅读城市报告，为推进数字阅读提供决策参考。推动中小学校建设校园数字阅读空间及平台，推广电子阅读和移动阅读产品，将阅读与学习教育紧密结合，引导学生分级阅读，提高学生阅读量和阅读水平。加强数字阅读引导，推动数字阅读和传统阅读的有机结合。积极运用“互联网 +”开展阅读推广，建立多媒体网上阅读学习环境，通过各种移动终端支持市民随时随地阅读。

### （六）加强阅读能力培养，深化全民阅读研究，进一步提高阅读推广的成效

阅读能力代表一个人通过阅读获取知识的能力，阅读能力决定阅读效果，阅读能力是学习能力的重要体现。阅读能力包括认读能力、理解能力、鉴赏能力、应用能力等方面，它们前后关联，互为补充，形成一个完整的阅读能力纵向系统。

加快实施阅读能力提升工程。培养阅读能力，需要掌握熟练的阅读技巧。为此，要着力培养朗读、默读、速读、精读技能和良好的阅读习惯。借鉴国内外阅读能力测试、阶梯阅读的科学方法，建立符合深圳市民的阅

读能力培养体系。支持阅读专家、专业阅读推广机构根据各类群体的不同需求，开展快速阅读、深度阅读、分析阅读、诵读等阅读技能培训，传播家庭阅读、校园阅读、社群阅读知识，不断提高市民的阅读能力。探索开展中小学生阅读水平测试，引导中小学生掌握科学的阅读方法，提高未成年人整体阅读水平。

提升全民阅读引导服务水平。准确把握各年龄段、各类社会群体、不同性别阅读者的阅读规律，探索培养不同群体阅读兴趣和习惯的有效方法，提高阅读引导服务的针对性和科学性。加强阅读书目推介研究，进一步完善书目推荐机制，及时发布深圳市全民阅读基础书目和分级阅读书目。进一步提升“深圳读书月推荐书目”“南书房家庭经典书目”“深圳书城选书”“年度十大好书”“年度十大童书”等传统荐书品牌的影响力，鼓励民营书店、民间阅读组织开展优秀读物推介活动，进一步提升推荐出版物的权威性和影响力，推动精品出版物宣传推介常态化、制度化、体系化。

加强全民阅读研究。深入开展全民阅读理论研究、实证研究和创新研究，推动理论研究成果转化，发挥全民阅读研究的导向、引领作用。聚合市内外阅读研究力量，形成多层次、多元化的全民阅读理论研究体系。广泛开展数字阅读、亲子阅读、阶梯阅读、阅读能力等专题研究，深化“全球全民阅读典范城市”理论和实证研究，努力打造全民阅读研究的“深圳学派”，保持深圳在全民阅读研究领域的全国领先地位。继续发布年度阅读报告及阅读指数，提升科学化研究水平，努力形成全民阅读指数的“深圳标准”。

### （七）加强统筹协调，调动社会参与，汇聚全民阅读典范城市的强大合力

全民阅读是一项全社会参与的事业。多年来，深圳在推动全民阅读工

作中始终重视发动社会力量参与，形成全民阅读全民参与的新格局。享誉全国的深圳读书月的成功举办，就是“政府倡导、专家指导、社会参与、企业运作、媒体支持”运作模式的生动体现。深圳作为一个市场机制成熟、社会组织发展活跃的现代化城市，下一步要按照建设先行示范区的要求，积极鼓励社会力量参与社会治理，在推动全民阅读过程中更加注重调动社会力量，巩固共建共享共同参与的全民阅读模式。

加强统筹协调。各级宣传文化部门要切实加强全民阅读的统筹工作，推动建立和完善各部门共同参与的工作协调机制，争取相关部门的大力支持，积极协调教育、民政、妇联、残联、共青团、工会等单位在各自职责范围内开展全民阅读相关工作。加大政府购买全民阅读服务的力度，调动社会力量共同推进全民阅读。充分发挥媒体宣传在全民阅读中的积极作用，重视和发挥各类媒体特别是新媒体的宣传优势，宣传优秀出版物和全民阅读活动，普及全民阅读知识，引导全民阅读风尚，营造书香城市氛围。支持各类媒体承办和协办阅读主题活动，开办读书专版专栏、读书节目。鼓励和支持深圳电视台、深圳电台开办读书专题节目和专门栏目。鼓励和支持社会化新媒体开办、开设读书类栏目，营造浓郁的线上阅读氛围。

积极引导企业、社会组织和广大市民参与全民阅读工作。支持和鼓励社会资源参与基层图书馆建设，通过与社会组织的广泛合作，激活现有基层图书馆资源，提升公共服务能力。鼓励社会力量捐赠全民阅读设施、开展全民阅读服务，以无偿捐助、冠名等形式资助全民阅读活动或项目，支持民营书店和有条件的企业举办读书会等阅读主题活动。办好公共图书馆图书捐赠和交换中心，引导市民参与图书捐赠和交换活动。支持开展“赠书献爱心”等阅读公益活动，支持社会力量开展阅读进企业、特教机构、福利机构等阅读关爱活动。

加强阅读推广人队伍建设。充分发挥热衷阅读推广的社会名人、文化名家的引领示范作用，鼓励公务员、教师、新闻出版工作者、大学生等加入阅读推广人队伍，不断扩大阅读推广人群体数量，提升阅读推广人的阅读推广能力。鼓励和支持文化团体、教育机构和其他社会组织开展阅读推广服务，培育一批具有广泛影响力的阅读推广机构。加大阅读推广人培训力度，完善阅读推广队伍管理机制，建立健全全民阅读工作者队伍培训制度，加强阅读推广人定期培训、优秀阅读推广人认定及表彰，提升阅读推广人队伍的整体素质和服务能力。

大力培育阅读组织。支持成立各类阅读推广组织，加大阅读推广组织开展全民阅读服务的资助力度，促进阅读组织的健康发展。发挥深圳市阅读联合会沟通政府和民间的桥梁纽带作用，培育和聚合民间阅读力量，为全市各类民间阅读组织发展搭建平台。公共文化场馆、中小学校等公益机构应创造条件为社会组织开展阅读推广和公益阅读服务提供便利，为阅读组织发展创造有利条件。

深入开展阅读志愿服务。充分利用“志愿者之城”的优势，组织文化义工参与全民阅读工作，要发动文化素质较高、热衷阅读公益服务的人员加入专业的阅读志愿者队伍，建立全市阅读志愿者信息库，健全市、区阅读志愿者组织机构。加强阅读志愿者培训和管理，支持阅读志愿者开展图书借阅管理、读者咨询、群众阅读活动组织等志愿服务工作，缓解公共机构阅读推广服务人手不足的问题。

# 阅读综合研究

深圳全民阅读
发展报告
2020

# 2019 年深圳阅读指数研究结果报告

深圳大学课题组

为持续观测深圳城市阅读建设与推进工作，洞察读者阅读习惯和需求变化，深圳第六次发布年度城市阅读指数，即《2019 年深圳阅读指数研究结果报告》。

2019 年深圳阅读指数为 100.66。其中，全民阅读基本建设统计数据得分为 77.88 分，居民阅读行为调查数据得分为 22.78 分。

## 一、深圳阅读指数的指标体系

2019 年，本课题继续沿用 2018 年指标模型并进行数据对比。深圳阅读指数由 3 个一级指标、22 个二级指标和 51 项具体测评内容组成。基于对阅读概念的界定，并充分参照国家和其他省市相关研究和测评指标的成果，本课题将第一项和第二项一级指标界定为阅读条件，将第三项一级指标界定为阅读行为。整套指标体系如表 3–1 所示：

表 3-1 深圳阅读指数指标体系及权重

| 一级指标 | 一级指标权重值 | 二级指标代码 | 二级指标权重值 | 测评内容 | 测评内容权重值 |
|---|---|---|---|---|---|
| Ⅰ-1 阅读设施与资源 | 24% | A1 | 12.0% | 1）公共图书馆数量 | 2.0% |
| | | | | 2）千人阅览座位数 | 1.0% |
| | | | | 3）有效读者证数量 | 3.0% |
| | | | | 4）人均拥有公共图书馆藏书册数 | 3.0% |
| | | | | 5）馆藏电子图书（含有声图书）种类 | 3.0% |
| | | A2 | 6.0% | 1）全市实体书店、书吧数量 | 3.0% |
| | | | | 2）实体书店年购书人次 | 2.0% |
| | | | | 3）实体书店年进出人数 | 1.0% |
| | | A3 | 1.0% | 1）深圳地区报纸销售量 | 1.0% |
| | | A4 | 1.0% | 1）深圳地区期刊销售量 | 1.0% |
| | | A5 | 4.0% | 1）深圳图书销售量 | 4.0% |
| Ⅰ-2 阅读支持与保障 | 19% | A6 | 2.0% | 1）阅读机构组织数量 | 2.0% |
| | | A7 | 3.0% | 1）阅读活动的形态种数 | 3.0% |
| | | A8 | 5.0% | 1）阅读活动的场次数量 | 5.0% |
| | | A9 | 5.0% | 1）财政性资金投入金额 | 2.0% |
| | | | | 2）社会资金投入金额 | 2.0% |
| | | | | 3）投入社会资金的机构数量 | 1.0% |
| | | A10 | 2.0% | 1）阅读推广人数量 | 2.0% |
| | | A11 | 2.0% | 1）报业集团阅读类宣传报道所占百分比 | 1.0% |
| | | | | 2）广播电视媒体年阅读报道时长 | 1.0% |
| Ⅰ-3 阅读行为与认知 | 57% | A12 | 8.0% | 1）公共图书馆进馆人次 | 3.0% |
| | | | | 2）公共图书馆外借册次 | 3.0% |
| | | | | 3）公共图书馆网站点击数 | 2.0% |
| | | A13 | 9.0% | 1）数字图书人均月浏览量 | 3.0% |
| | | | | 2）数字阅读渗透率 | 3.0% |
| | | | | 3）数字阅读月均访问用户数 | 3.0% |

续表

| 一级指标 | 一级指标权重值 | 二级指标代码 | 二级指标权重值 | 测评内容 | 测评内容权重值 |
|---|---|---|---|---|---|
| Ⅰ-3 阅读行为与认知 | 57% | A14 | 6.5% | 1）平均每天阅读各类信息时长 | 1.5% |
| | | | | 2）平均每天图书阅读时长 | 2.0% |
| | | | | 3）平均每天报纸阅读时长 | 0.5% |
| | | | | 4）平均每天期刊阅读时长 | 0.5% |
| | | | | 5）平均每天数字化阅读时长 | 2.0% |
| | | A15 | 4.5% | 1）每周图书阅读率 | 1.5% |
| | | | | 2）每周报纸阅读率 | 1.0% |
| | | | | 3）每周期刊阅读率 | 1.0% |
| | | | | 4）每周数字化阅读率 | 1.0% |
| | | A16 | 7.0% | 1）每年阅读报刊数 | 1.0% |
| | | | | 2）人均每月在读数字阅读图书本数（本） | 2.0% |
| | | | | 3）每年阅读纸质图书数量 | 2.0% |
| | | | | 4）每年电子图书阅读量 | 2.0% |
| | | A17 | 2.0% | 1）阅读内容广度：人文、科技、技能、教育等 | 2.0% |
| | | A18 | 2.0% | 1）阅读活动参与类别 | 1.0% |
| | | | | 2）阅读活动参与率 | 1.0% |
| | | A19 | 5.0% | 1）有藏书家庭百分比 | 2.0% |
| | | | | 2）家庭平均纸质书藏书量 | 2.0% |
| | | | | 3）家庭平均电子书藏书量 | 1.0% |
| | | A20 | 5.0% | 1）平均每月的阅读消费额 | 2.0% |
| | | | | 2）年度图书购买量 | 2.0% |
| | | | | 3）数字阅读人均月消费额 | 1.0% |
| | | A21 | 4.0% | 1）阅读资源满意度 | 2.0% |
| | | | | 2）阅读设施与环境满意度 | 2.0% |
| | | A22 | 4.0% | 1）阅读重要性认知 | 4.0% |

## 二、深圳阅读指数调查结果

### （一）2019 年深圳阅读指数

2019 年深圳阅读指数（A）= 100.66，其中

全民阅读基本建设统计数据（B）= 77.88

居民阅读行为调查数据（C）= 22.78

### （二）2019 年深圳全民阅读基本建设情况

2019 年深圳全民阅读基本建设统计值为 77.88，与 2018 年的 74.43 相比增加了 3.45。在 26 项测评内容中，测评值和实际统计值均上升的有 13 项，比上年多了 6 项。其中，增幅显著的前 5 项依次为“数字阅读月均访问用户数”“财政性资金投入金额”“数字图书人均月浏览量”“阅读推广人数量”“社会资金投入金额”。测评值下降但实际统计值上升的测评项主要有“有效读者证数量”“馆藏电子图书（含有声图书）种类”“全市实体书店、书吧数量”“数字阅读渗透率”等 4 项，这些测评项的实际数量在增加，相比上年，本年度的增幅略有下降。测评值和实际值均有所下滑的测评项仅有“实体书店年进出人数”和“阅读机构组织数量”2 项。

**1. 测评数据中显著提升的项目**

（1）Ⅱ –13 数字阅读量

二级指标“Ⅱ –13 数字阅读量”是 2017 年为适应阅读变化而增加的指标，指标包含“数字图书人均月浏览量”“数字阅读渗透率”“数字阅读月均访问用户数”3 个测评项，所占权重为 9%。该项指标在 2018 年就是提升最为显著的类别。2019 年测评值得分为 18.39 分，比 2018 年（14.73

分）增长了 3.65 分。该项指标测评内容的历年调查结果如表 3–2 所示：

表 3–2 “Ⅱ –13 数字阅读量”各项测评内容历年统计值

| 测评内容 | 测评内容权重值 | 2016 年 | 2017 年 | 2018 年 |
|---|---|---|---|---|
| 1）数字图书人均月浏览量（点击次数） | 3.0% | 82.75 | 183.13 | 435.41 |
| 2）数字阅读渗透率（%） | 3.0% | 27.55 | 39.95 | 43.98 |
| 3）数字阅读月均访问用户数（万） | 3.0% | 158.13 | 197.32 | 523.70 |

2019 年的“数字图书人均月浏览量”是 2018 年的 2.38 倍；“数字阅读月均访问用户数”则是 2018 年的 2.65 倍；“数字阅读渗透率”提高了 4.03 个百分点。3 项指标反映了数字阅读的迅猛发展。

（2）Ⅱ –9 资金保障

二级指标“Ⅱ –9 资金保障”所占权重值为 5%，测评得分为 7.42 分。2019 年，“财政性资金投入金额”和“社会资金投入金额”这 2 项资金投入的增幅均比较显著，财政性资金投入较上年增长 984.5 万元，增幅达 82%；社会资金投入比 2018 年增加 481.47 万元，增幅为 26%。该项指标测评内容的历年调查结果如表 3–3 所示：

表 3–3 财政性资金投入金额和社会资金投入金额历年统计值

| 测评内容 | 测评内容权重值 | 2012 年 | 2013 年 | 2014 年 | 2015 年 | 2016 年 | 2017 年 | 2018 年 |
|---|---|---|---|---|---|---|---|---|
| 1）财政性资金投入金额（万元） | 2.0% | 600 | 605 | 1120 | 1140 | 1205 | 1200 | 2184.5 |
| 2）社会资金投入金额（万元） | 2.0% | 1021.79 | 1045.17 | 1515.9 | 1258.13 | 1659.55 | 1843.65 | 2325.12 |

（3）Ⅱ –10 阅读推广人

二级指标“Ⅱ –10 阅读推广人”所占权重值为 2%，测评得分为 4.84 分，与上年的测评值 4.42 相比，阅读推广人数量显著增加。该项指标测评内容的历年调查结果如表 3–4 所示：

表 3–4 “Ⅱ –10 阅读推广人”各项测评内容历年统计值

| 测评内容 | 测评内容权重值 | 2012 年 | 2013 年 | 2014 年 | 2015 年 | 2016 年 | 2017 年 | 2018 年 |
|---|---|---|---|---|---|---|---|---|
| 1）阅读推广人数量（人） | 2.0% | 328 | 483 | 526 | 582 | 648 | 1298 | 2138 |

历年调查结果显示，深圳市的阅读推广人数量在过去几年中稳步增长，促进了阅读推广向专业化和规范化发展。

（4）Ⅱ –2 实体书店

值得注意的是，“实体书店年购书人次”比上年增加了 22.86 万次。问卷调查显示，深圳居民在 2019 年 8 月间购买图书（纸质和电子图书）的平均消费金额为 227.18 元，其中 198.34 元花在深圳本地书店，占购书消费总额的 87.3%。在本地购书消费金额中，168.19 元花在深圳书城，占购书消费总额的 74%。统计数据显示，深圳 2019 年图书销售额比 2018 年增加了 1576.89 万元。该项指标测评内容的历年调查结果如表 3–5 所示：

表 3–5 实体书店年购书人次历年统计值

| 测评内容 | 测评内容权重值 | 2012 年 | 2013 年 | 2014 年 | 2015 年 | 2016 年 | 2017 年 | 2018 年 |
|---|---|---|---|---|---|---|---|---|
| 实体书店年购书人次（万人次） | 2.0% | 296.15 | 269.60 | 257.05 | 246.70 | 250.88 | 233.31 | 256.17 |

### 2. 测评数据中有所下降的项目

测评值和实际值均有所下滑的测评项仅有“实体书店年进出人数”和“阅读机构组织数量”2 项。

（1）Ⅱ –2 实体书店

虽然“实体书店年购书人次”比上年有所增加，但“实体书店年进出人数”较之前两年继续减少。该项指标测评内容的历年调查结果如表3–6所示：

表 3–6　实体书店年进出人数历年统计值

| 测评内容 | 测评内容权重值 | 2012年 | 2013年 | 2014年 | 2015年 | 2016年 | 2017年 | 2018年 |
|---|---|---|---|---|---|---|---|---|
| 实体书店年进出人数（万人） | 1.0% | 1085 | 1017 | 1032 | 1032 | 1170.03 | 1095.87 | 1045.54 |

（2）Ⅱ –6 阅读活动组织

2019 年测评项“阅读机构组织数量”的统计值较 2018 年有明显下降。经历了几年的快速发展后，阅读活动组织的发展似乎进入稳定期，2019 年阅读机构组织数量与 2017 年的数量相近。该项指标测评内容的历年调查结果如表 3–7 所示：

表 3–7 “Ⅱ –6 阅读活动组织”各项测评内容历年统计值

| 测评内容 | 测评内容权重值 | 2012年 | 2013年 | 2014年 | 2015年 | 2016年 | 2017年 | 2018年 |
|---|---|---|---|---|---|---|---|---|
| 1）阅读机构组织数量（个） | 2.0% | 62 | 106 | 126 | 132 | 135 | 158 | 136 |

## （三）居民阅读行为调查情况

居民阅读行为调查数据得分为 22.78 分，相比 2018 年（23.71 分）降低了 0.93 分。在 25 个测评指标中，测评得分提高的有 11 项，下降的有 10 项，持平的有 4 项。

**1. 调查数据中显著提升的项目**

（1）Ⅱ –15 阅读率

阅读率在各类阅读介质中都有不同程度的提高，包括图书阅读率、报纸阅读率、期刊阅读率及数字化阅读率。这说明，阅读者的数量在增加。该项指标测评内容的历年调查结果如表 3–8 所示：

表 3–8 “Ⅱ –15 阅读率”各项测评内容历年统计值

| 测评内容 | 测评内容权重值 | 2018 年 | 2019 年 |
|---|---|---|---|
| 1）每周图书阅读率 | 1.5% | 0.81 | 1.05 |
| 2）每周报纸阅读率 | 1.0% | 0.30 | 0.35 |
| 3）每周期刊阅读率 | 1.0% | 0.26 | 0.33 |
| 4）每周数字化阅读率 | 1.0% | 0.96 | 0.99 |

其中，原特区外居民的图书阅读率（74.8%）、报纸阅读率（39.1%）、期刊阅读率（40.0%）增幅明显，均超过了原特区内居民的阅读率（分别为 65.9%、31.8%、27.6%）；本科及以上学历人群的每周图书、报纸和期刊阅读率最高，分别为 84.1%、43.2% 和 43.7%；25 ~ 34 岁人群的图书阅读率为 79%，是所有年龄段中最高的，35 ~ 44 岁人群的报纸阅读率（42.4%）和期刊阅读率（42.9%）最高。深圳居民的数字化阅读率非常突出，原特区内外、不同教育水平、不同年龄段间的居民的差别不大。

（2）图书、期刊阅读时长

2019 年深圳居民日均图书阅读时长（67.36 分钟）相比去年增加了

2.80 分钟。通过对阅读群体分类分析可知，原特区外居民阅读时长超过原特区内居民阅读时长；本科及以上学历人群的读书时长最长，18 ~ 24 岁年轻人的读书时长最长。

2019 年深圳居民日均报纸的阅读时长为 35.62 分钟，比去年增加了 5.38 分钟。其中，原特区外居民的读报时间相比上年增加较多，几乎与原特区内居民读报时间一样长；本科及以上学历人群的读报时长最长，35 ~ 44 岁人群的读报时长最长。

**2. 调查数据中显著下降的项目**

阅读行为测评内容中，下滑排名前 3 位的测评项为“平均每月的阅读消费额”“平均每天数字化阅读时长”“家庭平均纸质书藏书量”。数字阅读的快速发展，提供了大量便利而免费的阅读资源，使用户付费意愿不强，这可能是导致阅读消费额下降的一个原因。阅读率相比去年有所提高，阅读人群进一步扩大，因此在一定程度上拉低了平均阅读时长，使得阅读时长和阅读量都有不同程度的下滑。

## 三、阅读行为指标与全国水平相比

在2019年公布的第十六次全国国民阅读调查[①]（以下简称2019国民阅读调查）城市阅读指数排位中，深圳市以 84.39 点的指数值位列全国第一。该调查对 50 个采样城市进行了阅读指数测算。排在第二位和第三位的城

① 全国国民阅读调查是由中国新闻出版研究院组织开展的一项社会调查活动，自 1999 年起，已持续开展了十六次，数据来源：http://art.people.com.cn/n1/2019/0417/c206272-31035102.html.

市分别为苏州（79.91 点）、北京（78.65 点）。

深圳居民阅读行为抽样调查结果与 2019 国民阅读调查同指标相比，在阅读率、阅读量、阅读时长、数字化阅读等指标上，深圳的数据都高于全国平均水平。

## （一）阅读率

在阅读率方面，2019 年度深圳成年居民图书阅读率为 69.8%，高于我国成年国民图书阅读率的 59.0%；深圳成年居民的期刊阅读率为 33.2%，高于全国水平的 23.4%。深圳成年居民数字化阅读方式的接触率（网络在线阅读、手机阅读、电子阅读器阅读、Pad 阅读等）为 98.6%，远远高于全国数字化阅读率的 76.2%。

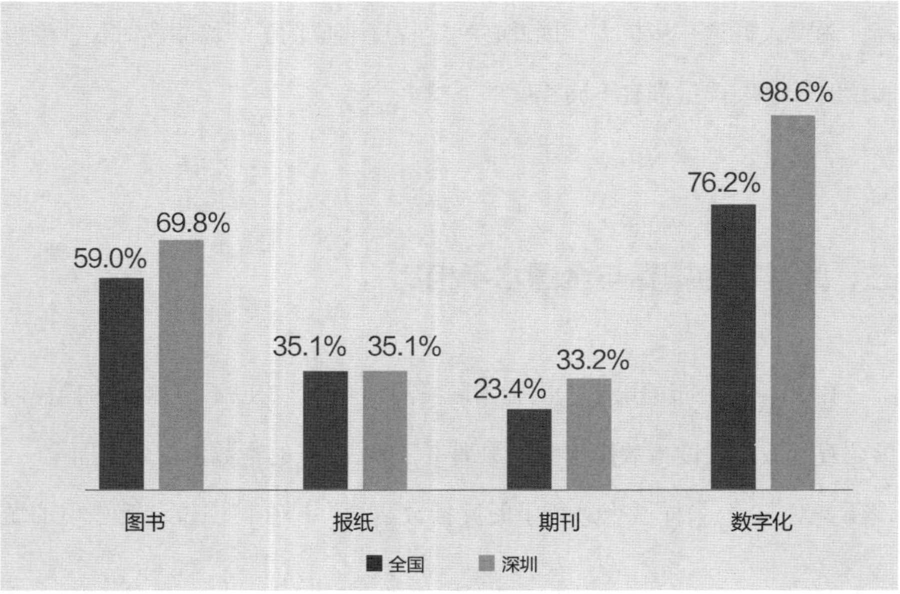


图 3-1 深圳各项阅读率与全国比较

## （二）阅读量

在阅读量上，深圳成年居民人均电子图书阅读量为 7.36 本，而国民人均电子书阅读量仅为 3.32 本；深圳成年居民人均纸质图书阅读量为 6.20 本，比全国成年国民人均纸质图书阅读量（4.67 本）多 1.53 本。

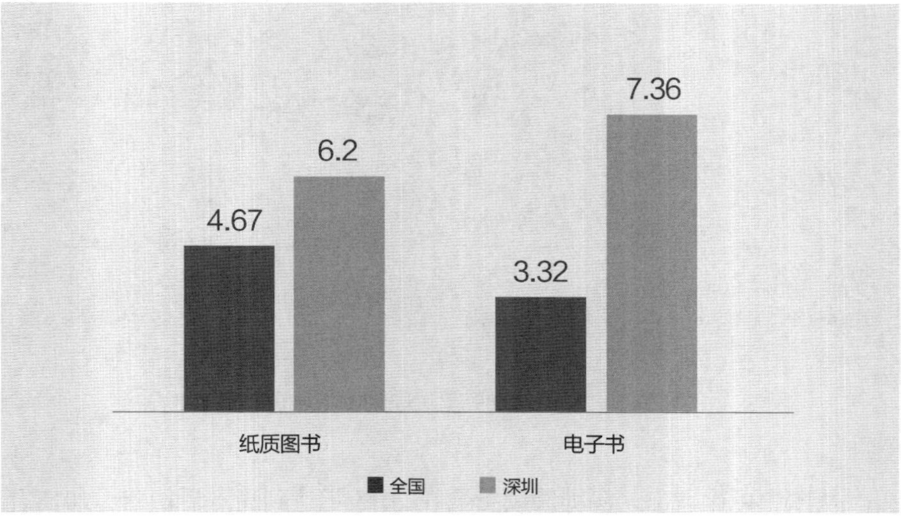


图 3-2 深圳图书阅读量与全国比较（本）

## （三）数字化阅读时长

深圳居民日均互联网接触时长为 121.62 分钟，远高于全国人均互联网接触时长的 65.12 分钟；深圳居民每天电子阅读器阅读时长为 40 分钟，高于全国国民 10.70 分钟的平均值；深圳居民每天接触 Pad（平板电脑）的时长为 32.34 分钟，而全国国民的平均水平为 11.10 分钟。

## 四、深圳阅读指数调查解读

深圳阅读指数已连续第六年发布，变化趋势如图 3–3 所示：

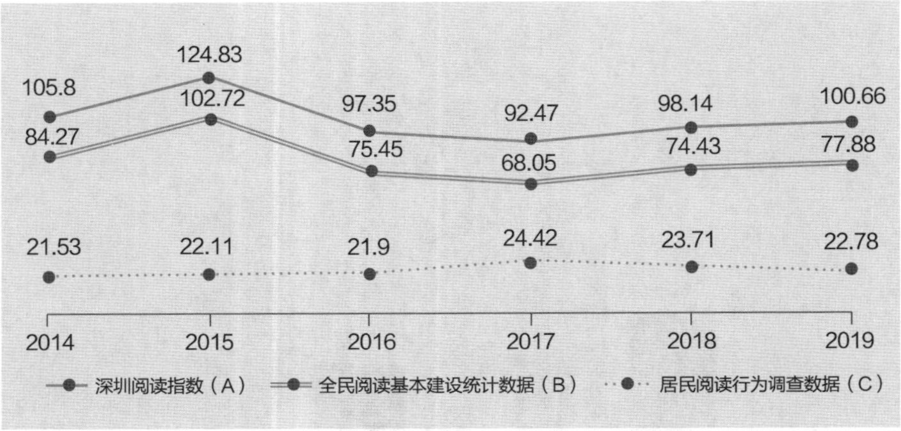


**图 3–3　2014—2019 年深圳阅读指数曲线图**

从图中可以看出，深圳阅读指数在 2015 年达到高点后回落，2018 年开始新一轮平缓提升。阅读指数值的浮动与全民阅读基本建设部分的关联非常紧密，起伏与共。而居民阅读行为部分的变动幅度较小，呈稳定但略有下降的趋势。

正如本课题组在 2018 年报告中所指出的，深圳在 2013 年被联合国教科文组织授予“全球全民阅读典范城市”称号后，加大了全民阅读基本建设的力度，在阅读设施与资源、阅读支持与保障方面快速推进。经过 2016 年和 2017 年的微调和平衡之后，在资金保障、阅读设施与环境、阅读活动的组织及阅读理念的倡导与宣传等方面已经基本成型，全民阅读基本建设持续稳定地提升。

## （一）城市整体阅读环境日臻完善

深圳连续多年在各个指标上的推进，使得全民阅读基本建设取得显著成绩，在制度和资金保障、阅读设施与环境、阅读活动与理念宣传等方面硬件软件齐抓、整合配套，有序推进城市阅读建设。

硬件方面，不断完善公共文化服务及设施。公共图书馆及阅读资源，实体书店、书吧的数量，阅读活动场次数、阅读推广人数量等都在稳中增长，公共阅读空间在市民阅读生活中发挥着越来越重要的作用。

软件方面，对阅读的宣传报道、对阅读活动的创新打造、对阅读理念的引导、对民间阅读资源的利用等，为市民营造了浓厚的阅读氛围，使得市民对阅读资源、阅读设施及环境的满意度持续提高。

综合来看，2019 年深圳阅读指数值的提升，是众多测评指标集体贡献的结果，尽管阅读资金保障（包括财政资金和社会资金）仍然是增幅显著的项目，但“数字阅读月均访问用户数”“数字图书人均月浏览量”“阅读推广人数量”“实体书店年购书人次”等项均有程度不同的增加。测评值和实际统计值均上升的有 13 项，比上年多出 6 项。这显示了城市阅读整体实力的逐步加强。

## （二）城市居民阅读习惯不断养成和强化

阅读行为测评数据连年来相对稳定。这显示深圳有着稳定的市民阅读基础，且随着阅读理念逐步深入人心，阅读人群必然逐年扩大，阅读习惯也将逐步养成。

深圳居民的图书阅读率、报纸阅读率、期刊阅读率及数字化阅读率远高于全国水平，且仍在持续提高，阅读者的数量也在增长；相当数量的深圳居民有前往公共图书馆、书城、书店、书吧进行阅览、借阅和购书的习惯；在娱乐化、碎片化的时代背景下，有超过 80% 的深圳居民认为阅读对人生非常重要和比较重要，阅读的重要性获得深圳居民的普遍认同；深圳居民在阅读时长、阅读量、数字化阅读等指标上都高于全国平均水平。

### （三）阅读文化正在逐步形成

阅读文化是文化样态的一种，它是关于阅读知识、阅读价值观和阅读行为方式的思想体系，是由阅读知识、阅读价值和阅读行为构成的综合体[①]。随着阅读环境和阅读氛围的日趋成熟，居民阅读认知、阅读行为和阅读习惯的不断强化，阅读文化开始悄然形成并滋养和汇入城市文化精神。

① 任翔 . 阅读文化面面观 [N]. 中国文化报，2019-12-23.

# 体验式阅读、绘本剧与项目制学习
## ——三叶草故事家族的绘本剧探索之路

李迪 张洁娟

三叶草故事家族（以下简称三叶草）是一个致力于让阅读成为家庭成长第一推动力的民间公益组织。三叶草从 0~15 岁儿童的需求出发，以家庭为核心，延伸至社区阅读与学校阅读，服务儿童及与儿童相关的父母和教师群体，聚焦中国教育体系下的阅读视野，创建新的阅读引领模式，助力更多人成为有引领能力的成年人，帮助儿童爱上阅读、善于阅读。

三叶草自 2008 年由深圳生发，并开始向外扩展。数年间，参与人数平均每年达 15 万人次，通过故事妈妈成长学院、社区儿童阅读加油站、故事讲述与绘本剧大赛、新书抢鲜读 & 年度好书榜、书香校园，以及儿童阅读研究计划等 6 项“绿洲计划”，累计服务并影响 70 余万个家庭，为童年发展以及城市文化建设带来广阔的关注视角和发展领域，让更多的家庭溢满书香，让阅读丰盈孩子的童年。

## 当绘本遇上绘本剧，开启体验式阅读新篇章

在过去的 10 余年中，致力于亲子阅读多元模式探究的三叶草一直在

绘本阅读相关领域做着不断的探索与尝试。无论是内容还是形式，都致力于拓展亲子阅读推广的可能性。其中，绘本剧就是三叶草创造出的最具价值的绘本阅读形式。

2009 年，三叶草获得了一个“特别”的机会。当时，中科院组织的一场科普剧大赛向三叶草发出邀请，希望其能够组织深圳地区的优秀剧目参加活动。三叶草便发出“英雄帖”召集“草籽”们参与，没想到活动消息一经发出就引起了热烈反响，“草籽”们兴致勃勃地选书、改编、排练，学习编剧、配乐、剪辑、舞美……一个月的时间，排了 16 个剧，仅小演员就有 200 多人。那是三叶草第一次创造奇迹。从那天起，一拍脑门生造出来的“绘本剧”这个新词，就此登上了三叶草的舞台。

自此之后，三叶草开始鼓励各个社区或班级等小团体协同合作，根据绘本故事改编舞台短剧。作为一种深层次的体验式阅读，通过绘本剧的改编和展演，孩子们不仅可以深入体会书籍内涵，更可以锻炼和培养他们的合作能力、换位思考能力，以及语言与肢体的综合表现力。2009 年初次举办绘本剧大赛之后，孩子们发生了非常大的变化，原本怯懦的孩子勇敢地登上了舞台，原本抗拒的孩子竟然一个人演完了剧中所有的角色；妈妈们也突破了自我，完成了很多看似不可能的挑战。看到孩子与父母的共同成长，三叶草下定决心，哪怕再累再辛苦，也要把绘本剧大赛办下去。

2010 年，三叶草应邀参加中国自然科学博物馆协会组织的全国科普剧邀请赛，和 17 家省级科技馆的驻馆节目同台比赛。最终，三叶草的环保题材剧目《多多老板和森林婆婆》获得了评委会大奖。这部由妈妈和孩子们自编自导自演自做道具的草台班子绘本剧，面对国家一级导演编剧、专业成人演员以及华丽的布景道具，竟以第一名的好成绩拔得头筹。这使本来抱着玩票心态参加活动的“草籽”们大受鼓舞，绘本剧自此成了三叶草着力打造、最受欢迎的品牌活动。

此次荣誉的获得，让三叶草对绘本剧充满了信心和自豪，干劲满满。事后分析，绘本剧能够取得如此成绩，离不开绘本高品质的故事元素，也离不开团队的共同努力。三叶草虽然作为一支业余团队参加比赛，却抱着一颗专业的心，用心打磨每一个细节，加入了许多互动与创新设计，没有资金，就全凭手工制作道具，妈妈和孩子们共同解决了大量问题。三叶草不仅仅是单纯地讲述知识，而是以孩子的视角，通过孩子的演绎，讲述一个有血有肉、充满情感的故事。

2011 年，三叶草将赛事范围扩大，策划了全国绘本剧大赛，并被列为当年深圳读书月的主题活动。这次活动吸引了来自深圳、珠海、杭州等地近 300 个家庭参与。2012 年，三叶草获得当年深圳读书月最佳活动项目奖。

2013 年，三叶草策划的全国首届绘本剧交流论坛暨第五届三叶草绘本剧大赛再次被列为深圳读书月重点主题活动。此次论坛聚焦以绘本剧为主要表现形式的儿童动态阅读与体验阅读，邀请国际儿童及青少年戏剧联盟前秘书长伊维萨·西米奇、香港明日艺术教育机构总监王添强、台湾著名儿童教育家及北京动动鞋子儿童剧团团长兼总导演李明华等阅读界、戏剧界的专家学者参与活动，并展开热烈交流。除了来自全国乃至世界级的专家学者，活动也吸引了来自全国四面八方的行业精英。两天时间里共举办了 9 场活动，包括绘本剧的观摩、音乐故事剧场的呈现、绘本剧调查报告的发布、主题演讲的理论探讨、3 场工作坊的切身体验等，本次活动通过丰富的学习交流环节，让到场的嘉宾和三叶草“草籽”们受益匪浅。

同年，三叶草联合深圳大学制作完成的全国第一份关于绘本剧的调研报告正式发布。报告显示，当年大众对绘本剧的认知度一般，参与度较低，参与者多是因为在生活或工作中有实际需要而加入绘本剧群体。但所有受访者均对绘本剧的积极意义持肯定态度。

当时，不仅仅是普通民众不了解绘本剧，就连业界也不知道绘本剧是什么。为此，三叶草邀请了台湾著名儿童教育家李明华老师与大家分享台湾绘本剧的发展。李明华站在台上开玩笑说自己汗都下来了，因为台湾根本没有绘本剧，又说："但是从这两天在深圳参与的活动来看，绘本剧从三叶草开始，可以有了。"

从深圳市文化广电旅游体育局针对民间阅读组织开展的调查发现，三叶草举办的绘本剧大赛参与人数在 1000 人以上。绘本剧系列活动连续三年获得了深圳读书月的最佳活动奖和最佳创新项目奖。

2013 年的全国首届绘本剧交流论坛成了绘本剧引爆全国的触发点。其后两年，绘本剧在全国遍地开花，时至今日，绘本剧已成为绘本阅读最具表现力的延伸活动之一。但对于今天的三叶草来说，绘本剧早已不是当年的概念。

## 绘本剧的自我颠覆与探索之路

绘本剧，顾名思义就是由绘本改编而成的戏剧。然而三叶草的绘本剧不只是字面意思上的"绘本 + 儿童剧"表演，而是糅合了表演戏剧和教育戏剧二者优点创作出的一种适合孩子成长体验的戏剧表达形式，是一个通过戏剧手法进行体验式阅读的过程。绘本作为最适宜儿童阅读的读物，其价值正在润物细无声地浸润孩子的心田，绘本剧也应以引导儿童成长为目标来关注排演的整个过程，最终的表演只是一种呈现方式。

根据加德纳的多元智能理论，每个孩子都有各自擅长的智能方式来认知世界、表达自我，视觉型的孩子擅长观察与发现，听觉型的孩子更喜欢聆听，动觉型的孩子则更愿意体验和尝试。绘本剧的排演过程正是运用不同的参与和表达方式，引导不同智能类型的孩子体验阅读的过程。

让孩子走进书里，用行动把书“读”出来。把平面书籍进行动态化呈现，绝非为了表演或娱乐观众，而是为了突破边界，让阅读吸引更多类型的儿童。通过对绘本的丰富延伸，让孩子充分吸收书籍的营养以达至成长的目标，这是三叶草自成立以来一直在努力探索的方向。

自 2013 年开始，三叶草组建了绘本剧团，“草籽”们从自身专业出发进行主题分享，从绘本中延伸出更多的戏剧教育意义。通过分享英国儿童戏剧电影，借助 11 次排练思考“舞台到底是谁的”；通过分享皮娜的现代舞，探究肢体的动机；通过分享音乐剧《卡门》，分析舞台上“有意识的流动和无意识的流动”……从一本绘本延伸出来的戏剧教育，无论对大人还是孩子都具有深远影响。

随着对绘本剧的不断思考与探索实践，三叶草开始把舞台全面交给孩子，让孩子自己做绘本剧的主人。从选书到选角，从台词到走位，从排练到道具，孩子们自己头脑风暴，自己组织调度，最终完成整场演出。这一次，家长退到了幕后，孩子用自己的语言来完成表达。

以绘本剧《影子》为例，在长达一年的时间里，孩子们以主题活动的方式，围绕戏剧与阅读，开展了一次次与影子相关的主题阅读、头脑风暴、手工制作、光影探究、布景搭建、创造性肢体活动设计等，内容涉及阅读、写作、戏剧、艺术、光学、影像、音乐、舞蹈、舞美等多个层面。

一年以后，孩子们在舞台上拉起了 10 米长的幕布，在短短的 8 分钟里，通过二维与三维场景的切换，营造出大片的效果，令无数“草籽”叹为观止。此后，《影子》成为三叶草绘本剧舞台上新的经典。

近年来，三叶草绘本剧逐渐将关注的重点由台上转移到台下，更多地关注排练的过程而非最终的演出，更多地关注孩子的收获与成长而非演出的效果。随着越来越多专业戏剧人的加入，三叶草绘本剧在全国各地的华丽舞台上，逐渐走出了自己的样貌。

《阿嚏》《我是 Blop》《三十六个字》等越来越多的绘本故事被三叶草的“草籽”们搬上舞台，成为三叶草的经典剧目，深深地影响着台上的孩子和台下的观众。

至此，以戏剧活动为主的绘本剧大赏成了三叶草的一大年度盛事。这种通过父母和孩子自选绘本、自编自导协同参与的展示形式，推动了更多家庭参与亲子阅读。自 2009 年起，三叶草绘本剧大赏已举办了 11 年，累计表演剧目 100 余个，参演小演员近 3000 人，受这一盛事影响的家庭不计其数。

## 项目制学习结合绘本剧的案例

把儿童成长视为第一要务的三叶草，在绘本剧的探索上，进行了戏剧表演、教育戏剧、体验式阅读、创造性肢体活动、项目制学习等多项尝试。

2019 年，三叶草用了一年的时间，在绘本剧《穿越亿万年》中开始了另一种探索。

2019年年初，沿着一部《地球通史》，三叶草开启了一场137亿年的宇宙穿越之旅。这期间，孩子们一起化身为“勇往直前”小分队，从遥远的未来重返地球，探寻地球毁灭的真相。在这个故事中，孩子们设计了宇宙飞船和各种能量爆棚的“外挂”科考设备，设计了宇航服并做了人物设定。做好充分的准备后，小分队出发了！

小分队通过时光隧道，重返宇宙诞生的瞬间，欣赏这个奇妙的过程，他们研究了太阳系，考察了八大行星，然后来到地球，追随生命的起源一路演化到早期智人。小分队在石器时代的洞穴里开拍卖会；一起漫游四大古国，见证由一粒米开启的文明；与轴心时代的先贤们辩论；在大航海时代乘风破浪周游世界；带着工业发展的使命重启皇帝和使团的谈判；直面战争，讨论和平的提案；扼腕当代，感慨人类贪婪的欲望给我们带来的窘迫现实；思考未来，人类的命运该何去何从。

在开始排练前的几个月里，孩子们对整个外部世界的形成和发展已经有了整体性的了解。那么，怎么把这137亿年的历史在15分钟之内呈现于舞台上呢？一位擅长多媒体创作的15岁小哥哥的加入，实现了虚拟情境和舞台现实的完美融合。于是，小分队决定，把《穿越亿万年》做成一个多媒体肢体剧。

基于以上共识，孩子们迅速制定了剧组公约。因为熟悉内容，轻松理出了每一幕的角色设置和相应的道具，然后开始分组设计和排练对手戏。生命演化时期出场的顺序，三叶虫排在奇虾的前面还是后面，这对孩子们来说根本不是问题；太阳系八大行星的定位，谁离太阳近，谁有卫星，孩子们也都清清楚楚；农耕时代和工业时代的动作设计要有所不同；战争期间，父母与子女、工人与学生、富人与乞丐，两者相遇时要做微妙的让路处理；女版李佳琦夸赞现场观众口红色号和粉丝团的出现，体现了孩子们对现代人物欲横流与盲目追星的观察与讽刺；科学怪人、“阿尔法狗”战胜李世石、贺建奎进行基因编辑等新闻事件的融入，展现了孩子们对未来人类命运的思考。而这一切，都有赖于孩子们对主题的研究与大量讨论。没有这些基础，用 15 分钟表现 137 亿年的历史几乎是不可想象的。

更令人欣慰的，是孩子们在排练期间表现出的超强的自我管理能力和积极主动解决问题的态度。大家遵守的剧组公约由孩子们共同讨论制定，每个人都对条款进行了确认并签名。尊重规则、尊重自己的选择、尊重他人、管好自己是孩子们的共识。剧组一旦遇到问题，如何解决问题变成了孩子们讨论的焦点。虽然各有分工，但跨组帮忙的情况屡见不鲜。那些皱着眉头凝神讨论、写写画画展示草图、灵光一现找到解决办法的瞬间，都成了排练过程中最美的画面。

10 余年的发展，三叶草见证了许许多多的孩子从呱呱坠地、摸爬啃书到上幼儿园、上小学、读中学的全部过程，这些跟随三叶草一起长大的孩子，如今已是亭亭的少女和翩翩的少年。他们中许多年满 10 岁的孩子都成了三叶草小义工，在近几年的大型活动中热心地忙里忙外，让人分外感动。

当孩子初到每一个家庭，父母的想法总是那么的简单，只想在他们幼小的心里多埋下一些正直、善良、美好、有探索精神和创造力的种子，心中暗暗希望，他们会成为比自己更有责任、更有担当、更有能力去解决问题的人。当我们深爱着一个人时，这种爱会让你由衷地希望世界能为他变得更好。三叶草选择爱的方式是为他们读书，带他们一起体验绘本剧的美好。

10 余年来，三叶草走得如此开心，也如此坚定，这都源于孩子的成长带来的支撑。每年绘本剧结束之后，孩子们从舞台上下来，总会迫不及待地讨论 明年要演什么？

是的 这份期待，就是三叶草最大的动力！

李迪，三叶草故事家族创始人

张洁娟，自由写作者

# “深圳读书月”研究

深圳全民阅读
发展报告
2020

# 东方风来 书香满城

## ——深圳持之以恒推动全民阅读 建设学习型城市

翁惠娟 韩文嘉

2019 年，第二十届深圳读书月在深圳开幕，再一次开启了市民们热盼的“文化狂欢节”。在深圳读书月走过 20 年的重要节点上，由中宣部（国家新闻出版署）主办的全国全民阅读工作经验交流会在深圳举行。时隔 10 年，如此高规格、重量级的阅读盛会再次选择在深圳举行，正是全国各界对“全球全民阅读典范城市”、对深圳读书月 20 年“高贵坚持”的赞许与肯定。

习近平总书记深刻指出，“要加快推进马克思主义学习型政党、学习大国建设”“要提倡多读书，建设书香社会”。

东方风来，书香满城。以深圳读书月为旗帜的全民阅读静水深流，引领深圳走出一条书香馥郁的先行路。为推动全民阅读进一步发展，《深圳文化创新发展 2020（实施方案）》提出，继续办好深圳读书月等知名品牌活动，“深化全民阅读活动，建成书香社会和高水平学习型城市”。

“先读为快，行稳致远。”第二十届深圳读书月的主题，巧妙地把“先行”二字与阅读、与城市融为一体。先读的城市、先行的城市，需要不断传承学习精神、秉持阅读传统、磨砺创新气质，方能行稳致远，加快建设“中国特色社会主义先行示范区”。这是一座“爱阅之城”面对未来的远大抱负，也是热爱阅读的深圳人的恒久追求。

## “让城市的每扇窗户都透着阅读的灯光”

11 月，天气逐渐入秋，然而这仍是一个令人心生暖意的季节——正如第二十届读书月推出的 20 年纪念集的书名《让城市的每扇窗户都透着阅读的灯光——20 年，与深圳读书月一起走过》。无论是煌煌灯火，还是萤火之光，一盏盏为阅读点亮的灯，是这座城市最美的夜色。

“让城市的每扇窗户都透着阅读的灯光”，在这座城市里，读书是万家灯火，是全民节日，是一城风尚，是集体追求。一大批热爱阅读的市民作为深厚根基，“全民阅读”在 20 年里长成枝繁叶茂的参天大树。

播下全民阅读种子的，是 20 年前创办的深圳读书月。

2000 年 11 月 1 日，首届深圳读书月启动。有中央媒体评价：“创办读书月，是深圳的一大创举。”时光荏苒，深圳读书月已走过 20 载。只有 40 年建城史的深圳，用一半的时间持之以恒推进全民阅读，体现了这座城市对文化、对阅读的重视，彰显了经济特区在文化上的高远追求。

年复一年，深圳人用执着和坚守将阅读薪火相传，给 11 月的深圳带来了浓郁的书香氛围、清新的文化气息。20 年来，深圳读书月累计举办各类活动超过 9000 项，吸引约 1.6 亿人次参与进来，读书论坛、“年度十大好书”、经典诗文朗诵会等一系列品牌活动闻名遐迩。深圳读书月被专家亲切地比喻为“精神文化的盛宴”，创造了中国全民阅读的“深圳奇迹”。

拾级而上的深圳读书月，逐渐形成“政府倡导、专家指导、社会参与、企业运作、媒体支持”的独特运作模式——

20年来，每年深圳读书月，市委、市政府主要领导都出席开幕活动，与市民读者分享阅读之乐；

20年来，负责总承办的深圳出版集团把深圳读书月办出影响、办出品质，自身也不断发展壮大；

20年来，深圳读书月的总顾问和特别顾问一直与深圳读书月风雨同行、无私指导，推动深圳读书月发展；

20年来，深圳读书月社会动员的广度和力度都令人称道，充分彰显了社会各界对阅读的热爱；

20年来，媒体对深圳读书月的支持不遗余力，他们不仅是宣传者、推动者，亦是活动策划者、参与者。

侧耳青山，书声琅琅。深圳读书月逐渐融入城市的文化根系与血脉，城市以阅读为荣，市民以阅读为乐，阅读成为一种生活方式，深圳人从知识中获得力量、汲取智慧，书香潜移默化地雕塑着城市的精气神。尊重知识、求学问道、知书达理的文明气象在这里升腾，城市因热爱读书而赢得尊重。

深圳在全民阅读中的“高贵的坚持”，得到了世界的认可——2013年10月21日，深圳荣获“全球全民阅读典范城市”称号。联合国教科文组织原总干事博科娃在为深圳颁发证书时说：“深圳是全球唯一获得这个荣誉的城市，从中可以看到中国人对于全民阅读的重视和热爱。”

深圳，无愧于这样的国际头衔。2019年4月，中国新闻出版研究院公布第十六次全国国民阅读调查，首发城市阅读指数排行榜，深圳在城市阅读指数、城市个人阅读指数、城市公共阅读服务指数三项榜单上均位居首位。

北京大学教授、作家谢冕曾受邀参加深圳读书月的“温馨阅读夜”活动。他说，世上有许多不眠之夜，为读书而彻夜不眠的，只有深圳："此情此景，我只能说，世界上所有的城市中，深圳最美！"

"深圳读书月的持续举办，是对一种高贵的人文价值的坚守。"国务院参事、深圳读书月组委会总顾问王京生认为，深圳之所以能创造经济奇迹和文化奇迹，与市民们保持着对阅读的巨大渴求、对知识的巨大热情息息相关，一个积累了丰富知识的城市，一定能将其转换成强大的创造力。

## "阅读永恒，载体创新"推动全民阅读深入开展

2018 年 4 月，第四届（2018）中国数字阅读大会在杭州举行，在当年评选出的中国十大数字阅读城市中，深圳位列榜首。

这也是深圳连续第三年登上中国十大数字阅读城市之列，并在数字阅读渗透率、人均图书浏览量、人均付费数、人均阅读天数、人均在读数字阅读图书本数等 5 项指标中均排名前列。

深圳是中国最具代表性的互联网之城。然而，互联网的发达，并不意味着对阅读构成了挤压。在这里，阅读有了更新的形态，也成就了城市更美的姿态。

近年来，深圳读书月喊出了一个响亮的口号："阅读永恒，载体创新。"

在这一阅读理念的指引下，深圳读书月从早期的以推广纸质阅读为主，到近年来逐渐形成"互联网 +"热潮——

第十六届深圳读书月提出"互联网 + 读书"的年度主题，凸显互联网特色、打造书香鹏城；深圳读书月连续推出"互联网 +"板块，"手机

阅读季”连续向市民读者免费派送数字阅读礼包；深圳打造了国内第一家“全民阅读网”，举办了网络文学原创大赛、数字图书送青工、有声阅读生态大会等活动，大力推广手机阅读、网络阅读、电子书阅读；以云书城、全民阅读 App、掌上书城 App、智慧书城等为代表的“数字书城”项目，让读书有了更多便利的载体。

第二十届深圳读书月，“互联网 +”趋势不减，该板块重点发布了《2018—2019 年度深圳数字阅读报告》，而“听阅读的声音”线上读书互动体验活动、“湾区深圳 爱阅之城”Vlog 大赛等崭新活动将在数字时代积极记录并呈现阅读之美。

第二十届深圳读书月期间，深圳图书馆为读者“解锁”了新工具——瀑布流电子图书借阅系统正式启用。在这面电子图书自助借阅屏上，500 余本最新畅销电子图书以瀑布流形式进行呈现，市民手持终端即可轻松扫码阅读电子图书全文，将 500 余本电子图书带回家。市民卢先生体验了这项“黑科技”之后说：“现在周围的年轻朋友都习惯手机阅读，而深圳的公共文化服务也在与时俱进。”

地铁上、排队时、入睡前……电子书陪伴着深圳人越来越多的时光，数字阅读也逐渐渗透市民的日常。数据统计，当前深圳居民平均每日数字化阅读时长达 88.54 分钟。

有一组数据，清晰展示了深圳人的阅读向数字化转移的趋势。《2019 年深圳阅读指数研究结果报告》指出，2019 年深圳成年居民数字化阅读方式的接触率为 98.6%，远远高于全国 76.2% 的数字化阅读率；而深圳成年居民全年人均电子图书阅读量为 7.36 本，也远高于 2019 年成年国民全年人均 3.32 本的电子书阅读量。

深圳读书月是深圳“高贵的坚持”，而不断创新的阅读载体，为深圳赋予了源源不断的动力，与时俱进地推动着深圳读书月的发展。

深圳市委常委、宣传部部长，深圳读书月组委会主任李小甘一直重视并倡导“阅读永恒，载体创新”。他表示，互联网技术，尤其是移动互联技术的高速发展和广泛渗透，极大地改变了人们的阅读方式和阅读习惯，阅读的新载体、新手段层出不穷，不仅使全民阅读成为可能，而且使全民阅读成为一种现实。在深圳，“互联网 +”作为一种全新的力量，使传统阅读与网络阅读紧密结合，丰富市民的阅读体验，激发深圳全民阅读的勃勃生机，让馥郁书香涵养这座城市的文化气质。

## “先读为快，行稳致远”迈向城市美好未来

2019 年 9 月，联合国在其官方微信公众号发布了一则关于“全球城市竞争力报告”的消息。报告显示，深圳全球竞争力排名第四，仅次于纽约、新加坡和伦敦。

在全民阅读开展 20 年之后，深圳以“腹有诗书气自华”的非凡气质，进入了全球城市竞争力排名前十强。

城市竞争力，与阅读有着怎样的关联？对于个人而言，阅读和学习推动了深圳人能力和素质的提升，激发其创意与创新的内生动力，培育其创新精神、进取精神和人文精神。对于城市而言，阅读成为城市发展生生不息的新动能。深圳持续推动全民阅读的 20 年，正是城市快速崛起的 20 年，学习尤其是阅读，赋予深圳优质的成长基因和跨越发展的力量。

正如第二十届深圳读书月的主题“先读为快，行稳致远”——过去的 20 年，深圳人“先读为快”，沿着书籍铺就的阶梯，以阅读为强劲动力，

推动城市的跨越发展；站在新起点上，深圳着眼于“行稳致远”，用远见卓识之举，夯实城市发展的人文基石，设定城市未来的精神轨道。书香满城的深圳，不仅可继续“先行”，更可“行稳”，必将“致远”！

### 谋篇布局，步履铿锵——

深圳市委、市政府对全民阅读高度重视，制定了文化战略发展规划新蓝图，每年更投入超过 2500 万元财政资金直接用于发展全民阅读事业。积极推进“一区一书城、一街道一书吧”规划建设的落实，对原特区外书城在培育期内每年给予 500 万元专项补贴，并确定了在深圳原特区外每一个区建一座新的书城，市政府总共投资 20 多亿元，由深圳出版集团再出 20 多亿元，按政府与书业企业 1 ∶ 1 的投资比例加快书城建设，让深圳书城模式花开遍地。2019 年 9 月，出台《深圳市支持实体书店发展资助操作规程》，对全市符合条件的各类实体书店给予运营费用资助，每个单独申报的书店每年资助额度最高可达 500 万元，资助力度居全国前列，推动深圳形成布局合理、数量适当、功能完善、特色鲜明、创新发展的实体书店发展格局。未来的深圳，每个区都有一座书城，每个街道都有一间温馨书吧，大小图书馆和书店星罗棋布，人们在家附近就可尽情享受“书生活”。

### 机制领先，培育书香——

党的十九届四中全会明确提出，坚持和完善繁荣发展社会主义先进文化的制度，巩固全体人民团结奋斗的共同思想基础。在推进全民阅读中，深圳探索体制机制创新，出台系列公共文化政策，以《深圳文化创新发展 2020（实施方案）》为抓手推进全民阅读，加快促进“书香深圳”的培育和成长。深圳首推“阅读推广人”培育计划，向公众传播阅读理念，聚起城市的读书风气，民间阅读组织蓬勃发展。依托专事于全民阅读理论研究及成果推广的深圳市全民阅读研究与推广中心，对外发布《深圳阅读指数研究报告》，使阅读推广活动更加科学系统。

**率先立法，保障阅读——**

2016 年 4 月 1 日开始实施的《深圳经济特区全民阅读促进条例》，是国内城市第一部以条例形式出台的关于促进全民阅读的地方性法规，既保障了个人的阅读权利，也规定了政府须要践行的责任。条例实施以来，深圳真正构建起了全社会参与、全社会支持全民阅读的良好格局，树立起全民阅读的长效机制。

**改革创新，书业突围——**

在传统书业面临严峻挑战的形势下，深圳书业却在改革创新中强势崛起。深圳出版发行集团完成公司制改造，于 2019 年正式更名为深圳出版集团有限公司。实施以出版和发行为核心、以书城文化综合体为平台、以数字化转型为重点的“两核心一平台一重点”发展战略，经营业绩已经连续 4 年持续增长，走出了书业突围之路。2019 年，深圳首次举办深圳书展，由深圳出版集团承办的深圳书展 4 天里吸引了近 50 万人次读者和 45 家图书馆参与，主、分会场图书零售额达 1076 万元，馆配交易额达 4985 万元，展现出这座城市“雷阵雨也浇不灭”的读书热情和文化追求。

文以载道，书以载城；先读为快，行稳致远。

随着深圳读书月等全民阅读活动的开展，阅读成为深圳走向世界的一张魅力四射的新名片。

文化攀登路上，深圳读书月与深圳这座年轻的城市一起成长、一起探索，努力打造一个与“中国特色社会主义先行示范区”发展活力与文化魅力相匹配的书香社会，以更丰硕的全民阅读成果向世界证明——深圳，不仅是经济特区，不仅是花园城市，不仅是创新之城，她还有满城浮动的书香，更有如星火般不灭的阅读之灯在城市的每扇窗户里闪烁。

翁惠娟，《深圳特区报》记者

韩文嘉，《深圳特区报》记者

# 文明典范 阅读先行

## ——第二十届深圳读书月总结

深圳读书月组委会办公室

2019 年是深圳读书月创办第二十年。在市委、市政府和市委宣传部的指导支持下，第二十届深圳读书月于 11 月 8 日正式启动，11 月 30 日热烈收官。

在全市奋力建设粤港澳大湾区和中国特色社会主义先行示范区、贯彻落实“城市文明典范”战略定位部署要求的重要背景下，此届深圳读书月以习近平新时代中国特色社会主义思想和习近平总书记“要提倡多读书，建设书香社会”重要指示精神为指导，推进落实《深圳文化创新发展 2020（实施方案）》《深圳经济特区全民阅读促进条例》部署要求，进一步打造更具感染力与引领力、更加精品化和国际化的“文化菜单”与城市名片，为深圳加快建设区域文化中心城市和彰显国家文化软实力的现代文明之城提供书香满城的精神动力与文化支撑。

## 一、总体开展情况

第二十届深圳读书月以“先读为快，行稳致远”为年度主题，策划开展阅读文化活动722项，组织捐赠爱心图书近150万码洋，吸引约1100万人次以各种方式参与，再掀风行全城的书香热潮。

**1. 领导重视，名家云集。**中宣部出版局局长郭义强、中央文明办二局局长吴向东等中央相关司局领导应邀出席第二十届深圳读书月相关活动。深圳市委书记王伟中出席活动并启动仪式，市委常委、宣传部部长李小甘致辞。谢冕、朱永新、聂震宁、严歌苓、梁晓声、阿来、格非、毛尖、李洱、祝勇、艾伦·麦克法兰、塞西尔·皮沃等数十位名家学者做客鹏城、登台论道，与市民读者共享读书之美、读书之乐。此届深圳读书月期间，市委常委、宣传部部长李小甘特别向市民读者推荐了《平“语”近人——习近平总书记用典》《粤港澳大湾区知识读本》《中国文化的精神》《5G+：5G如何改变社会》等4本好书，产生了良好的示范带动效应。

**2. 全国交流，示范引领。**第二十届深圳读书月启动之际，由中宣部主办的全国全民阅读工作经验交流会在深圳同期召开，“深圳读书月”获评“全国全民阅读优秀项目”。深圳读书月组委会办公室主任，深圳出版集团党委书记、董事长尹昌龙受深圳市委宣传部委托，代表深圳做经验介绍。120余名参会代表参观考察了深圳书城中心城等阅读文化空间，并现场观摩经典诗文朗诵会等读书月活动，称赞“深圳提供了推动全民阅读的样板和示范”。

**3. 活动丰富，宣传广泛。**第二十届深圳读书月共组织开展重点主题活动60项，其中约40%是创新项目。各项活动受到中央及省市各级媒体持续关注，累计刊发相关新闻报道2200余条，实现全网推荐阅读量1.44亿人次。其中，《东方风来，书香满城——深圳读书月走过的二十年》等多篇报道登上学习强国App。此届深圳读书月期间，全市投入4列地铁列车拉手环、23处户外楼宇大型LED、35处户外大型灯箱、200个公交站台、401 套灯杆旗等宣传资源，氛围浓烈、效果良好。同时积极创新宣传方式，通过移动端二维码引流、书城连廊广告投放等形式探索效益转换路径，为读书月等公共文化资源的市场化开发打下基础。

**4. 反响热烈，好评不断。**第二十届深圳读书月吸引约 1100 万人次参与，各项活动好评不断。政协常委朱永新称“深圳的全民阅读开展情况全国领先，希望进一步成为全国的阅读样板城市，甚至成为全世界的阅读之城”。韬奋基金会理事长聂震宁称“深圳读书月在全国全民阅读活动中启动最早，形式创新最多，亲和力最强，读者结构层次最丰富，对全国图书阅读趋势的辐射力最强”。北大教授谢冕称“在深圳，能从城市当中得到一种灵感和力量，这是应该感谢读书月的”。知名作家祝勇感叹“全国有很多城市都有读书节，深圳读书月是举办得最好的”。严歌苓认为“深圳市民素质的不断提升，与开展了 20 年的读书月有很大关系”。

## 二、主要特色亮点

**1. 先行示范，打造标杆品牌。**积极打造具有首创性、领先性、示范性的全民阅读标杆品牌，进一步发挥深圳“全球全民阅读典范城市”的先行示范作用。全国首个表彰阅读推广机构与推广人的“领读者大奖”迎来 5 周年，继续面向全国遴选“年度致敬大奖”“年度领读者大奖”“阅读组织奖”“阅读项目奖”“阅读空间奖”“阅读支持奖”，在总结既往经验的基础上推出《领读中国白皮书》，率先研制可推广至全国的领读者指数指标体系。各类图书评选活动形成了以“年度十大好书”“年度十大童书”为核心，向“大鹏自然童书奖”“劳动者文学好书榜”等细分领域延伸的品牌矩阵，受到全国读者与出版业界的高度关注，树立起书业评选的“深圳风向标”。“阅在深秋”大型户外公共读书活动联动全市 13 家图书馆，共同打造集传统与现代、传承与创新、互动与体验、文化与科技于一身的公共阅读嘉年华，生动直观地展现深圳“图书馆之城”建设的领先成果。“晨星杯”中国原创科幻大赛在坚持打造中国科幻圈最具影响力的综合赛事的同时，积极发展《未来者说》、凡尔纳计划等多元化的科普交流项目，已成为全国领先的科幻 IP 原创平台，为进一步打造晨星科幻学院、建设湾区科幻中心奠定了扎实基础。

**2. 扎根基层，共建书香社会。**推动一系列主题活动进校园、进企业、进社区、进街道，营造读书学习的浓郁氛围，扎根基层建设书香社会和高水平学习型城市。面向全市约 800 所中小学校开展的“最美校园图书馆”评选活动，从理念、空间、图书、服务、活动 5 个维度引领书香校园建设，吸引 227.3 万人次线上投票；连续举办 13 年的“十大书香企业”和“十大读书成才职工”，焕发了深圳企业日益高涨的读书热情；首次开展的“行业领袖对话读书月”活动邀请多家百强企业管理者畅谈书香企业建设；“青年好读书”朗读演说会邀请来自不同行业的 5 位“深圳好青年”分享工作中的阅读心得；特别设计的“悦读文化车”打开了“书香进社区”的全新形式，将扫码听书、图书借阅等阅读资源带进社区；“广场换书大会”继续落地华强街道，升级打造为期两天的“阅读生活节”，吸引 7000 余位市民读者现场换书、聆听讲座、体验工作坊；“龙岗大讲堂”“龙华区诗词大会”“光明区书香润心灵”等活动纷纷开设分会场，主动走向社区街道。

此外，依托公共交通系统开展的主题阅读活动成效颇丰，形成了“让书穿越城市”的文化生活新局面。经典品牌“地铁阅读季”首次在深圳地铁3号线、5号线同时启动书香专列，并以全新开通的深圳地铁9号线“深圳书城南山城站”为基点开设地铁读物快闪店，引发众多读者打卡参与。深圳巴士集团首次将数字阅读与读书文化引进10米车厢，将全市335条线路上的6000多台车辆打造成“流动书巴”，免费为乘客提供《红楼梦》《朝花夕拾》《巴黎圣母院》《追随小王子的飞行》等中外名著阅读资源，为快速流动的城市注入沁人心脾的诗书之气。

**3. 特别策划，致敬高贵坚持。**在深圳读书月创办20年之际，特别策划“二十年，十个一”系列项目，以图书、展览、诵读等丰富多彩的形式，向深圳全民阅读20年的高贵坚持致敬。纪念图书《让城市的每扇窗户都透着阅读的灯光——20年，与深圳读书月一起走过》温暖首发，收录40篇各界人士参与深圳读书月的动人故事，图文并茂地回顾了20年深圳读书月的温馨历程，得到谢冕、唐浩明、张抗抗等历届活动嘉宾饱含深情的撰文支持。图文展览“字述二十载，图览二十年”生动清晰地回溯了“实实在在读一本书”“我阅读 我快乐”“让城市因热爱读书而受人尊重”“阅读永恒，载体创新”等历年主题。金庸与二月河对话“历史·小说·人生”、全国全民阅读工作经验交流会在深召开、“全球全民阅读典范城市”称号花落深圳等历史瞬间，在全国全民阅读工作经验交流会、首届海南岛国际图书（旅游）博览会上受到高度关注。深受市民喜爱的品牌活动经典诗文朗诵会邀请祝希娟、姚锡娟、虹云等朗诵名家共同演绎，以《秋风浩荡好读书——深圳读书月二十年巡礼》抒情长文揭开帷幕，向参加全国全民阅读工作经验交流会的各地代表展现了深圳“一座城20年读出习惯、读出新意”的概叹，引发广泛共鸣。

**4. 名社名家，激荡城市思想。**重点发挥名社名家的带动作用，在营造浓厚阅读氛围的同时，积极引领阅读品位的提升。第二十届深圳读书月主宾出版社由深受市民读者喜爱的人民文学出版社担任，围绕“文学成就有趣灵魂”的活动主题，策划展出茅盾等名家手迹、俞平伯等名家印章，组织邀请格非、阿来、李洱、叶兆言、陆建德等10余位知名作家举办讲座，集中展现充满人文关怀的历史经典与时代佳作，在全市掀起文学阅读的热潮。备受关注的深圳读书论坛兼顾高端学术视角与大众读者立场，力邀严歌苓、梁晓声、徐则臣、毛尖、祝勇、艾伦·麦克法兰举办了6场名家论坛，并邀请王京生、朱永新、聂震宁开展了1场重头戏“在历史的天空下——城市与阅读”高端对话。每场活动座无虚席，火爆的场面让知名作家严歌苓不住感叹：“每次得到深圳读书月的邀约，我哭着喊着也要来。”此外，“南山文化讲坛”特别打造“名家专场”，邀请陈平原、陶思炎、程大利、安家瑶走进大学校园和区图书馆，为市民读者走进历史文化、赏析传统艺术搭建桥梁。

**5. 创新载体，深化数字阅读。**坚持“阅读永恒，载体创新”发展理念，继续设立“互联网 +”活动板块，广泛运用新技术、新手段、新载体，积极开展数字阅读推广普及活动与深化研讨活动。连续第三年发布全国首份基于用户细分的全民数字阅读报告城市样本——深圳数字阅读报告，数据显示，全市数字阅读用户规模接近1856.30万人，居全国次席；数字阅读活跃设备规模较去年同比增长56%，发展势头迅猛。公共阅读服务不断引入数字科技，福田区“图书馆 + 书店”战略合作联盟借助线上借阅与线下活动相结合的方式，在图书馆、书店和读者间搭建起一座“可借可购、可享可学、阅读零门槛”的阅读服务桥梁。传统品牌“深圳文学季”继续联手阿里巴巴，共同打造“大湾区杯（深圳）网络文学大赛”，面向全国文学创作者及全世界华语人群征集网络文学原创作品。结合时下流行的互联网传播形式，创新推出的“湾区深圳 爱阅之城”Vlog大赛鼓励市民读者记录拍摄城市阅读小视频，大赛受到抖音网红、旅游博主的青睐，共收到 Vlog 作品 100 余个，包括坐拥抖音 60 万粉丝的知识类网红 Audrey 和澳大利亚当红旅游博主 Amy 的投稿作品。深圳之窗开发趣味互动小程序，组织“阅读的声音”音视频挑战赛，累计收到读者上传的阅读音视频 1600 余个。

**6. 拓展舞台，增进合作交流。**进一步擦亮“全球全民阅读典范城市”文化名片，将“引进来”与“走出去”相结合，积极开展合作交流，在深圳、全国乃至全球舞台上发出嘹亮的阅读之声。此届深圳读书月启动之际，联合国教科文组织原文化助理总干事班德林先生特别发来贺信，赞扬深圳“为全世界城市经济文化同步发展树立了一个优秀的范例”。此届深圳读书月期间，经典活动“海洋文化论坛”第三次走出深圳，落地连云港，邀请全国各地海洋文化研究的专家学者为深圳加快建设全球性海洋中心城市建言献策，并组织“一带一路”图书馆联盟的 15 家成员图书馆分享交流发展新思路。创新策办的“同读 BOOK 共识中国‘一带一路’外国友人经典诵读活动”受到广泛好评，吸引了 20 多个国家和地区的在深国际友人参与，为传播源远流长、博大精深的中国传统文化，讲好中国故事与深圳故事搭建生动平台，有力地推动了文化的交流与融合。品牌活动“阅读双城记”牵手国际友城维也纳举办双城文学论坛，并在活动现场与维也纳、开封、丽江古城联合发起成立了以城市为单位、以文学为纽带的国际城际阅读联盟，未来将吸纳更多国内外名城共同培养阅读文化交流的土壤。以法语文学为出版特色的海天出版社持续推进中法交流，邀请法国作家塞西尔·皮沃来深开展交流分享，受到现场读者的热烈欢迎。

**7. 传递关爱，聚焦未成年人。**持续关注未成年人的阅读文化需求，积极传递关爱、提供指引。贯穿全年的“阳光童年——知识关爱留守流动儿童"项目，通过阅读工作坊、来深夏令营等形式鼓励留守流动儿童提升自信、大胆表达，累计服务近1200人次。面向儿童早期阅读的"阅芽计划"在全市设立了60个领取点，免费发放各年龄段"阅芽包"23万余个，配套推出的阅芽计划App共计为33.4万用户提供亲子阅读服务。第十届名著新编短剧大赛继续推动校园经典阅读和戏剧普及，免费开设"名著演绎工作坊"，鼓励"学生视角"和"学生表达"，吸引30余所中小学师生改编演绎了《新两小儿辩日》《戏说空城计》《安妮日记》等经典作品。第十届"深圳校园十佳文学少年"评比活动吸引了20000余名学生报名参与，通过现场作文、暑期采风等形式，为少年文学新秀搭建自我展示、自我成长的平台，助推校园文学繁荣发展。第二届"海洋奇妙夜"策划开展"创意绘本剧场""海洋音乐森林""海洋知识大冒险""夜聚读书会"等精彩活动，引领儿童及青少年将趣味体验与海洋文学、海洋环保、海洋科普、海洋历史等阅读学习相结合。

## 三、下届工作思路

2020年是深圳经济特区建立40周年，也是《深圳文化创新发展2020（实施方案）》的收官之年。第二十一届深圳读书月将在建设粤港澳大湾区和中国特色社会主义先行示范区全面铺开、纵深推进的时代背景下，深入贯彻落实习近平总书记"要提倡多读书，建设书香社会"重要指示精神，重质提质、积极创新，打造彰显特区40年发展成果、体现全民阅读深圳标准、推动数字阅读载体创新、促进国际阅读交流合作的文化平台。

**1. 打造彰显特区40年发展成果的文化平台。**从阅读文化视角出发通过主题书展、图书评选、特区对话等形式，全方位、多层次、立体式地呈现特区建立 40 年来经济实现腾飞的伟大奇迹与文化走向繁荣的光辉历程，讲好从“先行先试”到“先行示范”发展蜕变的深圳故事。

**2. 打造体现全民阅读深圳标准的文化平台。**坚持深圳对全国全民阅读工作的引领地位和示范作用，制定深圳读书月新十年发展规划纲要，进一步提升活动质量、深化运作模式、完善体系机制，率先在广度、深度、精度上实现提升，推出更多具有全国影响力和先行示范性的品牌项目。

**3. 打造推动数字阅读载体创新的文化平台。**秉承“阅读永恒，载体创新”发展理念，推动建设永不落幕的线上阅读活动参与平台，创新开展经典品牌与传统活动，积极推广“互联网 +”新技术、新载体、新手段，通过深圳读书月持续深化全民阅读供给侧结构性改革，为数字出版、移动终端等数字阅读全产业链各环节进一步创新发展创造良好的供需环境和市场条件。

**4. 打造促进国际阅读交流合作的文化平台。**积极开展阅读交流活动，重点加强与联合国教科文组织、国际阅读组织和国际阅读友城的交流合作。与全球高水平阅读城市组织互访，与全球知名阅读文化活动展开“联名”，在借鉴经验的同时进一步向国际社会展现深圳“全球全民阅读典范城市”的文化成果与书香魅力。

# 看见城市的光，看见城市的未来

## ——"看见城市的光"小而美系列评选活动侧记

李福莹

如果说城市因阅读而大放光彩，那么，恰好是星星点点的阅读灯光，照亮了城市的阅读天空。"看见城市的光"小而美系列评选活动，所做的便是在深圳这座城发现星星点点阅读灯光的过程——

2017年，寻找深圳最美小书店；2018年，勾勒遍布深圳各个社区的小图书馆地图；2019年，发现一座又一座最美的校园图书馆。

越微小、越草根，就意味着寻找的过程并不容易。为何活动组织者会如此乐此不疲？因为这些"小而美"的地方在默默无闻地坚持、不计得失地守望，因为它们身上有光。

深圳读书月组委会办公室主任，深圳出版集团党委书记、董事长尹昌龙，曾用一首老歌《小草》来比喻那些小而美的阅读灯光："没有花香，没有树高，我是一棵无人知道的小草。从不寂寞，从不烦恼，你看我的伙伴遍及天涯海角……"正是因为处处闪烁着知识与文明的光芒，才让每一个深圳人如此热爱这座城。

## 一、之所以要对“小”表达敬意，是因为它紧贴大地

时间回到 2017 年年初，第十八届深圳读书月筹备之际，深圳读书月组委会办公室、深圳市阅读联合会准备酝酿一个关于阅读的创新项目，定位越基层越好。

此前，《深圳晚报》在深圳市阅读联合会的支持下，从搜寻民间文化力量出发，已连续 3 年举办“寻找城市灯火——特色小书店系列文化活动”。

如何让这些特色小书店为更多人所知，被更多人“看见”？深圳读书月组委会办公室、深圳市阅读联合会决定开展“最美小书店”评选活动，表彰它们对于阅读的坚守。

其实，小书店的日子曾一度很不好过。2011 年前后，国内很多知名民营书店接连倒闭，让人们哀叹民营书店的“冬天来临”。可这样的哀叹并没有持续多久，2014 年实体书店就已经开始“回暖”。尤其是在深圳这座“爱阅之城”，更是大有“忽如一夜春风来，千树万树梨花开”之势。其中，有坚守多年的小书店，如深圳尚书吧、物质生活书店；也有不断涌现的新鲜力量，如简阅书吧、飞地书局、覔书店。遍布全市各处的大书城和小书店让深圳人引以为傲，深圳人所拥有的“实体书店指数”，也诠释着“让城市因热爱读书而受人尊重”的深圳观念。

书店是城市的文化生态窗口，书店是城市的人文精神寄托，书店是读书人眼中最美的地方。“看见城市的光——2017 最美小书店”评选活动的举办恰逢其时——之所以要对“小”表达敬意，是因为它紧贴大地。

作为一个文明城市，既要有大书城这样的“主动脉”，也要有小书店这样的“毛细血管”，大小共生应该是一座城市最好的文化生态；作为一座现代城市，既要有文艺的咖啡店，也要有随处可见的小书店，书香伴着咖啡香

应该是一座城市最美的味道；作为一个创新城市，既要有可以触摸的实体书店，也要有移动的网络书店，各类书店融合发展应该是一座城市最新的探索。

“看见城市的光——2017 最美小书店”评选活动由深圳市阅读联合会、深圳晚报社联合主办，深圳市华文国际传媒有限公司、深圳晚报发展有限公司承办，深圳市书店行业协会协办。为了实现评选的公信力，此后每一年的小而美系列评选活动，都有借助主管单位或行业的支持。例如“看见城市的光——2018 最美小图书馆”评选活动，得到了深圳图书情报学会的协助，“看见城市的光——2019 最美校园图书馆”评选活动，得到了深圳市教育局的支持。

“2017 最美小书店”评选，首先要做的就是界定“最美小书店”的概念，经多方讨论，主办方提出了三个方面的美：书美，品质好的图书内容是根本；人美，经营书店是慢活，经营者应该如春风化雨般沁润人心；环境和服务美，最美小书店应该能让读者进得来，也能让读者留下来。

“2017 最美小书店”评选活动共设置“年度最美小书店”“年度阅享空间”“年度阅见人物”“年度阅力事件”四大奖项。在评审过程中，创新地加入“走读”环节，让专家评委走进一个又一个特色小书店，与所有关心阅读、关心小书店的人们，共同见证一座城市对阅读的不懈追求。

## 二、小图书馆是城市的阅读灯火，扎根基层更接地气

继 2017 年成功举办“最美小书店”评选活动后，2018 年，“看见城市的光”小而美系列评选活动继续全城搜索最美阅读风景。这一次，主办方把视线投射在散落在深圳各处的小图书馆上。

小图书馆是人们日常学习、充电、休闲的重要场所，一般被业内称为基层图书馆，包括街道图书馆、社区图书馆和以图书馆业务为主的“图书馆书吧”等。

深圳有 600 余家小图书馆分布在市民身边，其中有不少功能完善、温馨舒适的小图书馆深受读者喜爱，它们不仅为市民提供类型多样的图书、报刊、数字资源等文献资料，也为市民带来优雅的学习休闲空间和文化享受。这些小图书馆就像城市的一盏盏明灯，点亮城市的阅读之光。

根据小图书馆的特点，主办方更新了评选标准：“2018 最美小图书馆”通过建筑设计、馆藏情况、功能区便利度、服务设施、交通便捷度、社会面向度及影响力等多个维度评出，“2018 阅享空间奖”注重设计美学的力量和服务精神的规划，“2018 阅美人物奖”主要褒奖引领社会阅读风尚、推动全民阅读的个人，“2018 阅读品牌奖”则肯定对引导大众阅读发挥积极作用的图书馆品牌活动。

除了专家评审，主办方利用新媒体平台面向社会发布投票网页，提升活动的公众参与度和关注度，得票最多的直接获得“2018 年最受市民喜爱小图书馆”奖项。

小图书馆代表了文化的亲近性，跟老百姓的生活息息相关。如果说大图书馆是文化源流的“大动脉”，小图书馆则是一种独特的文化存在，有如毛细血管，深入城市的文化细节，体现着文化的韧性、公共性和亲近性。小图书馆提供的是家门口的服务，亲子、文化创意、名家讲座等活动的举办，让小图书馆变成每个街道、每个社区的客厅，也让更广泛的人群享受到公共文化服务。

在国外发达地区，基层图书馆都被称为“社区的心脏”，不仅有专业化的管理，还承担了很多社区职能，甚至包括求职信息等都会在社区图书馆发布。

遴选出色的图书馆，对基层图书馆的进一步发展起着示范作用。这次评选，发现了像悠·图书馆（罗湖鹏兴社区）这样的“最美小图书馆”，发现了许多扎根基层的“最美图书馆人”。例如获得“2018阅美人物奖”的龙岗区图书馆横岗街道分馆馆长彭芬，8年扎根基层，孜孜以求，心怀热爱。在她的带领下，横岗街道分馆从软件到硬件，发生了天翻地覆的变化。仅以2017年为例，该馆共计接待读者15万人次，借阅量达4.6万册次，办证2872张，举办阅读活动275场次。

彭芬在接受采访时说，一个能感知读者需求、满足读者期待、努力给予读者幸福感的图书馆工作者才是最美的图书馆人，一个有温度、让读者有归属感、饱含成长记忆的小图书馆就是最美的小图书馆。这应该是一直坚守在基层图书馆一线的图书馆人的初心。

基层图书馆是很少被聚光灯照到的地方，直至今天，笔者依然记得当专家评审团走进一家家基层图书馆参观时，基层图书馆人的激动；也依然记得，在激动人心的颁奖环节，现场响起的充满肯定与致敬的热烈掌声。

基层图书馆砥砺前行，正是因为基层图书馆人的责任与担当。“最美小图书馆”评选活动，为基层图书馆带来了一次展现的机会，活动组织者能感受到他们的激动，也愿意为了他们的坚持而把“小而美”系列评选活动继续办好，既照亮他人，也照亮自我。

## 三、美丽的校园图书馆，是孩子们的后花园和芳草地

寻找“小而美”的阅读风景，从未停歇。继2017年、2018年成功举

办“最美小书店”“最美小图书馆”评选活动后，2019 年，在迎来深圳读书月 20 周年之际，“看见城市的光——2019 最美校园图书馆”评选活动正式启动，该活动由深圳市教育局、深圳读书月组委会办公室、深圳少年儿童图书馆、深圳市阅读联合会主办，深圳晚报社承办。

校园是每一座城市的青春筑梦之地，校园图书馆更散发着温暖、明亮的人文之光，具有直抵人心的力量。这次评选面向校园，旨在发挥“建设书香校园，推动全民阅读”示范效应，彰显我市校园图书馆建设取得的成功经验，展现最美校园阅读风景线，弘扬先进的校园阅读理念。因此，在原来“小而美”系列评选活动的基础上，为更加契合校园图书馆的特质，刷新了 5 个维度，评出“2019 最美校园图书馆”大奖 10 个，“2019 最美校园图书馆”提名奖 30 个，并于 11 月深圳读书月期间举办颁奖礼进行表彰。

这 5 个维度分别是理念之美、空间之美、图书之美、服务之美、活动之美。其中，理念之美倡导有丰富内涵和创新精神的办馆理念，空间之美指用设计美学的力量规划阅读空间，图书之美关注图书馆馆藏、藏书结构、藏书品质等，服务之美注重图书管理员的专业知识、专业技能及拓展阅读的延伸服务，活动之美考察校园阅读计划、阅读活动及如何创新传播方式、激发学生的阅读兴趣等。

由于入围的每家校园图书馆都十分优秀，犹记得，走读之后，评委们纷纷表示纠结。众评委甚至坦言“一边羡慕，一边嫉妒”，感叹深圳的孩子拥有如此好的阅读环境。让孩子养成读书习惯，不仅自身受益无穷，对城市发展也有巨大好处。

校园图书馆为孩子提供了一个好的阅读空间、阅读书目、阅读环境和氛围，潜移默化地培养了孩子的阅读兴趣，使孩子走进无拘无束的本真的阅读状态中，享受阅读的无限乐趣。

青少年阅读是指向未来的阅读。校园图书馆是芳草地，可以让孩子们在繁忙学习之余，到这块草地上“放养”一下；校园图书馆也是孩子们的后花园，让他们尽情享受阅读的快乐。深圳读书月这 20 年来所做的事情，也正是播下读书的种子，然后让这些种子长成参天大树。

值得一提的是，如火如荼持续一周的“看见城市的光——2019 最美校园图书馆”投票活动在全市引起了热烈反响，投票链接访问次数达到 700 多万，累积投票达 200 余万。除了你追我赶地投票，还有老师、学生和家长在投票评论区留言，称赞“看见城市的光——2019 最美校园图书馆”评选活动很有意义，深圳各个校园图书馆活动很精彩，同学们的阅读姿态很美。参与投票的市民们期待深圳能够拥有更多把“阅读”作为“底色”的学校，让每个孩子每天上学、放学都可以“沐浴晨风想一想”“踏着夕阳问一问”，不仅仅是读书，更要从校园图书馆中延伸出更多的期待与美好。

校园是孕育一座城市未来的地方，此次评选的主题是“最美图书馆”，加上“校园”二字，更是扣紧了城市的未来。

## 四、评选“小而美”的风景，有着“高大上”的意义

2019 年 11 月 30 日晚，在第二十届深圳读书月总结分享会暨第八届“温馨阅读夜”启动仪式上，“看见城市的光”小而美系列评选活动荣获第五批深圳市“全民阅读示范项目”奖。“2019 最美校园图书馆”评选活动也喜提这一届深圳读书月的“最具人气”奖。

三年来，“看见城市的光”小而美系列评选活动根据评选对象的不

同，不断刷新评选维度，同时坚持"走读"的评选方式，让更多人走近"小而美"，感受"小而美"，触摸它们真实的温度。

该系列活动也得到了专家学者的高度评价。著名作家邓一光表示，如今很多单位都特别喜欢评大奖，但"小而美"系列评选的姿态不得了。这些小的"生命"有多少，究竟怎么生存的，活得是不是特别充分？这些都关系到普通人的精神生活，值得更多关注。

深圳图书馆馆长张岩说，举办"最美小图书馆"评选活动就是为了向默默坚持的基层图书馆致敬，向这种坚持的姿态致敬。基层图书馆与世无争，甘于寂寞，反而因为不争而得到人们的尊重，值得我们表达敬意。

深圳读书月组委会办公室主任，深圳出版集团党委书记、董事长尹昌龙认为，公共文化服务最大的特点首先应该是便利性，大都市不是讲它的大，而是它的方便。全民阅读，不仅需要大图书馆、大书城等主阵地，更需要小图书馆、小书店、校园图书馆这样的"轻骑兵"。这些小小的阅读场所是城市的阅读灯火，是老百姓身边的阅读空间，在服务基层方面发挥着不可或缺的作用。

寻找"小而美"的脚步不会停止。接下来，活动组织者会继续从最基层、最草根、最接地气的地方，发现一个又一个闪光点；带领深圳人走进那些平时可能走不到的角落，在细微之处，看到点滴的努力、看到高贵的坚持，为人们认识深圳这座"爱阅之城"提供更多元的视角，感受深圳这座城市闪耀的人文之光。

李福莹，《深圳晚报》文体新闻中心首席记者、全民阅读优秀推广人

# 数字阅读研究

深圳全民阅读
发 展 报 告
2020

# 2018—2019 年度深圳数字阅读报告述要

许全军

深圳市 2015—2017 年连续 3 年获评“中国十大数字阅读城市”称号，2018 年首次在城市数字阅读指数排行上位列榜首，2019 年成为全国数字阅读用户规模第二大城市。

2017 年 11 月，借鉴中国数字阅读大会的经验成果，由深圳读书月组委会办公室、深圳出版集团有限公司主办，深圳市全民阅读研究与推广中心、深圳市阅读联合会、深圳市华文国际传媒有限公司承办，咪咕数字传媒有限公司、中国移动广东深圳分公司、深圳市懒人在线科技有限公司、腾讯移动互联网事业群移动浏览产品部、掌阅科技股份有限公司等单位支持协办，第一次举办深圳数字阅读大会，发布年度深圳数字阅读报告。

深圳数字阅读报告是全国第一份基于用户细分的全民数字阅读报告城市样本。报告通过对深圳 10 个区（新区）数字阅读用户行为进行深度挖掘，对数字阅读用户规模、用户画像、用户偏好以及未来走向进行精准分析，从而为各区（新区）制定数字阅读相关政策提供科学指引，增强各区（新区）公共文化服务的针对性、有效性和平等性，促进深圳数字阅读产业发展。

3 年来，深圳数字阅读大会和深圳数字阅读报告获得了深圳市宣传文化事业发展专项基金的大力扶持，也得到了来自行业内外的专家、学者和市民读者的高度关注和支持配合。综合 3 年来的数据研究成果，《2018—2019 年度深圳数字阅读报告》在 2019 年深圳数字阅读大会上正式发布。本研究报告立足 3 年的发展阶段，充分融合了过往 3 年的数据情况，在纵向上提炼数据，预测发展方向，并从阅读环境、阅读行为、发展建议 3 个方面，在横向上进行拓展，对深圳数字阅读进行全面的剖析。

在研究方法上，第一，对深圳市数字阅读用户进行抽样问卷调查，问卷调查以“线下 + 线上”的形式展开，即纸质和网络问卷形式。

表 5–1 调查问卷有效样本量分布

| 区域 | 样本量 | 占比 |
| --- | --- | --- |
| 福田区 | 262 | 15.69% |
| 罗湖区 | 164 | 9.82% |
| 南山区 | 172 | 10.3% |
| 龙岗区 | 196 | 11.74% |
| 宝安区 | 408 | 24.43% |
| 盐田区 | 42 | 2.51% |
| 龙华区 | 244 | 14.61% |
| 光明区 | 100 | 5.99% |
| 坪山区 | 60 | 3.59% |
| 大鹏新区 | 22 | 1.32% |
| 总计 | 1670 | 100% |

第二，通过深圳市移动网关数据获取深圳市全量通信用户，识别出近 1 年内访问过阅读相关类 App 和网站的用户，得到整体阅读用户量数据。第三，采集咪咕阅读自有门户监测统计的用户数据，包括用户在 App、WAP 门户、www 门户上产生的行为数据，数据区间为 2018 年 7 月至 2019 年 6 月。第四，采集懒人听书自有门户监测统计的用户数据，包括用户在

App 上产生的行为数据，采用音频海量数据统计方法统计。根据懒人听书官方发布的数据显示，截至 2019 年 6 月，懒人听书注册用户达 3.5 亿，月活跃用户达 4500 万。第五，采集第三方用户数据，不包括 App 之外的调用等行为产生的用户数据。截至 2019 年第二季度，第三方监测对象覆盖 23.95 亿累计装机量及 6.06 亿活跃用户。

## 一、阅读环境

早在 2003 年，深圳就在全国率先实施“文化立市”的城市发展战略，走“文化 + 科技”的发展道路。高新技术和文化产业是深圳四大支柱产业的重要组成部分，以文化为核心、以科技为依托，两大支柱产业的加速融合不仅大力推进深圳文化产业的发展，也对中国文化产业发展和中华文化“走出去”产生重要而深远的影响。

### （一）政策环境

2006 年，原国家新闻出版总署在借鉴国际经验基础上，提出了“全民阅读”的概念，并会同中宣部等 11 个部门联合发出《关于开展全民阅读活动的倡议书》，经过此后连续多年的大力推动，全民阅读迅速成燎原之势，呈现可喜局面。

党的十八大历史性地把“开展全民阅读活动”写入报告，自 2014 年至今，“倡导全民阅读”已经第 6 次被国务院写入政府工作报告。全民阅读立法工作全面展开。2015 年 12 月 24 日，《深圳经济特区全民阅读促进条例》通过并公布，自 2016 年 4 月 1 日起施行。2019 年 3 月 28 日，《广东省全民阅读促进条例》在广东省十三届人大常委会第十一次会议上审议通过。法治保障促进全民阅读规范化、制度化发展。

2016 年，深圳市文化体制改革和发展工作领导小组会议审议通过了《深圳文化创新发展 2020（实施方案）》，深圳开始全面实施“文化创新发展 2020”工作。方案指出，推行“互联网 + 公共文化”，实现公共文化场所 Wi-Fi 全覆盖，实施数字图书馆、数字文化馆、数字美术馆、数字博物馆、数字书城工程，推进公共文化机构开展数字化研发应用，鼓励通过社交软件、移动 App 等信息技术手段创新服务模式，实现服务方式与内容的数字化、移动化和便捷化。推进全市公共文化大数据平台建设，构建公共文化信息资源共享系统和网络服务平台，实现全市公共文化“一站式”“订单式”“互动式”服务。

2019 年 8 月 18 日，《中共中央 国务院关于支持深圳建设中国特色社会主义先行示范区的意见》发布，要求深圳践行高质量发展要求，深入实施创新驱动发展战略。全面推进城市精神文明建设，推进公共文化服务创新发展，率先建成普惠性、高质量、可持续的城市公共文化服务体系；发展更具竞争力的文化产业和旅游业，支持深圳大力发展数字文化产业和创意文化产业，加强粤港澳数字创意产业合作。

### （二）产业环境

近年来，伴随着经济的高速发展、互联网技术和移动通信技术的有机结合、国民阅读习惯和环境的明显变化、移动手机等掌上阅读终端的快速普及、书籍内容的数字化呈现，让阅读无处不在。数字出版产业在短短几年内突飞猛进，呈现出产值屡创新高、手机出版异军突起、电子阅读器风生水起、数字出版赢利模式不断创新等发展特点。移动网络的发展普及、电子商务的兴起、阅读环境的培育，使传统文化阅读产业和读者的阅读习惯产生了巨大的改变。

在数字技术高速发展、互联网新经济浪潮成为文化产业主流的大形势下，发展数字出版和数字阅读产业的环境和时机已成熟，推动数字产业的全面发展已成为国家和城市转变经济发展方式的重要举措、成为新闻出版业势在必行的选择，决定着文化产业尤其是新闻出版业未来的方向。

2019 年 8 月，科技部、中宣部、中央网信办、财政部、文化和旅游部、广播电视总局等 6 部门联合印发了《关于促进文化和科技深度融合的指导意见》（以下简称《意见》），进一步促进文化和科技深度融合，全面提升文化科技创新能力，转变文化发展方式，推动文化事业和文化产业更好更快发展，更好满足人民精神文化生活新期待，增强人民群众的获得感和幸福感。《意见》明确了加强文化共性关键技术研发、完善文化科技创新体系建设、加快文化科技成果产业化推广、加强文化大数据体系建设、推动媒体融合向纵深发展、促进内容生产和传播手段现代化、提升文化装备技术水平、强化文化技术标准研制与推广等 8 项重点任务，提出到 2025 年，基本形成覆盖重点领域和关键环节的文化和科技融合创新体系，实现文化和科技深度融合。

近年来深圳高度重视数字技术、网络技术和软件技术等现代信息技术手段的支撑和应用，“文化 + 科技”已成为深圳文化产业发展的一大亮点，涌现出腾讯、华强方特等一批以高新技术为依托、以数字内容为主体、以自主知识产权为核心的高成长性文化科技型企业。

在深圳近几年稳中有进的经济运行环境中，以营商环境改革为重点的全面深化改革取得了重大进展，高新技术产业发展成为全国的一面旗帜，全社会研发投入占全市生产总值比重、PCT 国际专利申请量全国领先，国家级高新技术企业数量居全国第二，数字经济发展走在全国前列。

### （三）市场环境

从整体市场环境来看，市场环境逐渐成熟升级，具有极大的发展空间。

行业端注入资本金额涨幅明显，用户端文娱消费连年增长。

《2018 年度中国数字阅读白皮书》显示，2017 年中国数字阅读产业融资 75 笔，金额达 57.8 亿元；2018 年融资 57 笔，金额超过 2017 年，达 70.3 亿元，支撑整个产业迅猛发展。

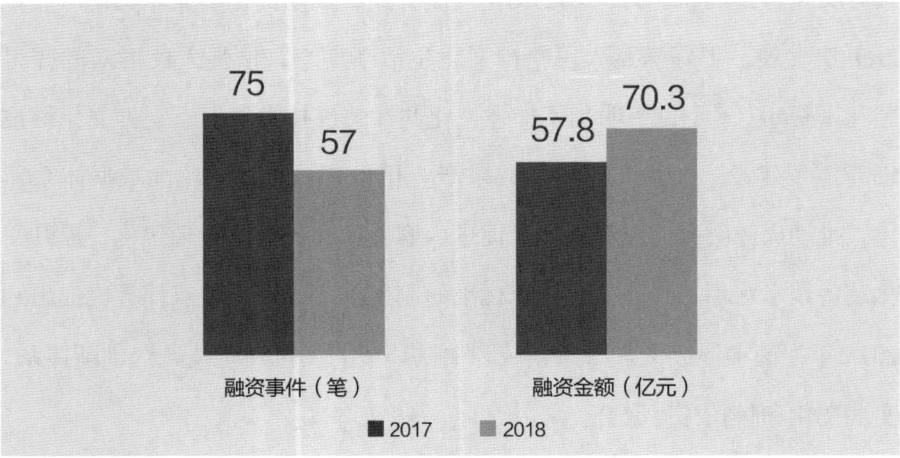


图 5-1 2017—2018 年中国数字阅读产业融资情况

数据同时显示，自 2013 年到 2018 年，我国居民文娱消费金额连年增长，人均文娱消费支出占比也呈上升趋势。数字阅读作为文娱产业的重要组成部分，伴随居民消费水平的升级，在产业融资激增的背景下，展现出了较强的经济发展潜力。

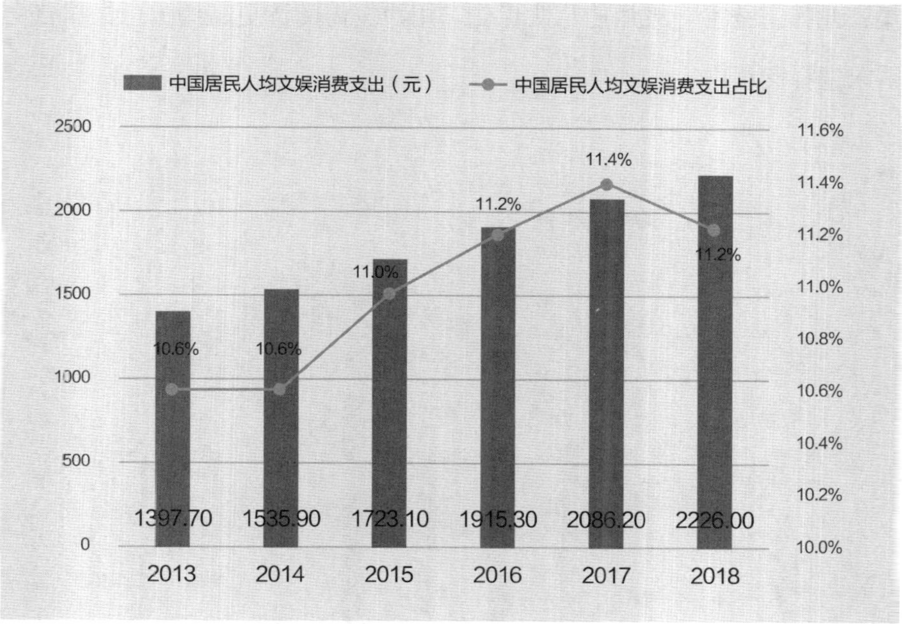


图 5-2 2013—2018 年我国居民文娱消费支出情况

产业链上下游环境升级，人们创作、阅读热情均有提升。

数据显示，中国网络文学用户规模逐年增长，从 2010 年的 1.95 亿人攀升到 2019 年上半年的 4.55 亿人。

用户规模的增长，一方面源于 B 端（内容生产）的迅猛发展，如数字阅读平台作者福利连续升级；数字化智慧写作流程完善，使用便捷；技术升级加速算法优化，推动内容创作热潮；网络文学创作从原来的作者倾向于热门内容专项创作，转变为年轻用户进行多类型作品创新。另一方面源于 C 端（内容阅读）的规模稳步增加，在品类上，二次元、电竞、主题阅读等类型作品层出不穷。2019 年，各平台还积极引入相关主题阅读书籍，并上线中华人民共和国成立 70 周年专区；海外数字阅读平台与内容建设也更上一层楼，为海内外用户构建起中华文化阅读桥梁；此外，技术升级加速算法优化，用户按需阅读更高效，可根据自身需求选择阅读内容。

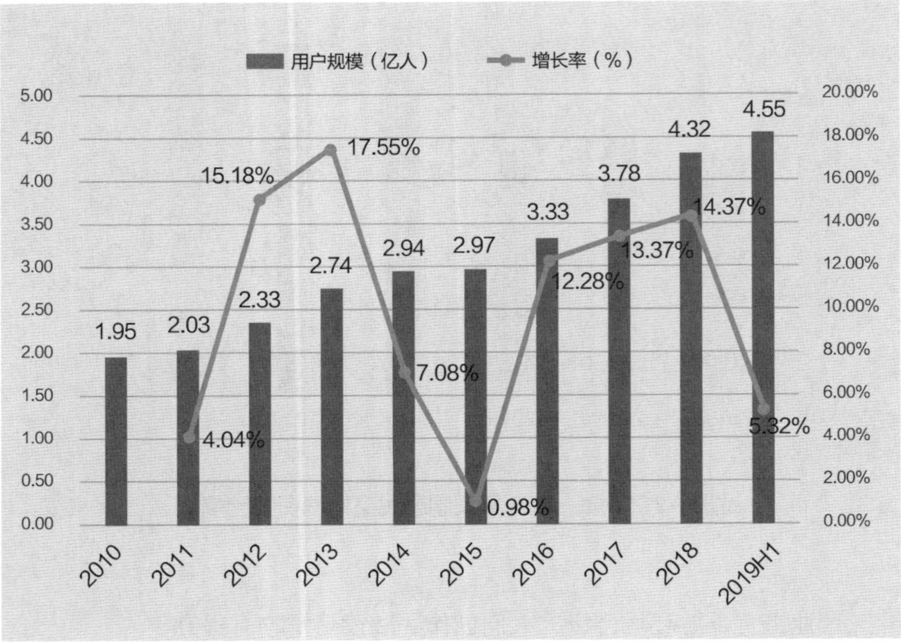


图 5-3 2010—2019H1 中国网络文学用户规模及增长率

用户爱上阅读，总时长大幅上涨，商业模式创新带动新用户涌入。

2019 年 5 月，付费阅读平台活跃用户规模达 28041.7 万人，免费阅读平台活跃用户规模达 8639.5 万人。伴随着免费阅读等商业模式的创新，数字阅读迎来了大批新用户的涌入。与此同时，全国数字阅读用户的总使用时长也在不断攀升，2017 年 6 月为 482.9 千万小时，到 2019 年 6 月已达到 1008.8 千万小时，这代表着喜爱数字阅读的用户越来越多，用户也愿意花更多时间在数字阅读上。

图 5-4 2017 年 6 月—2019 年 6 月全国数字阅读用户总使用时长

基础环境升级，高新技术提升用户阅读体验，带来创新业态。

在 5G 大带宽、高速率、低时延的带动下，“万物皆可为媒介”将成为现实。未来，5G、AI（人工智能）、VR（虚拟现实）、AR（增强现实）、MR（混合现实）等各类技术在数字阅读领域展开应用，将为人们带来全新的智能化阅读体验。

数字阅读产业规模稳步增长，大众阅读成为主导力量。

2018 年，中国数字阅读产业规模达到 254.5 亿元，同比增长 19.65%，整体市场稳步增长。其中，大众阅读市场规模占比逾九成，是产业发展的主导力量。专业阅读稳中有增，持续为产业贡献力量。

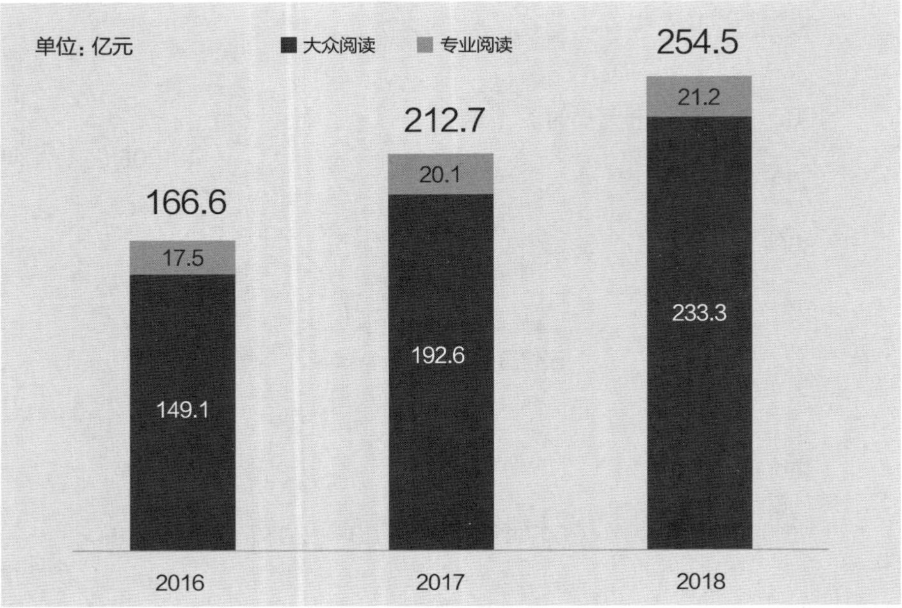


图 5-5 2016—2018 年中国数字阅读产业规模①

大众阅读市场规模中，综合阅读规模占比 74%，有声阅读规模占比 26%。其中，有声阅读规模占比较去年增加 4%，正迸发出行业潜力。

图 5-6 大众阅读规模中综合阅读和有声阅读占比

① 数据来源：《2018 年度中国数字阅读白皮书》。

## 二、阅读行为

2019年我国数字阅读用户规模达4.3亿人。广东省以数字阅读活跃用户5959.12万人位居全国第一，占比达全国数字阅读用户规模的13.86%。其中，深圳市数字阅读用户规模接近1856.30万人，成为全国第二大数字阅读城市。受人口规模等各种因素影响，宝安区、龙岗区、龙华区是深圳市数字阅读用户规模最大的3个区。

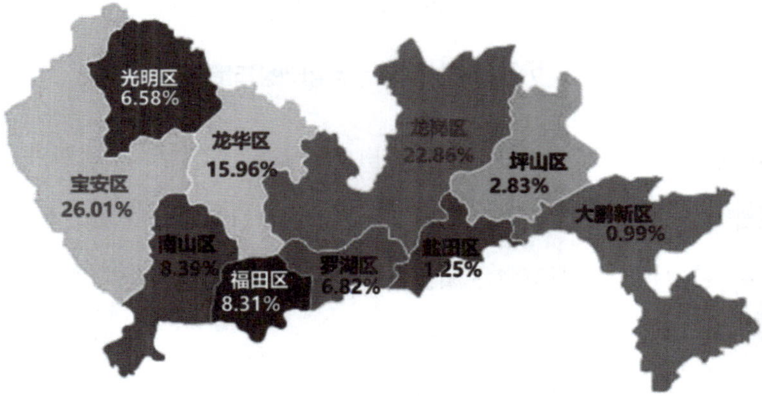


图5-7 2019年深圳市各区数字阅读用户占比统计

深圳市整体数字阅读用户中，男性占比约60.33%，女性占比约39.67%，男性用户占比明显高于女性。但在大众数字阅读方面，男女用户占比分别为52.92%和47.08%，差距较小。

图5-8 深圳市数字阅读用户性别分布

深圳市数字阅读用户年龄结构也在这 3 年中发生了较大改变。30~40 岁的用户占比最多，达 38.38%；其次是 40~50 岁的用户，占比为 26.06%；值得注意的是，50 岁以上用户，从 2017 年的 3.36% 上升到 2019 年的 10.98%。中老年用户在数字阅读群体中的分量愈发凸显。

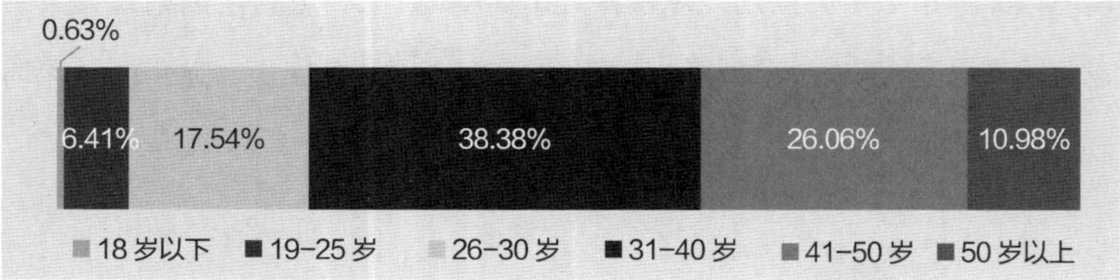


图 5-9 深圳市数字阅读用户的年龄分布

从收入分布来看，数字阅读用户的月均收入在 3001 到 10000 元之间的占比最多，接近 2/3；月均收入在 10001 到 15000 元之间的占比 18.51%。可以说，深圳市数字阅读用户以中等收入人群为主。

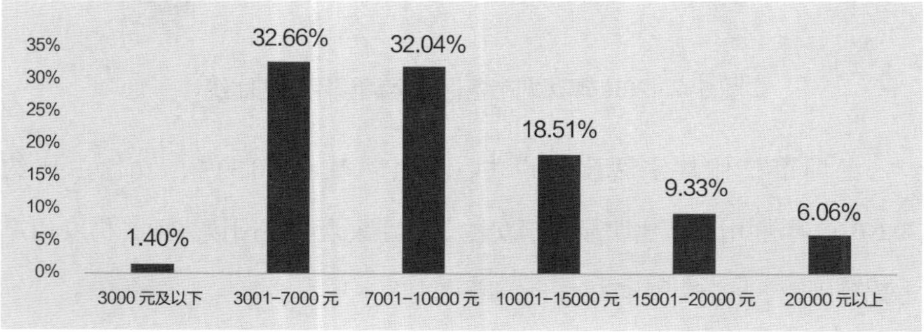


图 5-10 深圳市数字阅读用户收入分布

从深圳单月数字阅读量来看，2 本及以下的占比最高，为 64.76%，其次为 3~5 本，占比为 25.97%。从阅读频率来看，超过 50% 的深圳市大众数字阅读用户能保持每周 4 次以上，其中每周阅读次数在 4~6 次之间的占比最高，为48.90%。从日均阅读时长来看，20~60分钟的用户占比56.66%。这说明深圳市大众数字阅读用户每周阅读频率较高，但单次阅读时间较短，大多数在1个小时以内，与过去两年的数据持平。

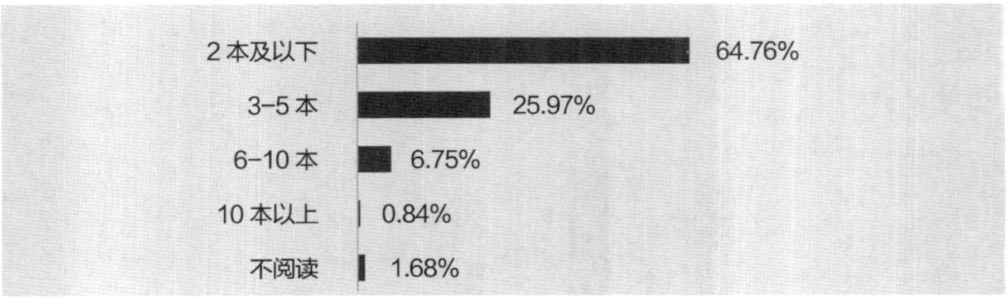


图 5-11 深圳市大众数字阅读用户单月阅读书籍数量分布

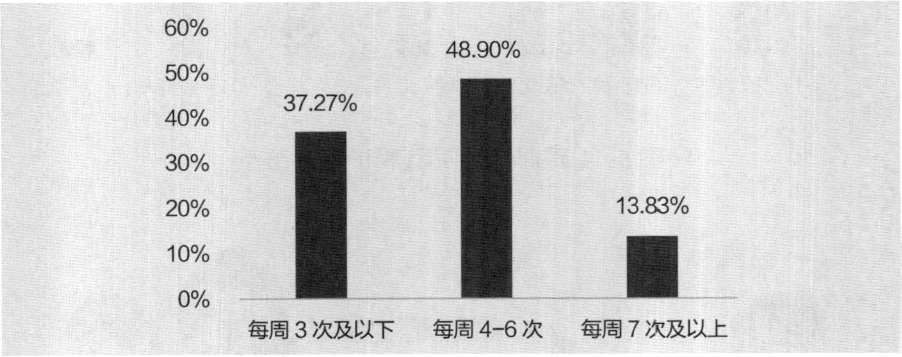


图 5-12 深圳市大众数字阅读用户阅读频率

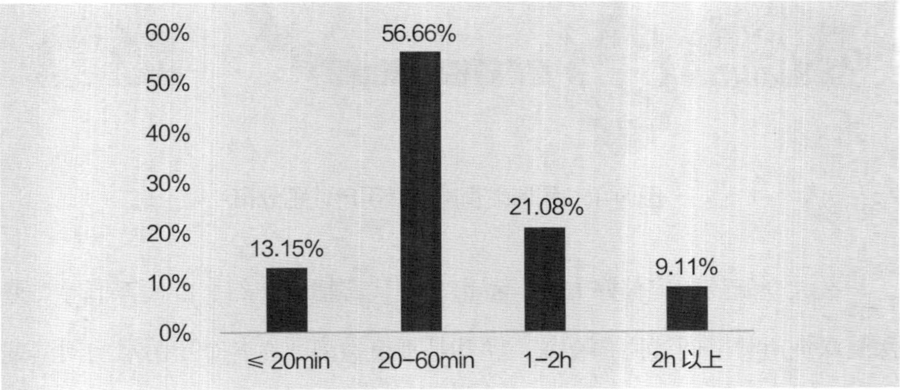


图 5-13 深圳市大众数字阅读用户阅读时长

在有声阅读的细分领域，深圳有声阅读用户以年轻用户群体为主，30岁以下用户占比高达 82.05%，其中 24 岁及以下用户占比 65.6%。从性别分布来看，男性数量较多，占比达 58%。

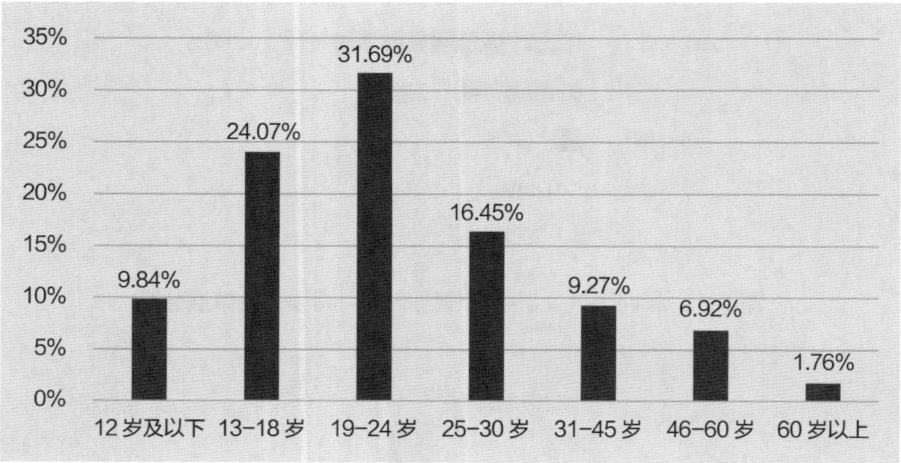


图 5–14 深圳市有声阅读用户年龄分布

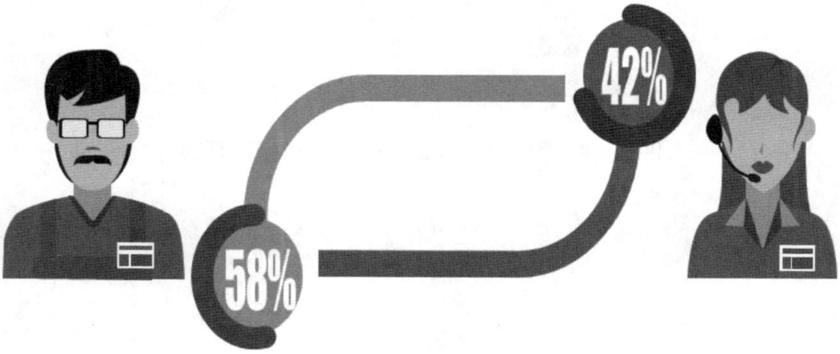


图 5–15 深圳市有声阅读用户性别分布

在大众阅读内容偏好方面，都市、现代言情、玄幻、古代言情等类型深受深圳市数字阅读用户喜爱，尤其是都市类型，在各个年龄层的阅读偏好中均占据首位，说明用户都比较偏好现实主义题材作品。

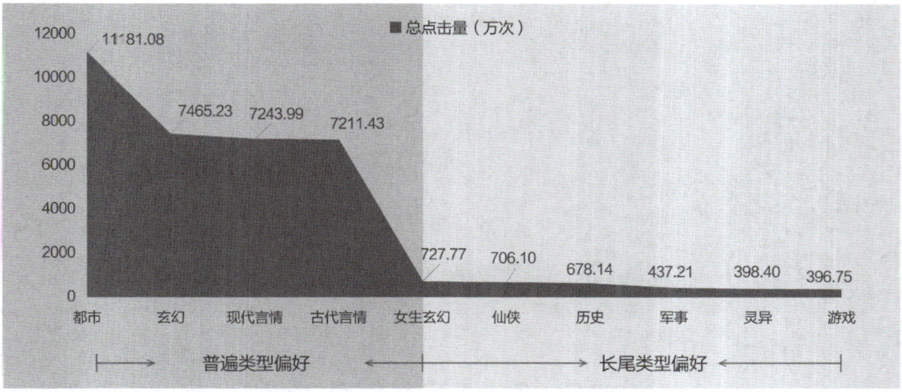


图 5-16 2019 年 6 月深圳市大众阅读内容偏好 Top 10

从不同年龄段用户的偏好对比来看，玄幻、游戏类更受到年轻用户的青睐；随着年龄逐渐增加，用户会逐渐偏好历史、官场类书籍，这也反映出年轻人爱幻想追梦，而年长者更沉稳有积淀。

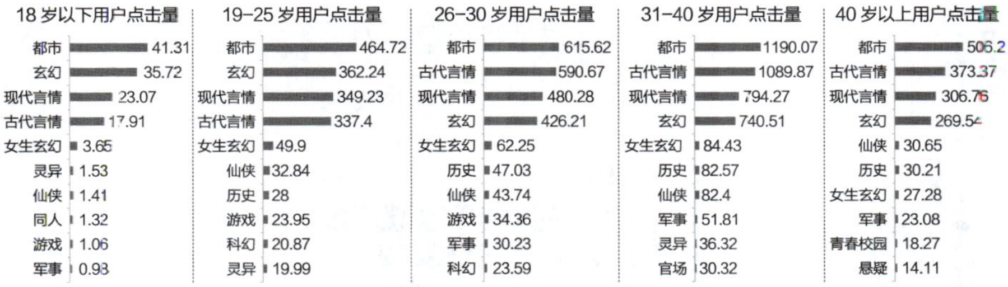


图 5-17 2019 年深圳市不同年龄用户数字阅读内容类型偏好分布

从专业阅读用户的偏好来看，教育、党政学习和军事类内容排名前三甲，其中教育类以近 45 万的点击量高居榜首，说明用户在基础教育和提升自我上有很高的积极性。2019 年，以学习强国 App 为代表，深圳群众掀起了主题阅读的学习风潮。学习强国 App 在各区阅读平台排行榜上牢牢占据了首位。

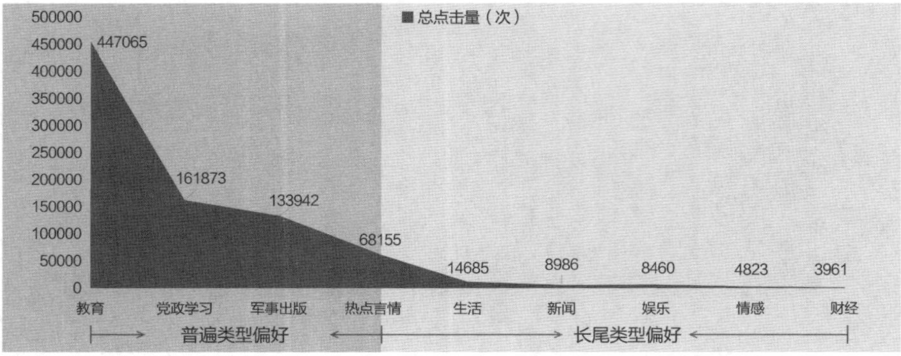


图 5-18 2019 年 6 月深圳市专业阅读内容偏好 Top 9

## 三、阅读发展

回顾 3 年来的深圳数字阅读发展情况，很容易看到一些发展变化的趋势。画像上，深圳市数字阅读女性用户占比连年上升，“银发一族”用户占比大幅上涨，经免费阅读和国产手机促进，安卓系统占比出现上涨。

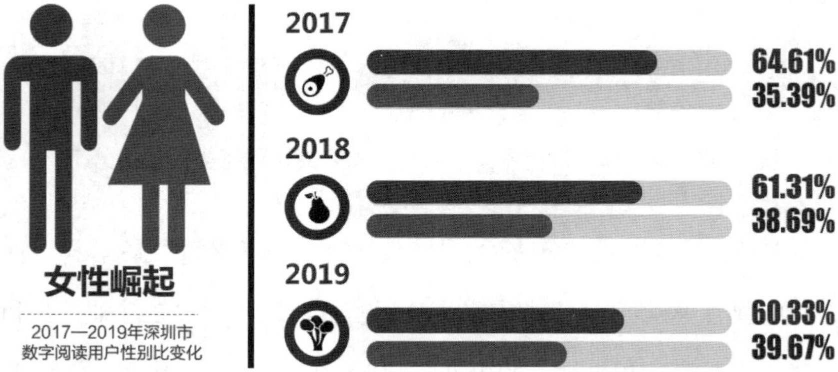


图 5-19 2017—2019 年深圳市数字阅读用户性别比变化

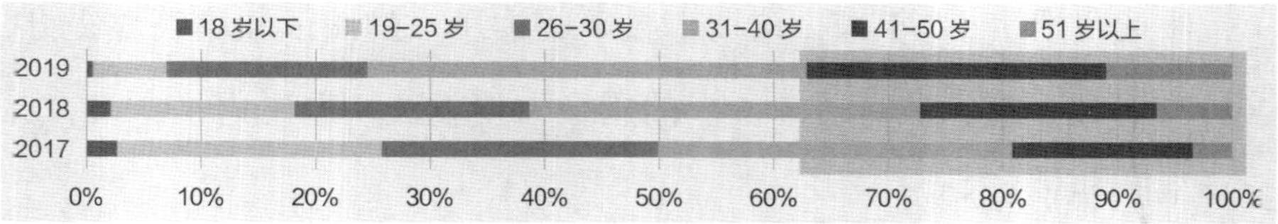


图 5-20 2017—2019 年深圳市数字阅读用户年龄结构变化

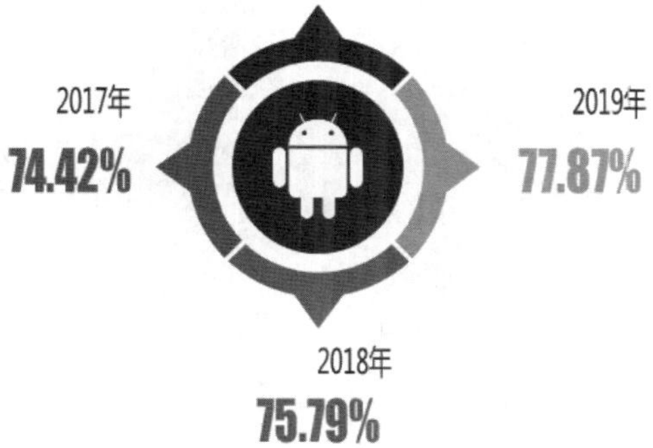


图 5-21 2017—2019 年深圳市数字阅读用户安卓用户变化

载体上，手机依旧是深圳市数字阅读用户选择的主要载体，电纸书阅读器受欢迎程度逐年上升，说明用户追求阅读的便利性以及利用碎片时间学习。

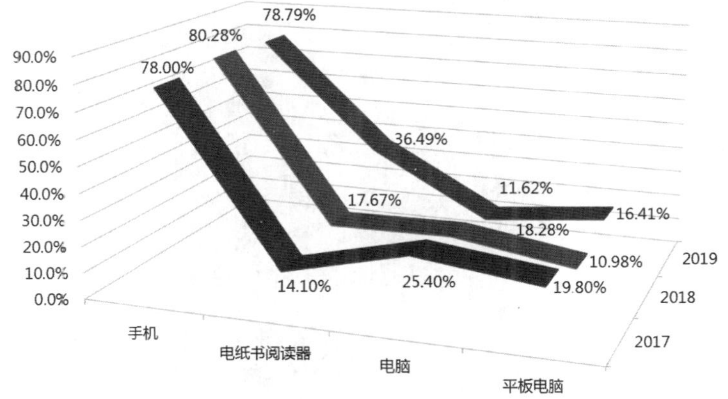


图 5-22 2017—2019 年深圳市民数字阅读载体偏好

阅读习惯上，3 年来，深圳市数字阅读用户的阅读频率明显提升，2019 年，每周阅读频率在 4~6 次的用户占据主流，占比达 62.73%，比 2017 年增长了约 8%。

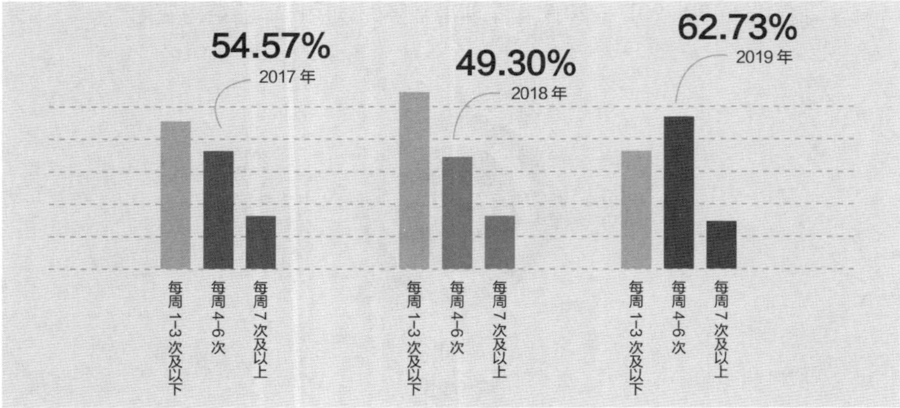


图 5-23　2017—2019 年深圳市数字阅读用户阅读频率变化

内容创作上，深圳市数字阅读用户中愿意继续从事创作的占比从 2018 年的 19.23% 提升到 2019 年的 27.04%，充分展现出深圳数字阅读创作队伍在不断扩张。可见，UGC（用户原创内容）发展未来可期。

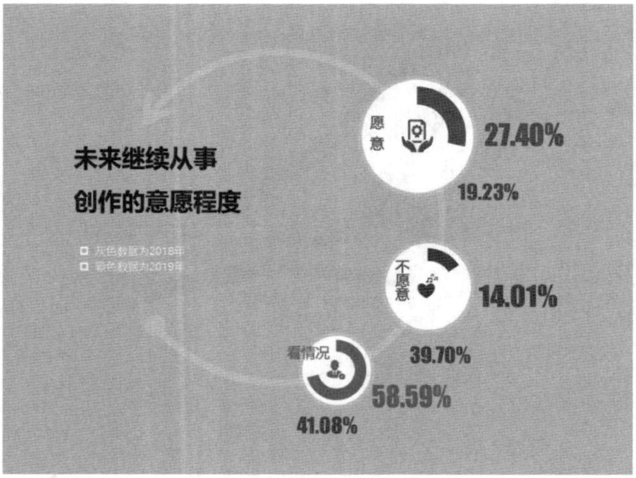


图 5-24　深圳市数字阅读用户未来继续从事创作的意愿程度

数字化阅读的发展，提升了国民综合阅读率和数字化阅读方式接触率，整体阅读人群持续增加，但也带来了传统渠道阅读率增长放缓的趋势。未来，要加快统筹推动数字阅读与传统阅读。

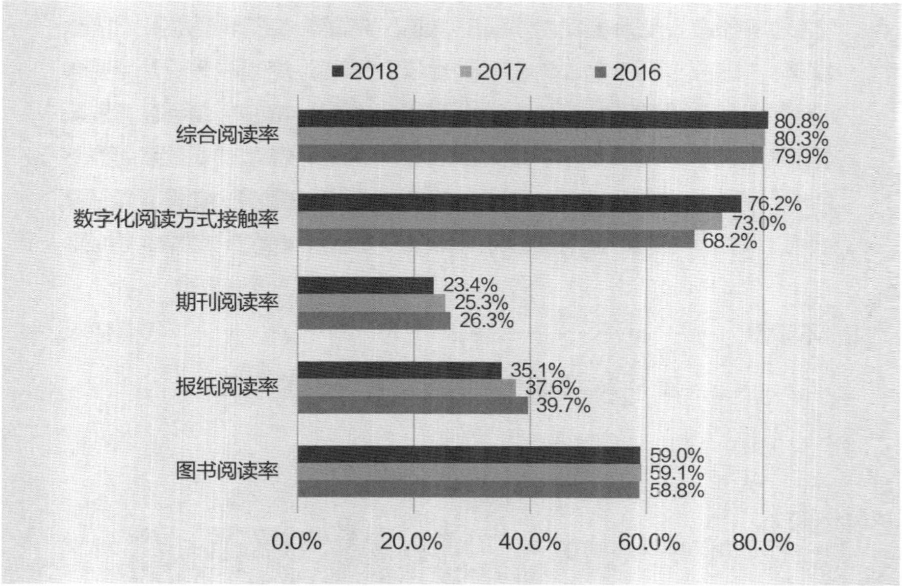


**图 5-25　2016—2018 年全国国民不同介质阅读率对比**

数据显示，深圳市数字阅读用户对线上阅读和听书整体满意度较高，对比上一年仅有 6.31% 的用户对现有线上阅读服务表示满意，2019 年取得了长足进步。2019 年问卷调研的不满意原因，排名第一的是产品使用不流畅、平台广告多，占比达 71.97%；排名第二的是整体内容质量不高、付费内容定价高；随后是对产品功能和界面的不满意。可见，未来如何优化平台功能、改善赢利模式尤其是广告模式、提升产品性价比，将成为提升深圳市数字阅读用户满意度的重要着力点。

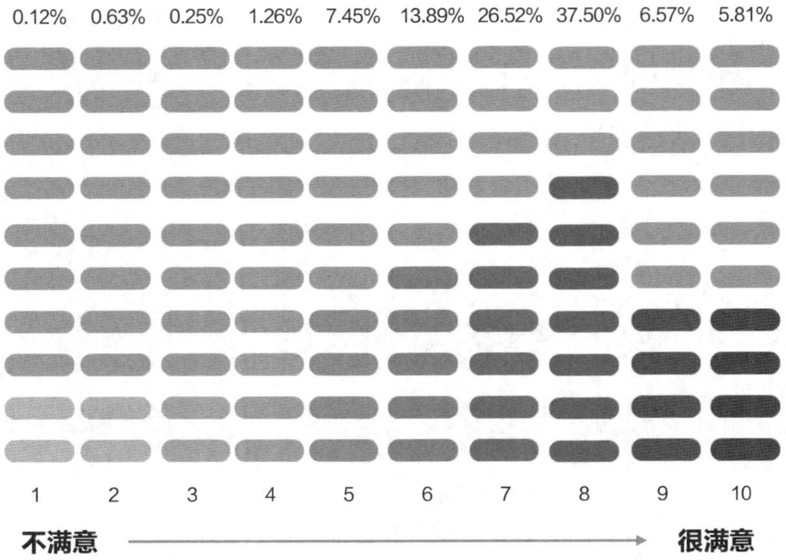


图 5-26 深圳市数字阅读用户整体满意度

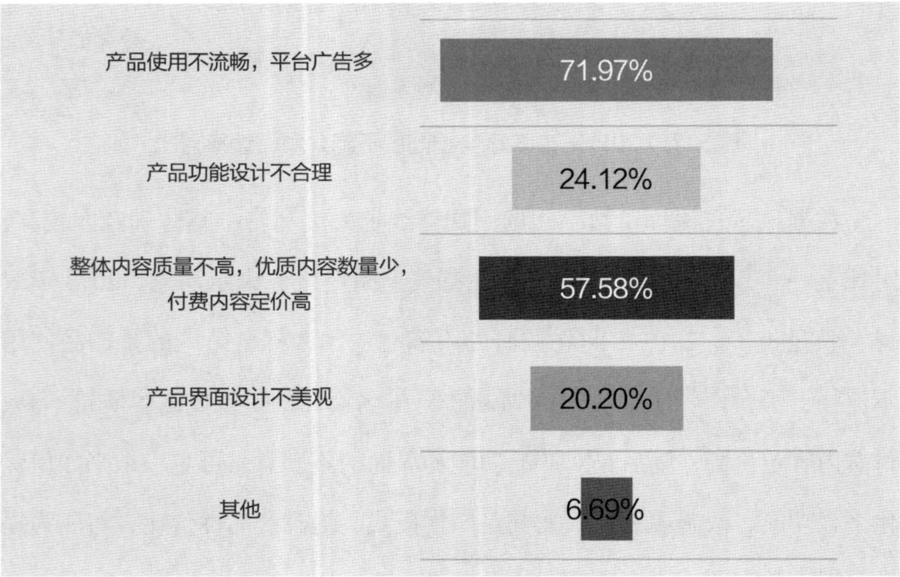


图 5-27 深圳市数字阅读用户不满意原因

在阅读需求上，2019 年深圳市数字阅读用户对工作学习类、计划性阅读类的内容需求较高，分别占高需求（8–10 分）的 52.52% 和 42.93%，比上一年的 38.98% 和 39.82% 有明显增长。在权威 / 专家推荐阅读类的内容需求上，2019 年在高需求（8–10 分）的占比为 36.87%，也比上一年的 19.39% 有明显提升。与之相反，娱乐休闲 / 消遣类的内容需求主要集中在中需求（4–7 分）。这为未来深圳数字阅读内容的开发与引导提供了参考。

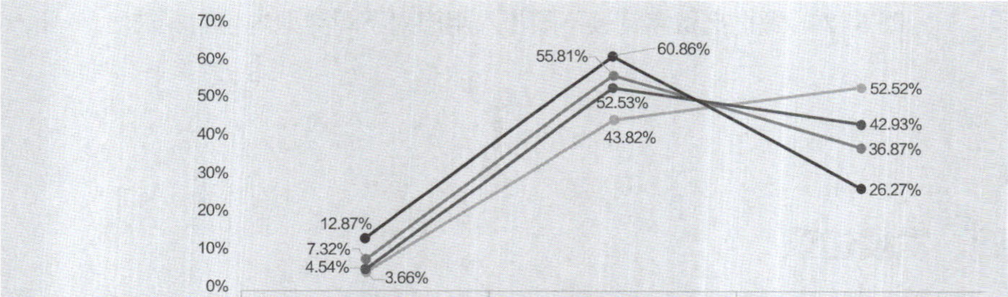


| | 低（1–3） | 中（4–7） | 高（8–10） |
|---|---|---|---|
| 工作学习类 | 3.66% | 43.82% | 52.52% |
| 提升自身见闻、计划性阅读类 | 4.54% | 52.53% | 42.93% |
| 权威 / 专家推荐阅读 | 7.32% | 55.81% | 36.87% |
| 娱乐休闲 / 消遣类 | 12.87% | 60.86% | 26.27% |

图 5–28　深圳市数字阅读用户对不同类型内容的需求度

数据显示，在深圳市数字阅读人群中，收入越高，用户对工作学习类、计划性阅读类的内容需求度就越高；而对权威 / 专家推荐阅读类的内容需求度上，中等收入用户需求度最高，低收入和高收入用户需求度相对下滑；用户对娱乐消遣类的需求呈现出与权威 / 专家推荐阅读类的需求相反的趋势。

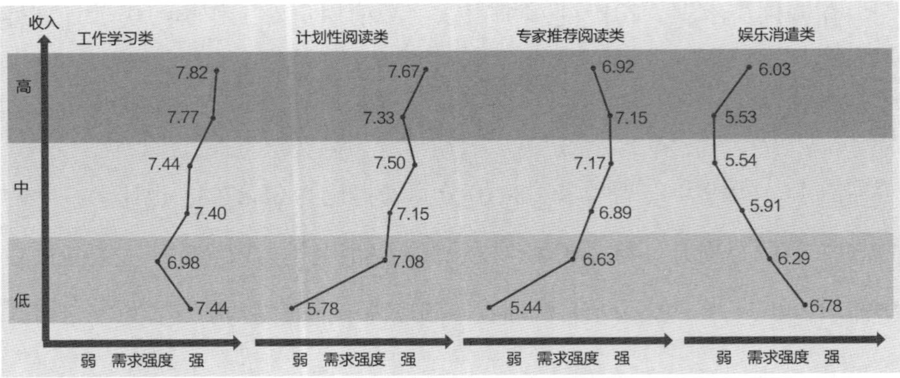


图 5-29 深圳市数字阅读不同收入用户对不同类型内容的需求度

## 四、发展建议

根据研究结果，对深圳市各区（新区）数字阅读产业的发展提出了相关建议：

表 5-2 2018—2019 年深圳市各区（新区）各项指数对比

| | 常住人口（万人） | 各区域占比 | 付费指数 | 耳朵指数 | 活跃指数 | 硬件指数 |
|---|---|---|---|---|---|---|
| 福田区 | 163.37 | 0.0831 | 36.66 | 57.32 | 66.88 | 66.88 |
| 罗湖区 | 103.99 | 0.0682 | 26.97 | 42.79 | 77.87 | 77.87 |
| 盐田区 | 24.29 | 0.0125 | 22.77 | 24.84 | 31.75 | 31.75 |
| 南山区 | 149.36 | 0.0839 | 36.76 | 39.64 | 69.33 | 69.33 |
| 宝安区 | 325.78 | 0.26 | 63.94 | 85.81 | 95 | 63.02 |
| 龙岗区 | 238.64 | 0.2286 | 43.69 | 69.12 | 76.98 | 76.98 |
| 龙华区 | 167.28 | 0.1596 | 31.87 | 51.18 | 64.7 | 64.7 |
| 坪山区 | 44.63 | 0.0283 | 27.95 | 27 | 36.33 | 36.33 |
| 光明区 | 62.5 | 0.0658 | 25.88 | 26.86 | 50.69 | 50.69 |
| 大鹏新区 | 15.3 | 0.0099 | 36.12 | 18.74 | 48.38 | 48.38 |

## 福田区

福田区是深圳市的中心城区，是行政、经济、文化、商贸、国际交往中心，是高密度、高成本的核心区，福田区数字阅读用户收入水平较高、阅读量较多、在线阅读时间较长。

## 罗湖区

罗湖区用户付费意愿相对较低，且阅读量较少，考虑到罗湖区用户较高的消费水平，在未来可以积极开展倡导阅读的相关活动。

## 盐田区

盐田区由于自身产业结构的原因，人口流动性较高，用户付费意愿较低、阅读量较少，未来可以推出更多优质内容来吸引数字阅读用户。

## 南山区

南山区产业集中度较低，所以用户对于内容的偏好较分散。2019 年 5 月该区图书馆上线的“领读者”21 天阅读计划取得较好效果。

## 宝安区

宝安区是深圳市的行政大区、产业大区和人口大区，拥有较大的数字阅读基础。2019 年宝安区听书用户规模最大，未来宝安区在有声听书和付费阅读方面均具有较大发展潜力。

## 龙岗区

龙岗区数字阅读用户付费意愿较低，未来还需加大全民阅读倡导力度，逐步培养用户付费意识。

## 龙华区

龙华区在2018年共开展181场阅读活动，相继推出“全民阅读行动”、全民阅读接力赛、“读者之家”进社区等系列活动，让阅读渗透市民生活的每个角落，得到了较好的市场反馈。

## 坪山区

坪山区用户收入较高，且付费意愿较强，未来可以推出更多优质内容吸引用户付费阅读。

## 光明区

光明区拥有独特的区位优势和最高的数字阅读用户付费意愿，未来可以继续发扬优势。

## 大鹏新区

大鹏新区呈现出人口基数小、青少年阅读用户占比较大的特点。此外，用户付费意愿有待加强，未来可以更多地开展青少年数字阅读活动，为其营造全民阅读的氛围。

许全军，海天出版社副总编辑兼深圳市华文国际

传媒有限公司执行董事、总经理、总编辑

# 深圳：让阅读插上科技的翅膀

曹宇

近些年来，“互联网+”术语被广泛运用到城市产业体系和经济模式上，此种表述也同样可以借用到阅读方面，即“阅读+”。具有科技底蕴和创新基因的深圳，在这个领域自然没有缺位，无论是政府还是企业，皆能正视传统阅读受到数字技术所带来的挑战，积极引领和迎接科技与文化的融合，让阅读插上科技的翅膀，从而构筑起阅读的新生态。

## 一、深圳的“阅读+”现状

深圳是中国的高新技术先锋城市和“最互联网”城市，以华为、腾讯为代表的一批优秀数字阅读设备生产和内容提供企业，对阅读已经产生世界级的影响；围绕数字阅读，深圳构建起完备的产业链和规模化的企业群。与此同时，这个城市的传统阅读也在发力和转型。深圳是国家认定的“图书馆之城”，600多座图书馆形成了网络化、数字化的特色，200多台24小时图书自助借阅机遍布全市各个角落，深圳图书馆的数字化“深圳文献港”对读者免费开放。此外，由深圳报业集团等单位建设的电子阅报栏及市场上不计其数的各类数字内容终端，使深圳连续3年入评“中国十大数字阅读城市”。深圳出版集团有限公司作为深圳本土成长起来的国家级出版传媒集团，将数字化转型作为其“十三五”规划中的重点，在内容生产和传播、书城书吧建设营运、阅读文化活动开展等方面积极进行数字化融合。已经成为城市文化名片的深圳读书月，更是强调数字阅读占比，近些年提出了“阅读永恒，载体创新”的理念，在重点主题活动中开设数字阅读板块，2015 年更是直接将“互联网 + 读书”作为当年的年度主题。2013 至 2014 年，深圳连续两次召开数字阅读和知识产权领域的国际峰会，在阅读和科技上与全球互动，取得明显成效。2013 年 10 月，深圳被联合国教科文组织授予“全球全民阅读典范城市”称号。

2014 年，深圳开始设置城市阅读指数，建立了一整套精准科学的阅读分析体系，通过指标收集、加权计算和模型分析，在全国率先试水阅读量化研究，以大数据指导全民阅读的开展。2017 年，深圳又对阅读领域中的数字阅读进行细分考察，推出中国首个以城市为单元的数字阅读发展报告。2019 年，第十六次全国国民阅读调查首次发布城市阅读指数排行榜，深圳在城市阅读指数、城市个人阅读指数和城市公共阅读服务指数 3 个榜单上均位居榜首。这些数据和事例说明，顺应时代潮流和科技趋势、结合城市特质，大力发展和引领数字阅读，是深圳一个鲜明的城市姿态。

## 二、“阅读 + 科技”催生深圳阅读新体验

### （一）阅读观念和行为悄然发生转变

数字阅读在给广大读者提供前所未有的方便的同时，也带来了读者阅读观念的悄然转变。首先是对数字阅读方式的接受，深圳读书月连续多年

推出“互联网+”主题活动板块，“手机阅读季”已成品牌活动，“地铁阅读季”将扫码阅读作为常态内容，利用微博、微信、H5、Vlog等方式举办的阅读活动不断增多。深圳的年度数字阅读报告显示，深圳成年人数字阅读接触率达到100%，有近七成读者接受付费阅读，有85%的用户经常付费，其中有超过60%的用户在过去两年内有过实际付费行为。从用户所在区和用户年龄两个维度来看，南山区等科技企业较多的区以及“90后”和“00后”年龄段用户的付费意愿更为明显。

## （二）产品和内容走向丰富多元

在“阅读+科技”模式下，我国出版发行业的数字业务板块呈良好发展态势。2017年，中国数字出版行业全年总收入超过7000亿元，其中数字阅读份额达152亿元，数字阅读用户已接近4亿。内容深耕时代的来临，激发IP潜能的充分释放，数字化转型已成为当今出版发行业应对出版载体和传播方式变革的重要战略，而充分利用数字技术提升阅读体验、丰富阅读产品，已成为出版和文化企业的普遍战术。

深圳出版集团积极以数字技术改造传统业务模式，旗下的海天出版社打造了集教辅答案、解析、错题笔记、同类题、名师辅导、微课直播等功能于一体的数字教育云平台；开展数字版权引进开发工作，尝试推进数字化教育项目；建设AR/VR图书IP，通过增强现实的创新方式连接现实和虚拟世界，带给广大市民读者更多更好的本土原创出版内容和复合多样的阅读体验。全民阅读App以听书、影像、图文三重媒介承载全方位阅读资源，吸引近120万读者加入“全民阅读计划”。掌上书城App作为国内首个通过移动互联网提供实体书店及书城文化综合体服务的移动应用，以实体书城为依托，实现了深圳书城阅读文化服务的线上延伸，并不断推进线上线下一体化融合发展。

### （三）内容获取日益便捷和阅读体验不断提升

当高新科技与阅读相遇，带来了阅读空间设施和分发渠道的迅猛发展，数字阅读的流行拓宽了读者的阅读渠道，数字设施的便利改变了读者的阅读空间，让阅读资源的获取变得更加高效便捷，读者的阅读体验得到全面提升。

2016 年，中宣部、原国家新闻出版广电总局等中央 11 个部委联合印发了《关于支持实体书店发展的指导意见》，明确指出，强化“互联网 +”思维，充分利用互联网、物联网、云计算、大数据、数字印刷等新技术手段，实现实体书店由传统模式向新兴业态的转变；鼓励实体书店利用互联网技术推进数字化升级和改造，增强店面场景化、立体化、智能化展示功能，打造新一代“智慧书城”。深圳出版集团积极响应这一趋势，2018 年全力打造出全国首座全方位多维度高端智能书城——深圳书城龙岗城。深圳书城龙岗城拥有“书香 + 文化 + 科技”等方面的特色亮点，广泛应用 24 小时无人书店、智能机器人、实时大数据、人脸识别等数字技术，并将其与书城的业务、服务、顾客体验等进行深度融合，以“互联网 + 物联网”为基础，将智慧书城建设提升到新水平，为市民提供美好、便捷的阅读空间。

### （四）内容产品呈现个性定制和精准推送

随着互联网及信息技术的普及和应用，依托强大的互联网传播媒介，在海量、碎片化的阅读资源里找到读者想要的内容，并实现规模化大批量推送，正成为游走在这个信息爆炸、碎片化时代的必备技能。人们的阅读习惯和阅读方式被大数据、人工智能等技术迅速采集并解构，通过将碎片化阅读内容与机器学习的完美结合，实现阅读资源的个性化分发，为读者提供更多、更精准的个性化定制服务。这正是当下时代重塑人们阅读行为的重要方式。

目前，深圳出版集团正通过不断升级迭代的阅读终端产品，优化书城书吧平台的线下体验，构筑数字阅读资源高度整合的线上空间。其中，数字书城项目成为重要的一环。该项目包括云书城、微商城、掌上书城等线上服务平台，以及深圳书城优化打造的智慧书城等，各个项目的衔接实现了线上线下商品、会员、营销等多方面的一体化运用，并持续向全场景一站式阅读文化创意生活平台拓展，依托大数据的不断优化推荐，为读者推荐更好更适合的图书，从而构建读者的个性化阅读体系。

### （五）人工智能进一步赋能阅读

人工智能本质上是对人的意识与思维的信息过程的模拟，是指使用机器代替人类完成认知、识别、分析和决策等功能。

从第二十八届全国图书交易博览会到2019南国书香节暨深圳书展，深圳出版集团作为承办方，贯彻“科技办展”理念，广泛应用“人脸识别AI荐书”、自助购、扫码购、掌上书城线上采购、会务展务微客户端等智能技术与最新科技信息手段，形成了“购票—逛展—消费”全环节数字化链条，以“书香+智能”创造出科技范十足的全新书展体验，走在了全国文化会展业前列。其中，“人脸识别AI荐书”系统可从年龄、性别等维度展开个性化智能推演，依托大数据的不断优化推荐，在精选书库中为体验者“量身”荐书，进而构建读者的阅读体系。沿此思路，在2019年11月第二十届深圳读书月期间，集团利用掌上书城App作为内容生产的

“中央厨房”，通过 H5 技术对所有网上媒体全部打通，实现内容统一制作、渠道多种分发、相互引流走量、资源互利互惠，成为深圳读书月的移动端。

## 三、深圳“阅读 + 科技”前景展望

以大数据、物联网、AR/VR、区块链、5G、人工智能等为代表的新一代信息技术，其日新月异的发展及其无远弗届的应用，正不断推动行业转型升级和媒体融合向纵深发展，为“阅读 + 科技”的真正实现提供无限可能。

深圳在这场数字化的大潮中将继续发挥自身的科技创新优势，在阅读文化领域持续发力。在城市阅读设施建设方面，新一代的大书城将普遍使用人脸识别技术作为采集大数据的端口，并对集成在大书城平台上的人流、消费、会员、营销、家庭、性别、品牌、车辆等一切信息进行重构，使之有序化、精确化和增量化，这对未来将其整合成业务资源进行资产证券化提供了可能。同时，未来的数字阅读将变成融合各种感官体验的沉浸式阅读，虚拟性与场所感、人文性与体验感并行不悖，科技打通了人文和理工之间的边界，书与非书共同构筑起现代大都市以书为媒，甚至书即生活本身的城市文化生活图景。届时的大书城将融入更多的科技文化元素，打造具有高度智能化、生态化、美学化及强大功能的全新文化商业综合体，成为推进全民阅读、涵养城市文明、引领城市风尚的重要平台及人民群众实现美好生活的有效载体。

曹宇，深圳出版集团党委副书记、深圳市阅读联合会副会长

# 图书馆研究

深圳全民阅读
发展报告
2020

# 2020 年深圳“图书馆之城”阅读报告

深圳图书情报学会 深圳图书馆

截至 2019 年年底，深圳共有公共图书馆 673 座，其中市级图书馆 3 座，区级图书馆 9 座，街道及以下基层图书馆 661 座。它们与 286 座各类自助图书馆（包含城市街区自助图书馆 235 座、24 小时书香亭 51 座）共同形成了覆盖全市所有街区的公共图书馆网络体系。

## 一、统一服务让市民利用图书馆更便捷

目前全市共有 346 座公共图书馆、286 座自助图书馆加入“图书馆之城”统一服务平台，一证通行，通借通还，服务范围进一步扩大。

Tips：2009 年，深圳“图书馆之城”建设启动统一服务工作，整合全市公共图书馆服务系统和文献资源，在全市范围内为市民提供统一的图书馆服务。读者只要拥有一张“图书馆之城”读者证，即可在全市任何一座加入“图书馆之城”统一服务平台的公共图书馆享用阅览文献、借还文献、查阅数字资源等服务。

### 1. 统一服务文献外借近 1500 万册次，同比增长 13.77%

（1）“图书馆之城”统一服务平台文献外借量逐年增长。2019 年，新增办证数量 28.17 万，共有 57.13 万读者借过实体文献，文献外借 1470.48 万册次，同比增长 13.77%。

图 6-1 2015—2019 年深圳“图书馆之城”统一服务平台文献借还量对比

（2）2019 年，有 31.55 万读者在 2 家以上图书馆借阅过文献，占借阅读者总数的 55.22%；3.34 万读者在 5 家以上图书馆借阅过文献，占借阅读者总数的 5.84%；988 位读者在 10 家以上图书馆借阅过文献，占借阅读者总数的 0.17%。

（3）“图书馆之城”统一服务平台读者异地还书量逐年上升。2019 年，“图书馆之城”统一服务平台读者异地还书 214.17 万册次，同比增长 28.41%，占还书总量的 18.95%。

## 2. 年度外借量最多的读者借阅文献 2023 册次

（1）2019 年，“图书馆之城”统一服务平台人均外借文献 25.74 册次，男性读者的外借量是女性读者的 1.38 倍，全市年度外借量最多的读者借阅文献 2023 册次。

（2）年度外借文献 10 册及以上的读者达 32.51 万人，占外借读者总数的 56.91%；年度外借文献 50 册及以上的读者达 8.72 万人，占外借读者总数的 15.27%；年度外借文献 100 册及以上的读者达 2.84 万人，占外借读者总数的 4.97%。

（3）各月份外借文献的借阅量比较均衡，7 月暑期期间，外借文献量最大，超过 140 万册次，同比增长 12.82%。

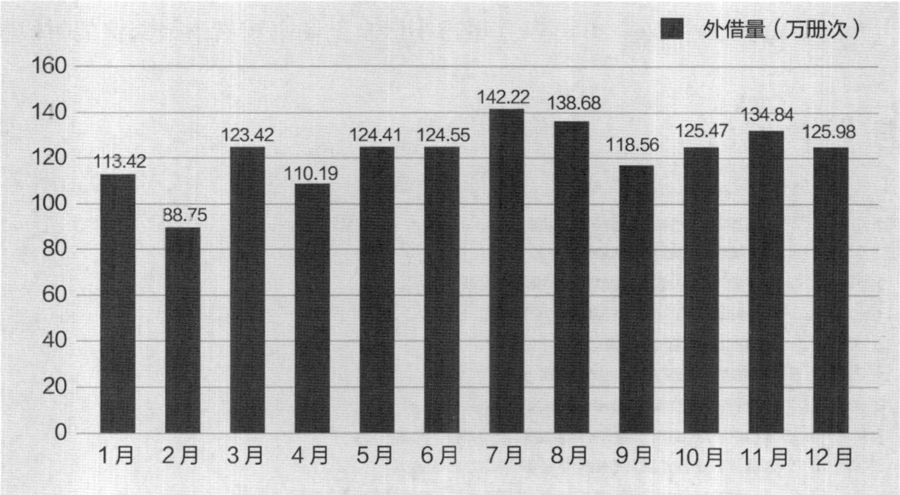


图 6-2 2019 年深圳“图书馆之城”统一服务平台各月外借文献量对比

（4）每天 16：00—16：59 是图书馆借书最繁忙的时段。

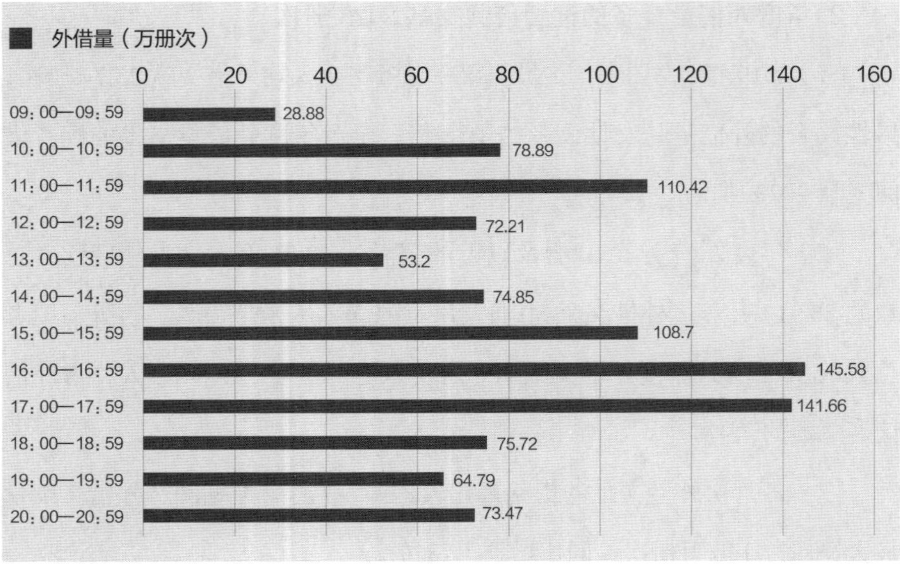


图 6-3 2019 年深圳“图书馆之城”统一服务平台读者到馆外借文献时段对比

（5）每天 20：00—20：59 是城市街区自助图书馆借书最繁忙的时段。

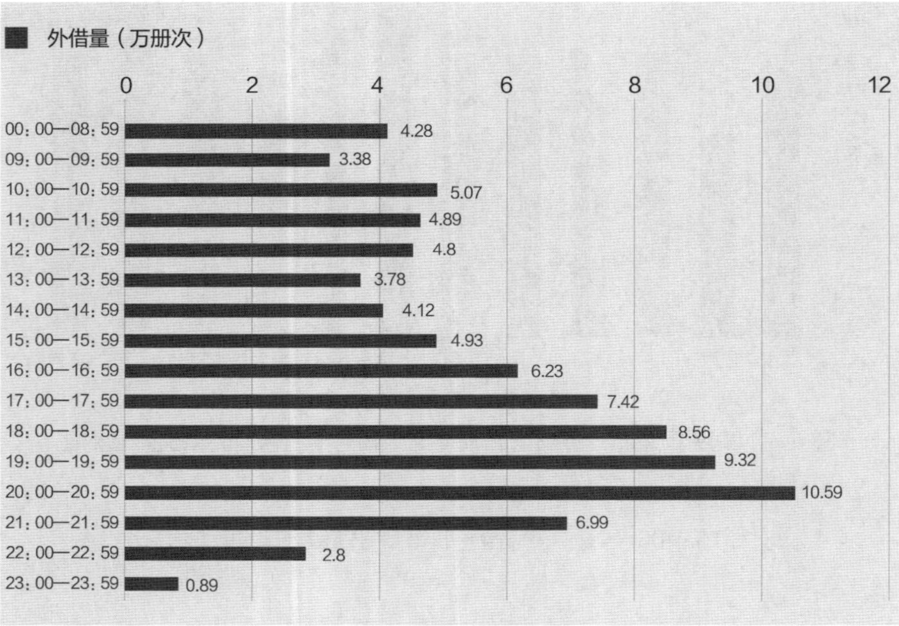


图 6-4 2019 年深圳城市街区自助图书馆读者外借文献时段对比

（6）读者续借图书首选移动平台（含“深圳图书馆｜图书馆之城”微信服务号、各馆微信公众号、支付宝城市服务、移动版网站、“深圳文献港”等），占读者续借总数的 80.72%；其次是利用 PC 端登录图书馆网站续借图书，占读者续借总数的 11.38%；再次是到馆办理图书续借，占读者续借总数的 5.36%；拨打服务电话或发送短信续借图书的，占读者续借总数的 1.38%。

（7）越来越多的读者使用文献转借服务分享阅读。2019 年，文献转借 17.69 万册次，同比增长 51.18%。读者首选微信平台完成转借，占转借总量的 92.87%；其次是利用支付宝城市服务，占转借总量的 5.49%；再次是通过移动版网站完成，占转借总量的 1.64%。

**3. 36 ~ 60 岁中年读者总外借文献量位居各年龄段排行榜第一**

（1）0 ~ 13 岁儿童读者中外借人数占同一年龄段持证读者总数的 52.55%，该比例在各年龄段中居首位；该年龄段的外借文献量占总外借文献量的 15.47%，同比增长 33.21%。

（2）14 ~ 18 岁少年读者中外借人数占同一年龄段持证读者总数的 38.65%，比例仅次于儿童读者。

（3）19 ~ 35 岁青年读者中外借人数占同一年龄段持证读者总数的 52.82%，外借文献 575.52 万册次，居各年龄段外借文献量排行榜第二。

（4）36 ~ 60 岁中年读者中外借人数占同一年龄段持证读者总数的 29.66%，外借文献 593.21 万册次，居各年龄段外借文献量排行榜第一，同比增长 28.33%。

（5）60 岁以上老年读者中外借人数占同一年龄段持证读者总数的 1.81%，实际外借读者的人均外借文献量达 36.56 册，位列第一。

表 6-1 2019 年深圳“图书馆之城”统一服务平台各年龄段读者外借情况对比

| 各年龄段 | 累计持证读者（人） | 各年龄段读者占比 | 外借读者人数（人） | 同年龄段外借人数占持证读者比例 | 外借册次（册、件） | 外借册次占比 |
|---|---|---|---|---|---|---|
| 儿童（0—13 岁） | 144947 | 6.51% | 76164 | 52.55% | 2274918 | 15.47% |
| 少年（14—18 岁） | 59272 | 2.66% | 22910 | 38.65% | 401187 | 2.73% |
| 青年（19—35 岁） | 1176270 | 52.82% | 291122 | 24.75% | 5755236 | 39.14% |
| 中年（36—60 岁） | 660457 | 29.66% | 171860 | 26.02% | 5932095 | 40.34% |
| 老年（60 岁以上） | 40380 | 1.81% | 8956 | 22.18% | 327397 | 2.23% |

备注：上表不含非居民身份证注册读者外借数据

### 4. 读者阅读喜好：Python 热度上涨，幻想小说关注居前，经典名著经久不衰

（1）Python 年度热搜 4.93 万次，重登第一。2019 年，Python 以 4.93 万的热搜次数再次登上图书馆网站 OPAC 关键词搜索排行榜榜首，说明 Python 语言在大数据与人工智能时代受到越来越多读者的追捧；《三体》《斗罗大陆》《哈利·波特》等科幻、玄幻和魔幻类小说紧随其后；《平凡的世界》《活着》《西游记》《红楼梦》《人类简史》等中外经典深受读者喜爱。

Tips：Python 是一种跨平台的计算机程序设计语言。近年来，Python 屡次登上深圳“图书馆之城”年度热搜排行榜，2017 年居第一，2018 年略有下降，2019 年重回第一。这体现了深圳市民对科技信息素养提升的不断追求，也体现了公共图书馆为深圳这座科技之城提供了源源不断的创新给养。

表 6-2 2019 年深圳“图书馆之城”关键词搜索 Top 20

| 排名 | 关键词 | 搜索次数 |
|---|---|---|
| 1 | Python | 49253 |
| 2 | 三体 | 44718 |
| 3 | 斗罗大陆 | 38011 |
| 4 | 哈利·波特 | 35952 |
| 5 | 平凡的世界 | 35511 |
| 6 | 西游记 | 26873 |
| 7 | 活着 | 24040 |
| 8 | 红楼梦 | 22526 |
| 9 | 人类简史 | 20783 |
| 10 | 人性的弱点 | 16183 |
| 11 | 米小圈 | 15836 |
| 12 | 东野圭吾 | 15772 |
| 13 | 三国演义 | 15747 |
| 14 | 鬼谷子 | 15736 |
| 15 | 寻宝记 | 15125 |
| 16 | 围城 | 15108 |
| 17 | 月亮与六便士 | 15106 |
| 18 | 明朝那些事儿 | 14613 |
| 19 | 非暴力沟通 | 14573 |
| 20 | 小王子 | 14190 |

（2）“南书房家庭经典阅读书目”推荐图书借阅量持续上升，累计外借超过 70 万册次。越来越多的读者借阅“南书房家庭经典阅读书目”推荐图书。2014—2019 年，“南书房家庭经典阅读书目”180 种推荐图书累计外借达 70.2 万册次。近年来，据推荐书目外借情况显示，文学类著作最受欢迎，历史、地理和科普类图书紧随其后。

Tips：2014 年年初，深圳图书馆联合中国图书馆学会阅读推广委员会，开展“南书房家庭经典阅读书目”推荐活动，旨在向广大读者推荐适合当今中国家庭阅读与收藏的经典著作，鼓励、帮助家庭建立自己的经典阅读书架。该书目于每年“4·23 世界读书日”发布，至 2019 年已连续发布 6 期，累计推荐 180 种古今中外经典图书。

表 6-3 “南书房家庭经典阅读书目”180 种推荐图书 2019 年借阅量 Top 10

| 排名 | 图书名称 | 推荐年份 | 外借次数（不限版本） |
|---|---|---|---|
| 1 | 西游记 /（明）吴承恩著 | 2014 年 | 14097 |
| 2 | 红楼梦 /（清）曹雪芹著 | 2014 年 | 12160 |
| 3 | 三国演义 /（明）罗贯中著 | 2014 年 | 11328 |
| 4 | 海底两万里 /（法）儒勒・凡尔纳著 | 2019 年 | 9745 |
| 5 | 绿野仙踪 /（美）弗兰克・鲍姆著 | 2019 年 | 9589 |
| 6 | 水浒传 /（明）施耐庵著 | 2014 年 | 9041 |
| 7 | 昆虫记 /（法）法布尔著 | 2014 年 | 8924 |
| 8 | 鲁滨孙漂流记 /（英）丹尼尔・笛福著 | 2018 年 | 6410 |
| 9 | 伊索寓言 /（古希腊）伊索著 | 2018 年 | 6409 |
| 10 | 父与子全集 /（德）卜劳恩著 | 2016 年 | 6038 |

（3）文献分类外借排行榜中，文学、文化科学教育体育、工业技术、经济、艺术、历史地理、哲学宗教、语言文字、医药卫生、生物科学等十大类别位居前列。

（4）各年龄段及不同性别的读者外借文献的类别差异显著。在儿童读者外借文献排行榜中，中国儿童文学作家曹文轩的《萤王》位居榜首，一直深受孩子喜爱的《哈利・波特与魔法石》位列第二。中青年男性读者喜欢企业管理、励志、哲学类书籍，女性读者则更喜欢文学、亲子类书籍。老年读者较青睐宗教、管理、人物传记、文学类书籍。

表 6-4 2019 年深圳“图书馆之城”统一服务平台儿童读者外借文献 Top 10

| 排名 | 图书名称 | 外借次数 |
|---|---|---|
| 1 | 萤王 / 曹文轩著 | 428 |
| 2 | 哈利・波特与魔法石 /（英）J.K. 罗琳著 | 410 |
| 3 | 广西寻宝记 / 孙家裕著 | 391 |
| 4 | 米小圈上学记：瞧这一家人 / 北猫著 | 386 |
| 5 | 又见小可怜：笑猫日记 / 杨红樱著 | 386 |
| 6 | 窗边的小豆豆 /（日）黑柳彻子著 | 377 |
| 7 | 查理和巧克力工厂 /（英）罗尔德・达尔著 | 325 |
| 8 | 烂泥怪 /（美）路易斯・萨奇尔著 | 310 |
| 9 | 将军胡同 / 史雷著 | 305 |
| 10 | 猜猜我有多爱你 /（爱尔兰）山姆・麦克布雷尼著 | 290 |

表 6-5 2019 年深圳“图书馆之城”统一服务平台中青年男性读者外借文献 Top 10

| 排名 | 图书名称 | 外借次数 |
|---|---|---|
| 1 | 原则 /（美）瑞·达利欧著 | 823 |
| 2 | 未来简史：从智人到智神 /（以色列）尤瓦尔·赫拉利著 | 776 |
| 3 | 解忧杂货店 /（日）东野圭吾著 | 736 |
| 4 | 今日简史 /（以色列）尤瓦尔·赫拉利著 | 689 |
| 5 | 人类简史 /（以色列）尤瓦尔·赫拉利著 | 605 |
| 6 | 见识 / 吴军著 | 532 |
| 7 | 薛兆丰经济学讲义 / 薛兆丰著 | 526 |
| 8 | 思考，快与慢 /（美）丹尼尔·卡尼曼著 | 494 |
| 9 | 追风筝的人 /（美）卡勒德·胡赛尼著 | 484 |
| 10 | 半小时漫画中国史 / 陈磊著 | 410 |

表 6-6 2019 年深圳“图书馆之城”统一服务平台中青年女性读者外借文献 Top 10

| 排名 | 图书名称 | 外借次数 |
|---|---|---|
| 1 | 解忧杂货店 /（日）东野圭吾著 | 1353 |
| 2 | 追风筝的人 /（美）卡勒德·胡赛尼著 | 1005 |
| 3 | 窗边的小豆豆 /（日）黑柳彻子著 | 964 |
| 4 | 猜猜我有多爱你 /（爱尔兰）山姆·麦克布雷尼著 | 884 |
| 5 | 房思琪的初恋乐园 / 林奕含著 | 794 |
| 6 | 哈利·波特与魔法石 /（英）J.K. 罗琳著 | 760 |
| 7 | 目送 / 龙应台著 | 747 |
| 8 | 人类简史 /（以色列）尤瓦尔·赫拉利著 | 725 |
| 9 | 爷爷一定有办法 /（加拿大）菲比·吉尔曼著 | 722 |
| 10 | 肚子里有个火车站 /（德）安娜·鲁斯曼著 | 713 |

表 6-7 2019 年深圳“图书馆之城”统一服务平台老年读者外借文献 Top 10

| 排名 | 图书名称 | 外借次数 |
|---|---|---|
| 1 | 大智度论 /（古印度）龙树菩萨著 | 142 |
| 2 | 华为的企业战略（全新白金版）/ 李正道 许凌志著 | 121 |
| 3 | 原则 /（美）瑞·达利欧著 | 60 |
| 4 | 假如给我三天光明 /（美）海伦·凯勒著 | 49 |
| 5 | 看见 / 柴静著 | 44 |
| 6 | 纪委书记 / 罗晓著 | 43 |
| 7 | 窗边的小豆豆 /（日）黑柳彻子著 | 36 |
| 8 | 一号谍杀 / 伍维平著 | 35 |
| 9 | 人类简史 /（以色列）尤瓦尔·赫拉利著 | 34 |
| 10 | 写给孩子的哲学启蒙书 /（法）碧姬·拉贝著 | 33 |

### 5. 第二十届深圳读书月期间“鹏城励读证”正式上线

深圳市民在深持本人有效身份证件即可在移动终端或加入“图书馆之城”统一服务平台的公共图书馆办理“鹏城励读证”，凭证可免押借阅中文文献 5 册 / 件，方便市民畅享“图书馆之城”的各种便捷服务，更好地满足公共文化需求，促进全民阅读。上线仅两个月，全市办理“鹏城励读证”达 40895 张，占全市办证量的 84.6%，全市办证量同比上涨 27.8%。宝安、龙岗、福田、光明四馆的原励读证，以及全市学生的原励读证、阅览证也升级变更为“鹏城励读证”。截止到 2019 年年底，全市“鹏城励读证”共计 378597 张，占全市有效读者证的 16.9%。

## 二、数字阅读、新媒体阅读、移动阅读使用量创历史新高

深圳图书馆目前拥有 91 个中外文数据库、25 个移动端数字资源库，共 500 多万册 / 件电子文献，包括学术论文、电子报刊、电子图书、学位论文、会议论文、研究报告、音视频等多种类型的数字资源，内容涵盖政治、经济、文学、艺术、科学、法律、医学等专业领域。

### 1. 2019 年深圳图书馆数字资源馆外访问量破百万，同比增长 25.00%

表 6-8 2019 年深圳图书馆数据库最受读者欢迎综合排行榜

| 排名 | 数据库名称 |
|---|---|
| 1 | 中国知网 |
| 2 | 万方数据 |
| 3 | 读秀 |
| 4 | 超星书世界 |
| 5 | 维普期刊 |
| 6 | 北大法宝 |
| 7 | 书香深圳 |

续表

| | |
|---|---|
| 8 | 易阅通 |
| 9 | 博看网 |
| 10 | 超星视频 |

表 6-9 2019 年深圳图书馆各类型数据库最受读者欢迎排行榜

| 排名 | 电子书数据库（根据浏览 / 下载全文量排名） | 期刊论文数据库（根据浏览 / 下载全文量排名） | 事实型数据库（根据浏览全文量排名） | 多媒体数据库（根据视频点播量排名） | 移动数字资源（根据点击量排名） |
|---|---|---|---|---|---|
| 1 | 超星电子书 | 中国知网 | 北大法宝 | 库客（KUKE）数字音乐图书馆 | 歌德精品图书 |
| 2 | 哪吒看书 | 万方知识服务平台 | 皮书数据库 | 云图数字有声图书馆 | 天天微学习中心 |
| 3 | OverDrive 赛阅数字图书馆 | 晚清民国期刊全文数据库 | 搜数网 | MET 全民英语学习资源库 | 网上报告厅 |
| 4 | “书香深圳”互联网数字图书馆 | 维普资讯中文科技期刊数据库 | 慧科新闻搜索研究数据库 | 设计师之家 | 职业全能培训库 |
| 5 | 云图数字有声图书馆 | 博看期刊数据库 | EMIS 全球新兴市场商业资讯数据库 | 新东方多媒体学习库 | 博看微刊 |

### 2. 新媒体阅读备受关注，各项服务数据增长亮眼

（1）截至 2019 年年底，“深圳图书馆”微信公众号累计关注用户达 71.22 万人，其中“深圳图书馆”微信订阅号关注用户 40.18 万人，“深圳图书馆｜图书馆之城”微信服务号关注用户 31.04 万人，同比分别增长 41.03% 和 78.60%。微信公众号基本涵盖了图书馆的主要服务内容，2019 年，读者通过微信平台获取图书馆服务达 432.58 万人次、2399.85 万页次，同比分别增长 53.67% 和 50.15%。

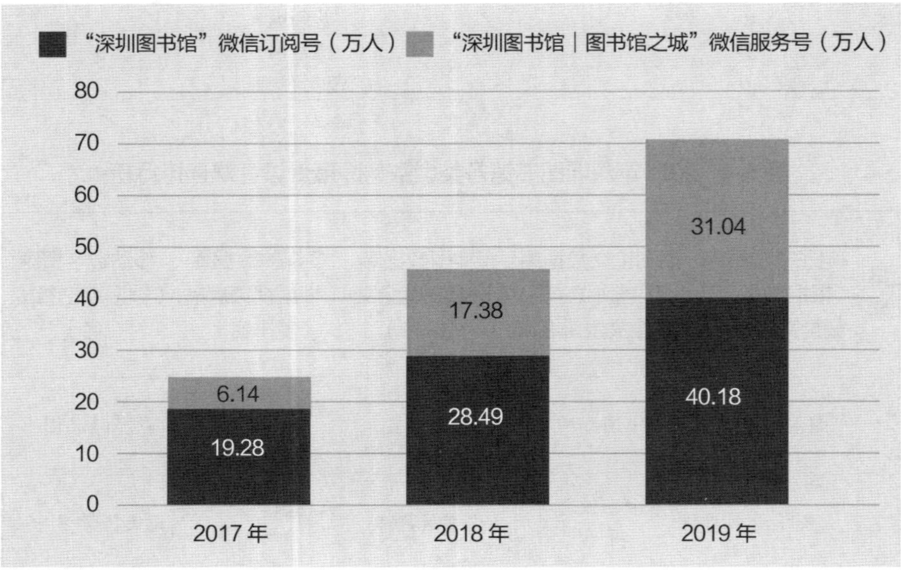


图 6-5 2017—2019 年"深圳图书馆"微信公众号关注用户数对比

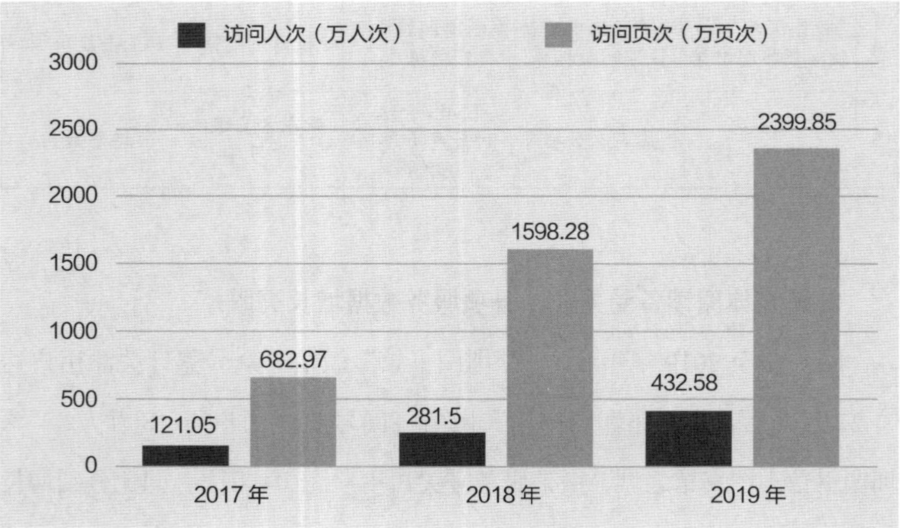


图 6-6 2017—2019 年"深圳图书馆"微信公众号访问量对比

（2）截至2019年年底，“深圳图书馆”微博粉丝数18.1万，年度阅读量达5369万，同比增长199.94%，呈爆发式增长态势。2019年11月3日，微博话题“阅在深秋”公共读书活动单日阅读量达到151万，荣登新浪微博（全国）政务排行榜文化榜榜首。3年来，“深圳图书馆”微博均被《人民日报》评为“全国十大图书馆微博”，影响力持续增强。

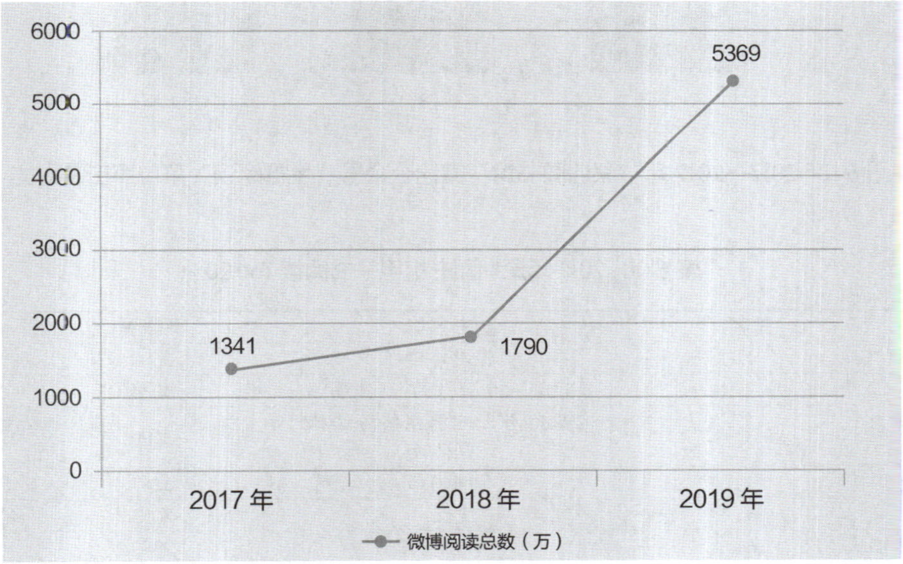


图6-7 2017—2019年“深圳图书馆”微博阅读量对比

**3. 移动阅读受青睐，一机在手，想看就看，想听就听，想学就学**

深圳图书馆移动阅读资源类型丰富，使用便捷，越来越受读者喜爱。市民可通过“深圳图书馆”微信公众号、支付宝城市服务、微信城市服务等渠道随时随地阅读移动资源。2019年，“手机阅读”菜单点击量达52.92万，同比增长12.21%。

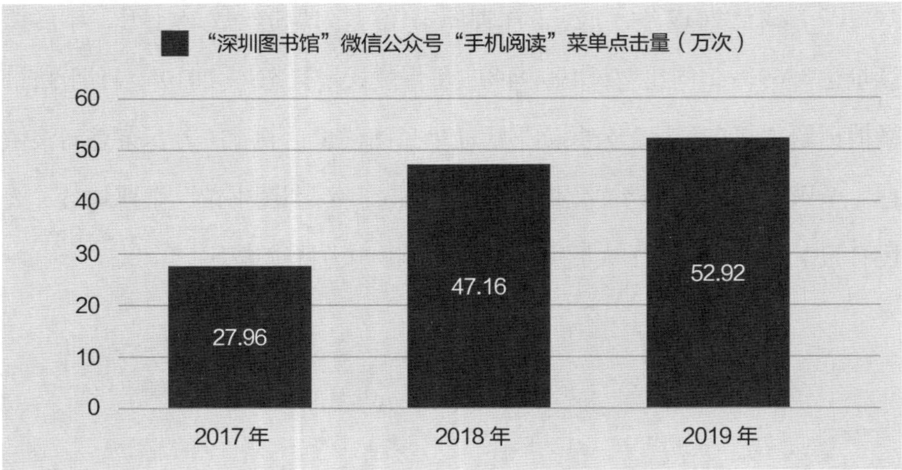


图 6-8　2017—2019 年"深圳图书馆"微信公众号"手机阅读"菜单点击量对比

表 6-10　2019 年深圳图书馆电子书阅读 Top 20

| 排名 | 图书名称 | 下载量 |
|---|---|---|
| 1 | 曾国藩传 | 3600 |
| 2 | 改变人生必做的 50 件事 | 3534 |
| 3 | 宅基地与土地承包纠纷法律适用指南 | 3299 |
| 4 | 人间词话 | 3243 |
| 5 | 史记 | 3083 |
| 6 | 安徒生童话 | 2889 |
| 7 | 给人性一个答案 | 2862 |
| 8 | 基督山伯爵（上、下） | 2805 |
| 9 | 自己当风水大师 | 2504 |
| 10 | 互联网 + 创业必读 | 2276 |
| 11 | 生活很简单 | 2107 |
| 12 | 20 几岁凭什么改变世界：扎克伯格传 | 2076 |
| 13 | 伊索寓言 | 2046 |
| 14 | 十年游走，带着孩子去旅行 | 1984 |
| 15 | 生活中的逻辑与智慧 | 1911 |
| 16 | 中华人民共和国财政大事记 1949—1985 | 1788 |
| 17 | 巴黎伦敦落魄记 | 1726 |
| 18 | 我有一颗陌生的心脏 | 1680 |
| 19 | 宇宙悖论原理 | 1680 |
| 20 | 红楼梦 | 1677 |

**4.“瀑布流”电子书全新上线，随手选书，扫码轻松读**

第二十届深圳读书月期间，深圳图书馆首次引进 e 屏·瀑布流电子图书借阅系统，500 余本最新畅销电子图书以瀑布流形式进行呈现，并按月更新，市民手持终端即可轻松扫码阅读电子图书全文，乐享自助借阅服务。上线两个月，市民扫码下载图书 1.5 万册次。

## 三、图书馆阅读推广活动累计参与公众达 619.23 万人次

**1. 年度举办 1.76 万场阅读推广活动，同比增长 23.04 %**

作为全民阅读的重要阵地，深圳“图书馆之城”成员馆大力开展阅读推广，2019 年全市各级公共图书馆共举办各类活动 1.76 万场，同比增长 23.04%，吸引 619.23 万人次参与，同比增长 23.60%。

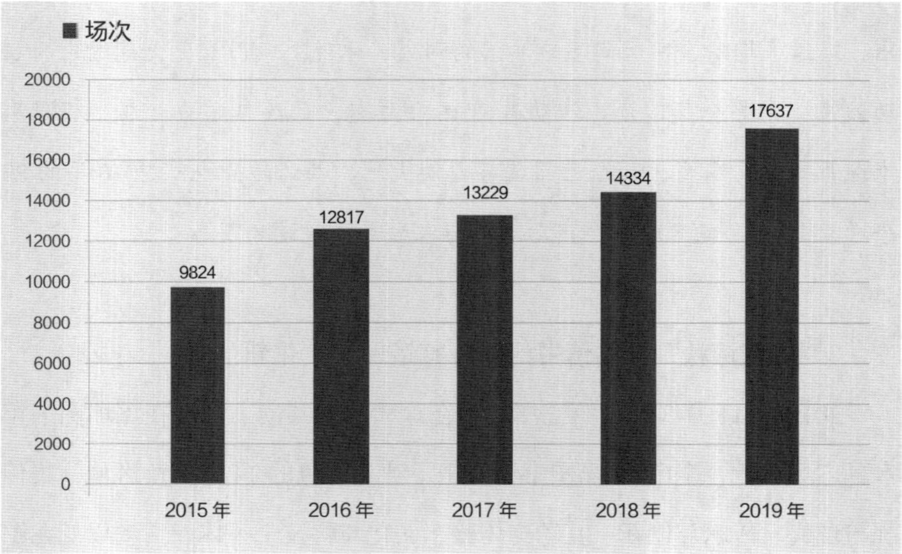


图 6–9　2015—2019 年深圳“图书馆之城”举办读者活动数量对比

### 2. 承办首届粤港澳“共读半小时”活动，引领湾区阅读热潮

为进一步加强粤港澳大湾区文化领域的交流与合作，营造多元丰富的书香氛围，2019 年 4 月 23 日，首届粤港澳“共读半小时”阅读活动在遍布大湾区内的“4+N”个会场同时举行，6 万人用具有仪式感的共读行为，诠释“让阅读成为习惯”的理念。

其中，“4”代表 4 个主会场，即广东省立中山图书馆、深圳图书馆、香港中央图书馆和澳门公共图书馆；“N”代表分布于社区、公园、医院、军营、工业区、咖啡馆、学校等的逾 500 个共读点。活动当日，6 万人参与共读，近 80 家新闻媒体刊发活动报道 200 余篇，超过 4 万人在线观看了读特 App 对深圳主会场的现场直播。此次活动跨区域、跨行业，联合全社会力量引领阅读热潮。

Tips：2016 年 4 月 23 日，由深圳市文化广电旅游体育局主办、深圳图书情报学会阅读推广委员会承办的“共读半小时”全城阅读活动首次推出，通过多场所、同时间多地共读的形式，体现全城乃至更大范围内的联动效应，倡导全民阅读。活动自 2016 年发起，已连续举办 4 届，从深圳市逐步走向广东省，如今已覆盖粤港澳大地，共读地点也从 2016 年的 23 个增至 2019 年的 500 余个，活动参与人数累计超过 8 万。

### 3.“阅在深秋”公共读书活动，打造阅读文化新生态

2019 年 11 月 3 日，第三届“阅在深秋”公共读书活动在深圳图书馆水幕广场举行，全市 13 家图书馆带来了独具特色的 14 个阅读区域，集传统与现代、传承与创新、互动与体验、文化与科技于一体，活动以“在图书馆发现世界”为主题，现场近 3.6 万人参与，微博微信阅读量达到 152

万，视频点播近 2 万次，各类媒体全方位多角度刊发报道超过 60 篇，集中展现了深圳“图书馆之城”多年来的建设成果，成为“图书馆之城”闪亮的文化品牌。

此次活动现场的每个区域都是一个独立的阅读展示与交流空间，开展形式多样、各具特色的户外阅读文化活动。深圳图书馆围绕“书香非遗——传统手工艺体验”主题，开展拓碑、剪影、脸谱面具、麦金画等传统手工艺深度体验活动，让市民读者通过“摸得着的体验”感受中国传统文化的深厚魅力与精神内涵。福田区图书馆打造“创享乐活小飞屋”，营造“城市静空间”；罗湖区图书馆以“尚品厚读·书香罗湖”为主题，重点展示“罗图悦借”服务、数字资源服务、悠·图书馆品牌和阅读推广活动；盐田区图书馆重点推荐融入了海洋文化内涵的“智慧书房”；南山区图书馆主打“学国学，画脸谱”，展示其层级递进的儿童阅读推广体系；宝安区图书馆首推“机器人·读剧剧场”，以展览和表演的形式展示其在技术、活动、空间等方面的亮点；龙岗区图书馆带来了《新安县全图》和“百龙墨宝展”，整体造型融入客家文化元素；龙华区图书馆以“国学、非遗、汉服”等传统文化为主打，推出“国韵童风”阅读区；坪山区图书馆重点展现颜值颇高的“大家书房”；光明区图书馆以“智慧科技，深读光明”为主题，展示“24 小时书香亭”和“光明数字资源”。

高校图书馆则带领读者们漫步校园，邂逅阅读沉静时光。深圳大学城图书馆打造了温暖、愉悦的阅读空间，让市民读者感受到“书香大学城，一阅一世界”；深圳职业技术学院图书馆以“传承经典阅读，弘扬工匠精神”为宗旨，推广校园阅读文化品牌；深圳技术大学图书馆则“顽皮”地喊大家去“上课”，以“课堂”形式介绍世界各地有代表性的图书馆。

图书馆是一座城市的“心脏”，阅读已成为深圳重要的文化标识和精神符号。十几年来，深圳“图书馆之城”不断建设发展，基础设施持续夯实，统一服务平台深入推进，纸质阅读和数字阅读比翼齐飞，各类阅读推广活动丰富多彩，市民对图书馆的知晓率、利用率、关注度持续上升，全市图书馆界将为深圳建设中国特色社会主义先行示范区和全球区域文化中心城市做出更大贡献。

# 2019年度深圳"图书馆之城"事业发展综述

深圳图书情报学会　深圳图书馆

2019年，习近平总书记在给国家图书馆8位老专家的回信中指出："图书馆是国家文化发展水平的重要标志，是滋养民族心灵、培育文化自信的重要场所。"2019年，面对建设粤港澳大湾区和中国特色社会主义先行示范区"双区驱动"的重大历史发展机遇，深圳"图书馆之城"在政府与社会各界的大力支持下，紧紧围绕"推进公共文化服务创新发展，率先建成普惠性、高质量、可持续的城市公共文化服务体系"，在行业法治化建设、深化体系建设、提升统一服务效能等方面不懈努力，持续推进深圳地区图书馆事业高质量、可持续发展。

## 一、全市公共图书馆数据概览

截至2019年年底，全市共有公共图书馆673座，其中市级图书馆3座，区级图书馆9座，街道及以下基层图书馆661座；总建筑面积38.40万平方米，阅览座席4.05万个；总藏书量4593.40万余册/件，同比增长6.93%。年度经费总投入81973.06万元，同比增长19.92%；全年进馆3535.50万人次，同比增长19.69%；累计注册读者238.67万人，新办读者证 29.37 万张，同比增长 22.50%；外借总量 1556.08 万册次，同比增长 13.61%；举办各类读者活动 1.76 万场，同比增长 13.04%，读者参与 619.23 万人次，同比增长 23.60%。

截至 2019 年年底，全市共有 346 座公共图书馆、235 座城市街区自助图书馆和 51 座 24 小时书香亭加入“图书馆之城”统一服务平台体系，加入的实体图书馆数量占全市公共图书馆总量的比例由 2015 年的 37.74% 增长至 2019 年的 51.34%；全市“图书馆之城”统一服务平台体系累计加入文献 2441.79 万册 / 件，同比增长 8.02%，占全市纸质文献总量的 94.80%；累计注册读者突破 200 万，达 222.69 万，同比增长 13.61%，占全市注册读者比例为 93.31%；外借文献 1470.48 万册，同比增长 13.77%，占全市外借文献比例为 94.50%；全年预借文献 21.22 万人次，同比增长 7.01%，预借文献 32.06 万册次，同比增长 6.29%；全市电子期刊论文下载条数 1064.6 万条，同比增长 33.83%。

## 二、全市公共图书馆建设取得新进展

**国家和省、市出台行业规范、标准。**文化和旅游部发布了文化行业标准《公共图书馆业务规范》（省、市、县级），为各级公共图书馆业务工作提供了规范化、标准化的指引；发布《公共数字文化工程融合创新发展实施方案》，为创新公共数字文化服务业态，提升服务效能指出路径。深圳市文化广电旅游体育局印发《深圳市公共文化服务工作评价标准（2019 年度）》，为推进深圳地区公共文化服务标准化建设提供指引和评价依据。

**行业法治化建设有序推进。**《深圳经济特区公共图书馆条例（试行）》修订工作在深圳市文化广电旅游体育局的统筹推进下，召开专家论证会，完成修订送审稿，送审注释稿等内容。修订送审稿吸收了先进国家和地区的立法与实施经验，将“图书馆之城”表述纳入法条，明确全市公共图书馆体系机制，对核心指标进行量化，力求从事业发展实际需要出发，解决目前存在的瓶颈问题。

**多个新建项目破土动工。**作为深圳市“新时代十大文化设施”之一的深圳第二图书馆项目取得重大进展，2019 年 12 月底正式开工建设，总建筑面积达 7.19 万平方米，将建成国内最大的地下智能立体书库。深圳大学城图书馆正式启动二期项目建设，目前完成了项目建议书的招标、编制；在深圳市科技创新委员会的支持下，深圳大学城图书馆深度参与了国际科技信息中心的筹建。龙华区已建成建筑面积为 0.5 万平方米的区图书馆过渡馆，新馆建设正在推进。光明区 2.5 万平方米的光明文化艺术中心新馆处于施工阶段。坪山区图书馆 1.32 万平方米的新馆开馆运营。

**通过开展公共文化服务效能督导，推进总分馆制。**深圳市文化广电旅游体育局遵照《中共中央、国务院关于支持深圳建设中国特色社会主义先行示范区的意见》精神，通过在全市开展公共文化服务效能督导调研、评估、检查，摸查基层公共文化改革中的困难和问题，研究对策措施，将推进垂直型总分馆制建设等各项工作落到实处，受文化和旅游部邀请在全国公共文化领域重点改革任务现场推进会上介绍总分馆制建设经验。

## 三、“中心馆 + 垂直总分馆”模式全面铺开

在政府主导和政策保障下，全市贯彻落实国家、省、市关于“文化馆、图书馆总分馆制”的建设部署，高标准、深入推进深圳地区的“中心馆 + 垂直总分馆”模式，深圳图书馆充分发挥中心馆职能，各区垂直总分馆制在 2019 年取得突破性进展。

### （一）深圳图书馆充分发挥中心馆作用

作为“图书馆之城”的中心馆、龙头馆，深圳图书馆不断深化与拓展“图书馆之城”统一服务平台与全市公共图书馆业务规范化、标准化建设：参与 2019 年出台的全国文化行业标准《公共图书馆业务规范 第 3 部分：县级公共图书馆》的研究编制；推进《深圳经济特区公共图书馆条例（试行）》修订；起草《公共图书馆统一服务业务统计数据规范》市级标准；持续优化全市公共图书馆统一技术平台，向各成员馆提供技术保障与创新支撑；牵头推进数字资源联合采购；推出“鹏城励读证”，重构线上“读者证升级”体系；牵头组织全市阅读推广活动联动，推进粤港澳图书馆界的广泛合作。深圳图书馆馆长张岩连续 4 年通过政协提案的方式，呼吁创新体制机制，加强基层图书馆建设，推动公共文化服务均衡发展，促进市、区级优质资源向基层倾斜和延伸，得到了市、区文化主管部门的重视与支持。

### （二）各区馆全面探索垂直型总分馆制

2019 年，各区积极落实省、市有关总分馆制建设文件，履行政府职责，以宝安、龙岗、罗湖、盐田、坪山等为代表的多个区采取多种形式在

全国率先开展公共图书馆垂直总分馆制建设探索，实现了经费、人员、文献等资源的统一配置、全面共享，有效解决了基层馆经费不足、管理效能低、服务不规范等问题，成效显著。

宝安区多个街道向区文化广电旅游体育局移交街道图书馆运营权，由宝安区图书馆作为总馆实施垂直管理，并派出资深业务骨干担任街道分馆馆长，各项业务数据同比大幅增长。宝安区总分馆垂直管理模式获省文化和旅游厅“2019 广东公共文化研讨会优秀案例”。

龙岗区财政统一拨款给区图书馆，由区馆统一配置图书资源、自助借还设备至各分馆，通过“整体购买服务”的方式，统一公开招标社会专业机构负责分馆运营，总馆负责分馆人员的业务培训和各项业务指导，目前首批 18 个分馆已纳入总分馆一体化垂直管理，各分馆的主要服务数据均为 2018 年的 2 倍。

罗湖区财政也统一拨款给区图书馆，区图书馆通过购买服务招聘分馆工作人员，统一为分馆配置图书资源，负责分馆的馆舍装修与维护，为分馆配备自助借还机等服务设备，2019 年共新增 10 家一体化管理的悠·图书馆。

盐田区启动垂直型智慧总分馆建设，将智慧墙、智能书架、智能座席、AI 互动、智慧感知等科技应用引入图书馆，目前已完成总分馆一体化管理平台 80% 的建设与开发工作，监控中心和智慧服务系统升级优化完成验收。

坪山区也实行一体化总分馆制管理模式，由区财政统一拨款，区图书馆采用购买服务的方式运营分馆的读者服务、阅读推广、图书整理、设备维护、财经管理等业务，区图书馆统筹管理一体化分馆的经费、人员与资源配置。

## 四、全市统一服务平台创新迭出

### （一）“鹏城励读证”实现全城“免证免押”

第二十届读书月期间，“图书馆之城”统一服务体系推出“鹏城励读证”，这是在前期多项准备工作基础上推出的一项关键性的便民举措。在深市民持本人有效身份证件即可在移动终端或加入“图书馆之城”统一服务平台的公共图书馆办理，借书“免押”，服务“免证”。“免押”指读者无需缴纳押金便可借阅全市统一服务中文文献 5 册 / 件；“免证”指读者在办证后，其身份证和手机读者证均可视同读者证使用。“鹏城励读证”推出后，受到市民的热烈欢迎，上线仅两个月就达到了 40895 张的办证量，占同期全市办证量的 84.6%，促进全市办证量同比上涨 27.8%。

### （二）捐赠换书网让市民家里的图书“自由兑换”

深圳捐赠换书中心网络又添众多成员。“4·23 世界读书日”期间，大生体育公园分中心成立；图书馆服务宣传周期间，宝安分中心加入联网运行并设立 5 个服务站；6 月，坪山创新广场分中心成立。截至 2019 年年底，深圳捐赠换书中心联网分中心和服务站达 11 家，遍布福田区、南山区、宝安区、龙岗区、龙华区和坪山区。2019 年，捐赠换书人次达 17156 人，同比增长 84.59%；换入图书 52458 册，同比增长 49.07%；换出图书 23982 册，同比增长 41.41%。自 2012 年 11 月深圳捐赠换书中心成立以来，累计向 77 家单位捐赠图书 144325 册，深圳捐赠换书中心的“公益书屋”品牌影响力不断提升。

## （三）联合编目平台促进图书馆“共建共享”

“图书馆之城”从统一服务平台已全面拓展到联合编目，2 个市级图书馆和 9 个区级图书馆全部加入全市联合编目平台，中文图书书目质量明显改善。深圳图书馆 2019 年共合并重复数据 12.86 万条，清理工作基本完成。联合编目开始从中文图书扩展至外文图书和报刊文献，出台《“图书馆之城”报刊书目数据库清理方案》，启动报刊数据清理与规范工作，制定外文图书和报刊文献统一采访和编目规范等。联合编目不仅规范了数据，方便读者了解同种文献的分布，也为各馆资源“共建共享”奠定了基础。

## （四）市、区推进数字阅读体系“所见即所得”

面对公众数字阅读需求的不断增加，市、区图书馆积极采取对策，合作引进各类资源，构建新型的数字阅读体系，为读者营造良好的数字阅读环境。截至 2019 年年底，深圳地区数字资源联合建设成员馆已达 13 家，联合建设的数字资源品种达 15 种，参与馆 16 家。“深圳文献港”作为文献信息资源综合服务门户，2019 年新增合作馆 2 家，总数达 8 家，汇集深圳主要市级图书馆及高校图书馆的中文资源 4.8 亿条、外文资源 4.9 亿条，提供 660 多万种中文图书的搜索试读和 1.2 亿篇中文期刊文章，基本涵盖国内出版的学术期刊。2019 年，深圳图书馆打造“深图视听”自建数据库，发布 139 期“深图书单”；南山、光明等区图书馆整合各类型数据库，打造一站式数字阅读云平台；市、区图书馆开展新书选借服务如新书直通车、选书帮、“罗图悦借”、云悦读、南图 E 借、书视借等，使用人次同比增加 47.00%，外借册次同比增加 54.07%。

### （五）阅读推广活动引领阅读风尚、凝聚文化共识

全市各级各类图书馆积极承担“举旗帜，聚民心，育新人，兴文化，展形象”的使命任务，精心组织、通力协作，围绕中华人民共和国成立 70 周年、“4·23 世界读书日”、深圳读书月等重大事件和时间节点，汇聚粤港澳大湾区资源，线上线下全方位联动，持续弘扬优秀传统文化，推广经典阅读，倾力打造多样化的优质阅读推广品牌活动，成效显著。2019 年全年共举办各类读者活动 1.76 万场，同比增长 23.04%，读者参与 619.23 万人次，同比增长 23.60%。在第十九届粤港澳文化合作会议上，由深圳图书情报学会于 2016 年发起的“共读半小时”活动得到香港、澳门同行的积极响应，2019 年首届粤港澳“共读半小时”活动于“4·23 世界读书日”成功举行，共读点增至“4+N”个，即 4 个主会场、逾 500 个共读点，6 万人在同一时间、不同地点共同参与。

### （六）构建面向多馆、多平台的“技术生态”

由深圳图书馆牵头建设、管理的“图书馆之城”中心管理系统 ULAS 一直遵循创新孵化的理念，为各成员馆提供“图书馆之城”云端资源和技术支持。主要包括提供可能的、全面的 API 服务支撑，加强统一服务管理、统一数据管理，提供高效稳定的系统架构，以及统筹个性应用的后端，支撑包括公众号、城市服务、小程序、i 深圳、粤省事等各级政府主导的或各类企业主办的平台型应用。随着统一服务的持续发展与不断拓展，深圳图书馆不仅要牵头组织全城的技术规划，引领事业发展，也要为各成员馆个性发展与创新提供技术与平台支撑，构建面向多馆、多平台的“技术生态”。各成员馆可依托统一技术平台，在不影响统一服务、统一资源管理的原则下，因地制宜地发展特色服务、特色馆藏、特色资源，不

断拓展用户群体，扩大“图书馆之城”的品牌影响力。

## 五、存在的主要问题

### （一）基层图书馆布局依然不均衡

基层图书馆一直是“图书馆之城”发展的短板，街道、社区级图书馆布局的不均衡问题尤为突出。截至2019年年底，全市共有74个街道，其中约25个街道没有街道图书馆。从另一个角度看，不同区的街道图书馆覆盖率和社区图书馆覆盖率差异较大，有的区达到100%，有的区则低于30%。全市仍有300余家基层图书馆尚未加入全市统一服务体系，形成“孤岛”，其效益难以保障。

### （二）基层图书馆条件设施不完善

截至目前，深圳仍有相当数量的基层图书馆存在馆舍设施陈旧、建筑面积不达标、文献资源不足等问题，且与其他同类城市基层图书馆的差距正在形成，如广州市面积超过500平方米的基层图书馆有82个，而深圳市仅有30个，有些区的社区图书馆面积不足100平方米。面积的严重不足，直接导致藏量有限、功能单一，加上环境、设备陈旧，对周边居民缺乏吸引力。

### （三）各区垂直总分馆制推进存在差异

深圳市文化广电旅游体育局于2017年和2018年分别发文，要求各区在“三个统筹”“五个统一”基础上探索实施人、财、物一体化管理（即垂直管理）的图书馆总分馆制模式。但是，福田区图书馆实际上对社区图书馆仅有业务培训、指导的权限，对社区馆的管理人员、运营经费、固定资产缺乏管理和审核权，导致各社区馆运营和服务水平差距较大。

南山区也印发了总分馆制建设实施方案，但与全市垂直总分馆制发展方向不尽一致。南山区将原来由区图书馆实行一体化管理的直属分馆移交给街道办管理，每个街道图书馆由街道主管，分馆的人、财、物（图书除外）由街道配备，接受总馆的业务指导。

### （四）基层馆财政投入严重不足

长期以来，深圳对基层图书馆的投入极为缺乏。例如，2017 年全市 60 家街道图书馆和 553 家社区图书馆的总经费约 5000 万元，仅占当年全市公共图书馆总经费的 7% 左右，平均每个社区图书馆的运营经费（含人员工资）仅 6 万元左右。由于基层图书馆缺乏持续的投入保障，导致资源得不到更新，员工队伍不稳定，服务效果难以保证。广州市政府 2016—2020 年投入 21 亿元打造“图书馆之城”，其中 15.6 亿元用于弥补短板——升级改造各区和街镇图书馆，显著改善和提升了广州市分馆基础设施建设水平，为服务效能增长和服务质量提升打下坚实基础。

## 六、未来发展对策

### （一）高标准修订推行《深圳经济特区公共图书馆条例》

深圳早在 1997 年就将公共图书馆的发展纳入了制度化、法治化的发展轨道，全国首部公共图书馆地方性法规《深圳经济特区公共图书馆条例

（试行）》的出台不仅推动了深圳市公共图书馆事业的健康、快速发展，对《中华人民共和国公共文化服务保障法》《中华人民共和国公共图书馆法》及其他地区的公共图书馆立法也有较大参考价值。

随着上位法出台，已实施23年的《深圳经济特区公共图书馆条例（试行）》已不适应目前事业发展的需要，对其进行修改迫在眉睫，深圳于2018年将旧条例修订纳入市立法计划，修订后的《深圳经济特区公共图书馆条例》应全面对标国际发达城市、地区建设水平，践行公共图书馆发展普遍均等、惠及全民的理念，立足公共图书馆创新发展的实际需要，重点突出体制创新、高质量建设和持续有效的运行保障，将先进性、示范性、创新性条款纳入法条，促进核心量化指标的落地实施，高标准制定并不断完善相关配套政策，为深圳地区公共图书馆事业在未来先行示范提供法制保障。

## （二）率先全面推进区级垂直型总分馆体系建设

深圳市已在全国县/区级总分馆制建设方面率先开展了积极有效的探索，并取得实质性进展。实践证明，建设以区图书馆为总馆的垂直型总分馆体系，可以实现资源的统一规划和集约高效管理，可以将总馆的专业化管理、丰富的资源下沉到基层，是基层图书馆可持续发展的最佳路径。深圳应着眼于全面构建，并不断优化覆盖广泛、普惠均等、便捷高效、绿色共享的全市总分馆体系，推进以区图书馆为总馆的垂直型总分馆体系在全市的探索与实施，不断创新基层图书馆管理机制，形成“图书馆之城”事业发展长效机制。同时，在《深圳经济特区公共图书馆条例》修订过程中，将实施垂直管理的总分馆制纳入特区法律条文，从法律层面予以保障，并出台强有力的配套政策。

### （三）打造具有示范性的基层图书馆一体化服务网点

为全国公共文化服务体系和基层文化建设先行先试，深圳“图书馆之城”建设不仅要追求数量，更要注重打造有质量的、具有示范性的基层图书馆一体化服务网点。一是要抓住《深圳经济特区公共图书馆条例》修订、出台的契机，高标准制定“深圳市公共图书馆提升工程基本条件和建设标准”，按照统一标识、统一技术标准、统一基本服务项目、统一基础服务设施的要求，全面提升基层图书馆的整体形象、服务环境、服务内涵与服务效能；二是加强科技赋能，加强网点智慧化建设和智慧型网点建设，坚定推进一体化管理，在基层图书馆全面实施多种读者证认证方式和移动支付；三是继续发挥自助图书馆在基层的错位互补作用，稳定规模、优化布局，充分发挥自助图书馆在网络化、智能化、便利性方面的示范效应；四是让基层图书馆充分融入社区，发挥地缘优势，依托总馆资源拓展服务内容，举办群众喜闻乐见的阅读活动，将图书馆打造成具有示范性的、聚合人气的公益文化服务与交流中心。

### （四）全方位推进本市及粤港澳大湾区资源共知、共建、共享

深圳“图书馆之城”依托统一技术平台和馆际合作，应继续推进全市图书馆的资源共知、共建、共享，并延伸至粤港澳大湾区。一是应将全市联合编目由中文图书扩展至外文图书、连续出版物，继续扩大市、区馆联合采购的数字资源范围，壮大深圳捐赠换书中心成员队伍；二是应进一步加强城市文化资源的整合、保存、开发和宣传推广，打造示范性“深圳记忆”项目，创新地方特色建设模式；三是应继续维护和升级“深圳文献港”统一服务门户，夯实“深圳文献港”品牌和服务，进一步扩大图书馆跨系统合作，联合打造城市文献信息保障体系，丰富“学者知识库”，为

管理“城市智库”提供资源和数据支撑；四是加强粤港澳大湾区图书馆馆藏统一揭示、地方文献共建共享、阅读推广联动和馆际互借合作，促进湾区文化融合发展。

## （五）构建高质量“图书馆之城”技术体系和服务平台

在新技术快速发展的时代，“图书馆之城”建设更加依赖高质量、标准化、全方位的技术体系建设。应在率先构建起全市统一技术平台的基础上，不断升级和拓展，打造互联、高效、智慧、融合、发展的技术体系，构建多元化、便捷的服务平台。应加强“图书馆之城”与其他城市公共服务的融合，促进城市公共服务平台的互见、互联和共赢。2019年年底开工建设的深圳第二图书馆是“图书馆之城”建设新的增长点，其信息化系统工程的总体定位是建成“图书馆之城”高可靠数据中心、智能化文献仓储与物流中心、智慧型图书馆服务中心、数字资源保障与服务中心。未来，应以深圳图书馆两馆信息化系统工程引领“图书馆之城”事业技术创新；应依托深圳第二图书馆高标准建设的“图书馆之城”网络数据中心，进一步提升公共图书馆网络互联质量；应进一步完善全市图书馆业务管理平台及包括自助服务系统、网站门户、移动服务门户在内的多元化服务平台建设；应进一步发展数据服务和个性化服务，支持各馆在统一的技术标准和技术框架下探索更多的新技术应用。

# 五位一体，推动全民阅读高质量发展

张岩

作为全民阅读的重要阵地，深圳图书馆专注于文化耕耘与传播，注重以创新理念做好顶层设计，以空间再造搭建思想交流平台，以经典阅读弘扬优秀文化，以“图书馆 +”聚合社会资源，以品牌建设提升文化辐射力，年举办各类阅读推广活动约 1500 场，全民阅读得到高质量发展。

## 一、创意策划

兵马未动，粮草先行。创意策划即为全馆全年阅读推广活动之始。近几年来，围绕年度重点创意策划，组织开展内容丰富、类型多样的各类活动已成为惯例。如 2018 年，为庆祝改革开放 40 周年，深圳图书馆策划举办了“40 年·书影深圳”系列活动，以“1 部图书、2 个展览、3 个榜单（40 年 40 本书目评选）、4 项活动”等 8 项内容贯穿全年，多方位多角度搜集、整理、挖掘、展示深圳改革开放重要成果，凝聚社会共识，推动城市文化构建。2019 年，围绕中华人民共和国成立 70 周年，举办了“我和我的祖国”系列活动，包括粤港澳“共读半小时”、“我是朗读者”线上朗读大赛、名家经典诗文朗诵会、来深青工文体节知识竞赛、盲人诗歌散文朗诵暨散文创作大赛、主题书单、主题书展、主题征文、主题展览等。此外，围绕春节、“4·23世界读书日”、图书馆服务宣传周、暑期缤纷季、深圳读书月等重大时间节点，均创意策划、集中推出系列活动，为市民提供多元化、高质量的阅读选择，同时有效提升了图书馆的社会影响力。

## 二、空间再造

深圳图书馆作为阅读推广的有机组成部分，为满足读者日益增长的文化需求，近年来，倾力打造了12个定位互补、功能多样的新型文化空间。空间内环境优雅，深受市民欢迎。如城市经典阅读空间“南书房”、公众教育学习空间“讲读厅”、全民阅读资源公益平台“深圳捐赠换书中心”、数字阅读体验与新媒体空间“爱来吧”、创意交流与创新教育实践平台“创客空间”、地方学术资源交流空间“深圳学派文献专区”、艺术设计交流与传播平台“艺术设计区”、国际多元文化交流平台“世界文化区”等。这些特色鲜明又可联动呼应的特色文化空间，极大地丰富了图书馆的资源与服务形态，从不同角度满足市民阅读、交流、创造与分享的多元需求，形成图书馆城市书房、文化客厅的文化气象。

## 三、经典引领

美国教育家赫钦斯曾经说过：“如果一个人从来没有阅读过本民族的任何经典名著，就不能称得上是一个受过教育的人。”依托“南书房”

经典阅读空间，深圳图书馆于 2014 年启动了“南书房家庭经典阅读书目”10 年计划，每年推荐 30 种经典图书。书目注重人文性、经典性和可读性，旨在向广大读者推荐适合当今中国家庭阅读与收藏的经典著作。围绕该书目，每年邀请专家学者开展导读讲座，举办书目展、图书展、征文比赛、经典诵读等活动。与此同时，创办《行走南书房》公益阅读杂志，为读者创造全方位、立体化的阅读体验。此外，深圳图书馆已连续三年举办“南书房经典阅读特别策划——文化学者高端对话”进校园活动，邀请国内知名专家学者以“经典阅读”为主题，深入中学校园与师生面对面交流，引起了师生的强烈反响。

## 四、社会合作

汇聚行业力量，提升区域图书馆的整体影响力。深圳图书馆作为“图书馆之城”的龙头馆和中心馆，广泛联合市区各级各类图书馆，联动开展“共读半小时”“阅在深秋”“少儿智慧银行”等全市联动阅读项目，效果显著。其中“共读半小时”全城阅读活动于“4·23 世界读书日”当天在公园、学校、福利院、医院、工业园、商场、餐饮店等图书馆以外的公共空间进行，以具有仪式感的群体共读行为倡导“让阅读成为一种习惯”的生活方式。活动形式新颖，广受市民欢迎。“共读半小时”活动自 2016 年启动以来，已从深圳扩展至广东省内多个城市，2019 年更成为粤港澳图书馆界联动项目，有效促进了大湾区城市文化的合作与交流。全城联动的“阅在深秋”公共读书活动，则已成为深圳一年一度的图书馆嘉年华。在 11 月秋高气爽的户外水幕广场，由深圳 10 余家公共图书馆、高校图书馆充分发挥创意、精心设计的各类特色阅读区域，以文献展示、现场阅读、数字资源推介、自由交流等方式，推荐丰富资源，展示图书馆多元文化功能，为市民献上一场阅读盛宴。“阅在深秋”公共读书活动引发了读者、媒体的高度关注与热情参与，全城联动，让阅读之美遍洒全城。

开放跨界合作，凝聚社会力量，共建共享，共同推动全民阅读。在体系建设、空间营造、服务创新、新技术应用、阅读推广、志愿服务等领域，深圳图书馆与200余家机关企事业单位和社会团体、专家学者开展合作。如与深圳中级人民法院合作创建法律专业分馆、与必胜客餐饮集团合作创设深圳捐赠换书中心分中心、与学校合作创建“青少年阅读基地”、与腾讯公司签署战略合作协议、与港铁（深圳）合作推出“M地铁·图书馆”等。2019年，在现有“阅读推广孵化平台”“阅读推广合作平台”“阅读推广联动平台”三大平台基础上，升级建立“深圳图书馆阅读推广联盟”，探索建立书香公园分馆、养老护理院分馆等特色分馆，凝聚社会力量，融合优质资源，共同推进全民阅读。

## 五、品牌积淀

品牌有助于彰显文化特质，提升社会形象，扩大活动效果。酒好也怕巷子深，在海量信息充斥的今天，品牌打造在阅读推广中具有更加重要的意义。近年来，深圳图书馆对阅读推广活动进行了品牌梳理与分级管理，逐渐形成了深图讲座、深图艺苑、深图展览、深图活动四大类别，以及学术文化、经典阅读、创意思维、艺术阅读、传统文化、公益培训、公益法律、未成年人阅读、“银发阅读”、阅读关爱、现代生活和数字阅读12个活动系列；构建两级品牌体系，初步形成了深圳市民文化大讲堂、“深圳学人·南书房夜话”、“南书房家庭经典阅读书目”、人文讲坛、“深圳记忆”文化之旅等 22 个一级阅读品牌和 26 个二级活动品牌，编印了《深圳图书馆阅读推广活动品牌手册》，大大提升了活动辨识度。多年来，深圳图书馆的整体文化影响力和辐射力不断增强，荣获了“深圳市市长质量奖”“全国社会科学普及教育基地”“全民阅读示范基地”“全国文明单位”等多项殊荣。

张岩，深圳图书馆党委书记、馆长

# 阅读平台研究

深圳全民阅读
发展报告
2020

# 做一个有可持续发展商业模式的书博会
## ——首届海南岛国际图书（旅游）博览会的思考与实践

陈莹

图书博览会源起于15世纪下半叶。彼时正值西方活版印刷术发明初期，印刷商已开始在集市上推销书籍，他们定期会面，讨论共同关心的问题，互通印书计划，购置印刷器材。德国法兰克福书籍集市即在此时出现，一个多世纪之后，法兰克福逐渐发展成为德文图书发行中心和拉丁文图书国际市场。意大利、法国、荷兰、瑞士、英国等国的书商和印刷商也纷纷前去参加法兰克福书市交易活动。

1949年，第一次现代意义上的图书博览会在法兰克福举办。如今，每年有100多个国家的7000多家出版商和书商、30多万个新品种参展法兰克福书展，达成的国际版权交易占世界版权全年交易的75%，当之无愧地成为全球规模最大的出版行业盛会。

与此同时，世界上很多国家也都举办国际图书博览会。通常每个举办国只有一个国际书展，交易内容以本国出版商与国际出版商之间的版权贸易为主，图书销售为辅。较有国际影响力的国际书展如英国伦敦书展（LBF）、美国（纽约）国际书展（BEA）、日本东京国际书展（TIBF，已经停办3年）、俄罗斯莫斯科国际书展（MIBF）、土耳其伊斯坦布尔国际书展、意大利博洛尼亚国际童书展（BCBF）等。

我国北京国际图书博览会（BIBF）于1986年经国务院正式批准创办，由原新闻出版总署、教育部等8个部委联合主办。依托巨大的中国市场，目前其展览面积已跻身世界第二。2013年，上海创办了上海国际童书展（CCBF），该展自2018年起与博洛尼亚童书展合作，旨在打造亚洲童书第一展。诞生于2019年的海南岛国际图书（旅游）博览会（HNIBF）（以下简称海南书博会）则为中国内地举办的第三个国际书展。

随着近些年我国政府大力推动全民阅读，各省市举办的书市、书展、书香节等活动层出不穷。一方面，通过举办各类特色读书活动吸引广大读者参与；另一方面，通过主打图书折扣销售，带动当地阅读文化和文化产业发展。影响力较大的如原新闻出版总署在全国各大城市轮流举办的全国图书交易博览会、由原新闻出版总署与上海市政府联合主办的上海书展，以及由中共广东省委宣传部、中共广州市委宣传部主办的南国书香节等。

综上书展，就商业层面而言，要么销售图书，要么交易版权，但这对阅读文化和出版产业都不甚发达的海南来说，对一个冠以"旅游图书"之名的会展来说，并不具备优势。因此，海南只有发挥国际旅游岛优势，奋力在"旅游"概念上破题下功夫。

策展之初，组委会即前往法兰克福书展驻中国办事处请教，答曰：不可能。理由是法兰克福书展8个展馆中只有半个馆是美食图书，其中只有一排展架是旅游图书，且连数据都没有，无法撑起一个书展。认真剖析后，组委会认为，通常意义上的旅游图书，基本上是指地图和旅行攻略图书，这显然是个很窄的领域，且在移动互联网时代，此二者已退居次席，如果以这个格局来做，当然无法办成一个像样的书展。那么，现代旅游是什么？毫无疑问，它包含了"吃、住、行、游、购、娱"旅游六要素，以及在消费升级背景下，旅游爱好者更关注的"去哪儿""跟谁去""去做什么”“怎么去”等内容。从这个意义上说，旅游作为一种生活方式，一切皆与之有关！因此，打破旅游图书边界，做“旅游图书 +”的概念由此产生，这也成为书博会破题的第一步。

但书博会把各门类图书都容纳进来，就会有出版商愿意漂洋过海来销售图书、交易版权吗？如果按照惯常思路去操作，仍难成行。恰在此时，一位资深国际会展业专家的思考给了我们启发。励展博览集团大中华区高级副总裁孙钢先生在考察了海南会展业后认为，海南不适合做靠规模取胜的会展，而适合扬长避短做小而精的高端专业展。一个好的精品展览不在于人山人海，而在于为参展商“配对”。这一“配对”思路后来成了首届海南书博会的策展指南。

转换思路后，组委会认真研究了传统出版业在互联网时代的痛点和诉求，分析它们到底最需要什么以及海南能够做些什么。最终得出结论：任何博览会都是基于产业链的交易平台。当下传统出版业纷纷探寻转型路径，基于传统出版产业链的传统书展也同样面临着危机，在出版业非常发达的日本，东京国际书展已停办 3 年就是例证。一个优秀出版社，最有价值的并不只是书，还有做书人以及他们脑子里的 IP，这些 IP 除了可以出书，同样可以做影视、音频、文创、游戏，旅游类 IP 还可以生成旅游线路……也就是说可以跨界做新的产品，“跨界”思路便由此产生。那么，跨界领域对传统出版业 IP 资源，以及传统出版对跨界资源是否有需求呢？

带着这些问题，我们走访了若干家出版社、首都文化产业协会、深圳文博会，以及阿里巴巴、快手、爱奇艺、凯撒旅游等具有行业影响力的企业，得到了一致的答案：有需求！

出版社中以隶属于自然资源部的海洋出版社最具代表性。该社拥有最权威、最丰盛的海洋数据和资料，多年来坚持以专业精神评选“最美岛屿”，计划出版《院士科普海洋知识》系列丛书。在与出版社沟通需求时，出版社表示需要插画师把好的内容做成儿童绘本，需要设计师把图书装帧设计做得更有艺术性，需要文创企业和他们一起研发海洋元素的文创产品，需要旅游公司和他们一起设计冬夏令营和特色旅游线路，需要纪录片拍摄团队和他们一起做影视节目……至此，海南书博会整合跨界资源与传统出版业配对的思路逐渐清晰了。

首届海南书博会上，海洋出版社的参展内容果然引起了各相关企业的关注，一些具有战略意义的项目已在洽谈。与此同时，在垂直领域有着独特优势、深厚积累的出版机构也都成了跨界合作的热门对象。首届海南书博会在很短的时间内招募了近 200 家出版社和跨界企业参展，更说明了“跨界资源”的定位是对的。

既然要做跨界资源平台，为参展商的需求配对，那么，怎样让参展商在书博会上亮相，怎样让各类资源得以完美呈现，就是书博会要设计的内容了。在资源展示上，海南书博会推出了“每个插画家心里都住着一个孩子——国际插画百人展”“中国最美旅游图书大赛获奖作品特展及颁奖论坛”“网络文学出海论坛”“国际出版人沙龙”，以及路演、分享会等活动，它们不仅是内容和形式的精品，更是为插画师、设计师、网络作家、国际出版经纪人等提供的极具价值的资源整合平台。这种形式多样的“混搭”办展模式借鉴了精英汇聚的 SLUSH 国际创投大会和 IP 授权展的做法，客观上对参展商要求较高，须拥有“配对”话语权，这也为海南书博会的品质奠定了基础。

精英汇聚的书博会上，参展商为资源而来，为沟通交流和 IP 交易而来。为了切合这种定位，海南书博会最终选择了滨海园林式度假酒店作为书博会展场，以众多唯美的细节设计，打造出27000平方米的巨大“书房”，人们置身其间，感受大自然和书香艺术的氛围。书博会还设计了模块化展具和场景化展示空间，参展商可轻松而来，“拎包入住”。这一切共同构成了海南书博会的整体形象。海南书博会立志打造“最美书展”“最环保书展”，得到参展商、参加者的认可，受到各级领导的鼓励。

如今，海南书博会的后续效应已经开始显现，希腊和比利时主动提出希望担任下一届主宾国，一些参展出版社陆续找到书博会提出配对需求或邀请参与合作，多家著名的国际旅游出版机构及中国外文出版机构正在为海南制作专辑、专刊。这也正是海南书博会的目标所在——通过书博会集聚资源，提供顾问咨询、创意策划、资源整合、统筹落实等服务，使书博会延伸成为一个创新的书业生态、文旅生态、会展生态、文创生态，推动海南出版业、阅读文化事业，以及海南对外宣传的发展。首届海南书博会大力探索图书博览会创新模式，并初见成效，很大程度上归因于来自深圳的书博会核心团队充分发扬了深圳精神和运用深圳方法投入工作，这也是海南建设自由贸易港海纳百川的一次积极尝试。

正如所有创新项目都需要时间去培育，首届海南书博会逐步走向成熟的商业模式到底能产生怎样的成效，实际操作中的不成熟之处如何在发展中逐步完善，下一届书博会如何吸引更多优秀出版资源和跨界资源参展，书博会的国际化水平如何逐步提高，“4+361”模式（4天办展，361天在线服务）如何增加科技含量，以及如何完善书博会的造血功能并尽快实现良好营收，让政府补贴的孵化效果更加显现等，都有待我们以建设性的态度和措施继续提升和完善。

陈莹，海南省委宣传部副部长、省新闻出版局（省版权局）局长

# 高标准的行业盛会 高质量的阅读嘉年华

## ——2019 首届天府书展巡礼

陈大利

2019 年 11 月 29 日至 12 月 2 日，由中宣部印刷发行局指导，中国出版协会、中国书刊发行业协会、中国版权协会、中国新华书店协会支持，由中共四川省委宣传部、成都市人民政府主办，中共成都市委宣传部、四川出版集团、四川新华发行集团和新华文轩出版传媒股份有限公司承办的 2019 首届天府书展在成都世纪城新国际会展中心成功举办。首届天府书展以习近平新时代中国特色社会主义思想为指导，以庆祝中华人民共和国成立 70 周年为主线，以“爱阅读 会生活”为永久主题，以“诵读新时代 礼赞中华人民共和国”为年度主题，提倡爱读书、读好书、善读书的社会风尚。2019 首届天府书展得到领导关心支持、媒体宣传报道、参展商踊跃参展、市民读者热情参与，成为高标准的行业盛会和高质量的阅读嘉年华，成为在全国有一定影响力的品牌书展活动，得到了上级主管部门的充分肯定、参展单位的高度认可和社会各界的一致好评。2019 首届天府书展达到预期目的，取得圆满成功，成为出版发行行业年度展会的收官之作。

## 成功办展 影响深远

首届天府书展的成功举办，为四川文化强省建设和四川出版事业发展带来了深远影响：

**（一）填补了中西部地区缺位全国性大型书展的空白。**近年来，党和国家提出文化强国战略，中西部地区文化的大发展、大繁荣显见成效，但西部地区一直缺位一个有影响力的全国性书展来集中展现文化建设成就。从全国书展版图来看，目前具有全国影响力的书展和全民阅读活动北有北京阅读季，东有上海书展、江苏书展、宁波书展，南有南国书香节和深圳读书月；从全国书展举办时间来看，一月份有北京图书订货会，五至七月份有全国书博会，八月份有北京国际图书博览会，十月份以后则缺位大型图书展会。天府书展的举办，是一次放眼全国的阅读文化大布局，填补了中西部地区没有全国性大型书展的空白，填补了第四季度行业缺乏全国性大型书展的空白。

**（二）打造了一张四川文化新名片。**四川文化文源深、文脉广、文气足，历史积淀和文化传承深厚宽广。近年来，四川的经济发展和文化建设也走在中西部省份的前列，作为省会城市的成都更是多次名列全国新一线城市榜首。但在文化展会方面，四川与广东、江苏、上海等省市相比仍然有些差距，实力有待提升。放眼全国，许多地方通过举办大型书展，有力提升了所在区域的文化影响力和城市形象，书展成了一张靓丽的文化名片。首届天府书展的成功举办，使成都作为首届中国“书店之都”的称号实至名归，同时，为四川在拥有都江堰、三星堆等千年沉淀的历史文化名片之后，再添一张有时代气息、青春动感的文化名片。

**（三）提升了四川出版的品牌形象和新华文轩的影响力。**2016 年，四川省委领导提出“振兴四川出版 振兴实体书店”的发展战略。4年来，新华文轩与四川出版发行界共同努力，“双振”战略取得阶段性可喜成果。首届天府书展集中展示了四川出版的整体实力和最新成果，同时也展示了新华文轩的整体形象、经济实力和发展创新能力，扩大了新华文轩的行业影响力和社会影响力，为新华文轩的创新发展和发挥行业引领作用搭建了更好的平台。

## 精心筹备　合力办展

为了办好首届天府书展，书展工作组在2019年2月就已启动筹备工作。2月15日，作为天府书展的主要举办单位，新华文轩组织召开了第一次书展讨论会，并于3月18日形成《中国西部书展策划思路》(后改为《天府书展》)报送主管部门。4月25日，中共四川省委常委、宣传部部长甘霖主持召开天府书展筹备工作专题会，正式启动了天府书展的相关筹备工作。

4月30日，新华文轩组织召开了天府书展第一次领导小组会议，成立了天府书展工作领导小组，由公司主要领导担任组长。领导小组下设办公室，并成立书展办、招商招展组、展场组、展销组、分会场组、智慧阅读组、宣传推广组、接待组、物流组、后勤保障组、预算与财务组、合规督导组、文化安全组、志愿者工作组等14个专门工作小组，负责天府书展承办的具体协调工作。在整个天府书展筹备期间，新华文轩天府书展工作领导小组共召开了15次工作会，研究讨论书展承办工作涉及的重大问题，包括一些重要细节问题。

为充分听取各方意见和建议，以及学习行业办展的经验，更快更好地推动天府书展的各项筹备工作，5 月 13 日、14 日、17 日，由省委宣传部印刷发行处分别组织召开了民营书业、省内出版社、新华文轩旗下相关单位的专题座谈会，听取各方对举办天府书展的相关建议。此外，新华文轩还组织了 3 次专项调研活动，组织参与书展筹备工作的相关同志参加了首届深圳书展、第 29 届西安书博会、第 16 届上海书展，学习办展经验。经过调研，形成了专项调研报告，并对天府书展的举办提出建议，包括以重点省份和集团为主要招展对象、统一销售组织、以购书券的方式宣传引流等，这些建议和举措有力地保证了首届天府书展的成功举办。

8 月 27 日，四川省委宣传部副部长周青组织召开天府书展专题讨论会，正式确定了《天府书展总体承办方案》，至此，天府书展方案最终敲定，筹备工作正式进入实施层面。9 月 6 日，新华文轩召开了商品组织专题研讨会，天府书展的筹备工作从方案顶层设计层面正式进入到业务操作层面，书展各项筹备工作按照设计有序推进。

9 月 27 日，2019 首届天府书展预备会在成都世纪城国际会议中心举行。这次会议意义重大，一方面代表着举办方和参展方第一次正式地交流沟通，另一方面也标志着参展单位对首届天府书展的认知态度。

本次预备会上，包括中国出版集团、中国教育出版集团、上海世纪出版集团、北京大学出版社、机械工业出版社等 21 家出版集团、200 余家出版单位的代表参加了会议。10 月 30 日，天府书展秘书处组织召开了四川省内民营书业参展沟通协调会，解答省内民营图书策划机构、民营书店等单位的参展疑问及参展方式，省内主要民营书业的企业代表均参加了会议。

10 月 31 日，新华文轩在成都购书中心举办了 2019 天府书展 30 日倒计时揭牌仪式，标志着首届天府书展筹办工作进入冲刺阶段。11 月 20 日，在首届天府书展开展前，四川省人民政府新闻办组织召开了“2019 天府书展”新闻发布会，四川省委宣传部、成都市委宣传部、新华文轩等指导单位和举办单位的相关负责同志参加了会议，并正式对外发布天府书展的相关举办情况。

11 月 29 日，首届天府书展以预展方式正式对市民开放，成都市民和各界读者对书展的参与热情超出了举办单位的预期，场面热烈火爆。11 月 30 日上午，2019 首届天府书展在成都世纪城新国际会展中心正式开幕。开幕式由中共成都市委副书记、市长罗强主持，中共四川省委副书记、省长尹力宣布书展开幕。中共四川省委常委、宣传部部长甘霖，中宣部印刷发行局局长刘晓凯，全国政协文化文史和学习委员会副主任、中国版权协会理事长阎晓宏，中国出版集团党组书记、董事长谭跃出席开幕式并致辞。省人大常委会副主任叶壮、省政协副主席王正荣出席开幕式。开幕式上，茅盾文学奖获得者阿来、著名儿童文学作家杨红樱、著名主持人李潘受聘为“2019 天府书展阅读形象大使”。中国出版协会常务副理事长邬书林为“2019 天府书展阅读形象大使”颁发聘书。

## 特色鲜明　亮点突出

2019 首届天府书展，虽然展示展销时间只有 4 天，但却产生了很好的行业影响力和文化引领力。一个文化展会的成功举办，除了各级领导的关心支持、行业同仁的踊跃参展，举办单位的周密谋划和认真筹备更是必不可少。总结起来，2019 首届天府书展有诸多特色与亮点。

**（一）统一规划、精心组织。**在省委、省政府的领导下，各有关部门和单位高度重视，对天府书展定位、目标、工作机构等，站在促进行业发展、加强文化强省建设的高度顶层设计、整体谋划、统一安排。

**（二）多级联动、辐射面广。**2019首届天府书展设主会场和分会场，主会场位于成都世纪城新国际会展中心1、2号馆，展馆面积2.3万平方米。同时，在全省21个市（州）书店和相关阅读场馆设立了200余个分会场；凉山、泸州、南充、巴中、乐山等地的分会场活动搞得有声有色，深受读者欢迎。“书展到乡镇·阅读进校园”成为首届天府书展的一大特色和亮点，受到全国同行的瞩目和赞许，受到基层读者的热捧和好评。

**（三）踊跃参展、品种丰富。**全国29家出版集团（占全国出版集团的88%）、300余家大众图书出版社（占全国大众图书出版单位的80%），磨铁、果麦、新经典等17家民营出版策划机构，30余家非书文创企业分别组团参加书展。首届天府书展根据图书主题和类型设置了主题出版物区、出版单位区、主宾团区、四川精品图书区、亲子阅读区、传统文化区、科技生活区、智慧阅读区、期刊区、品牌书店区等多个展示展销体验区。共组织近11万种图书（2400余万码洋）、数百种文创产品展示展销，在参展品种和参展规模上，仅次于全国书博会。此次书展能够受到广大读者的欢迎，一个很重要的原因就是图书品种多、图书内容新。

中国出版集团作为永久主宾团组织了旗下23家出版单位、100余人的参展团队、5000余个品种近4万册新书好书参展。

**（四）名家云集、活动纷呈。**首届天府书展具有“名人名家多、新书好书多、阅读活动多”的特点。为了给成都市民和四川读者带来丰盛的阅读文化享受，各参展单位特别邀请了许多著名作家和文化名人，如阿来、刘心武、杨红樱、沈石溪、曹文轩、北猫、常新港、苑子文、苑子豪、卢思浩、张丹丹、蒙曼、李潘、其美多吉等开展阅读分享活动和新书发布活动，有的作家和名人还纷纷走进乡村、学校开展文化公益活动，推广全民阅读。

一些出版单位的重点图书也在书展现场开展了新书推介活动，如《四川历史名人丛书》《日出东方》《百部格萨尔王传系列丛书》《没有终点的列车》《寻找张展》《太空密码》《故宫里的博物学》《宇宙晶卵》《宽窄之道》等。

2019 首届天府书展共计为读者带来了 500 余场精彩阅读活动，其中，主会场活动 150 余场，分会场活动 350 余场。主会场开展的重量级活动包括由中宣部印刷发行局和农业农村部农村社会事业促进司共同主办的“2019 中国乡村阅读盛典”和“农民喜爱的 100 种图书”揭幕仪式、由韬奋基金会主办的“第八届韬奋出版人才高端论坛”、由中国出版传媒商报主办的“壮丽 70 年·书香社会”系列推展之“2019 年度全国阅读推广特别贡献人物”发布礼、由新华文轩主办的“2019 新华文轩合作伙伴大会暨战略协议签署仪式”等。

**（五）跨界融合、文创引人。**首届天府书展为了更好地满足读者的阅读文化需求，举办方除了组织丰富的阅读活动和展销海量图书外，还从满足读者的阅读体验和个性化需求着眼，将阅读和生活方式、生活习惯养成密切结合，组织了 30 余家与阅读相关的文创企业参展，这些文创产品入驻品牌书店区的文创馆，以“是文创，也是生活”为主题，打造出文创造物的大本营，带给读者大众一场好看、好玩的阅读生活体验。馆内设生活美学、文房四宝、学生文具、AI 智能体验等区域。有“网红吉祥物”之称的彩色熊猫成了读者打卡点。

**（六）线上线下、融合办展。**首届天府书展充分运用互联网等技术，实现线上线下融合办展。第一，线上发放购书优惠券。书展开展前，读者可以通过扫描书展官方渠道的二维码和点击媒体渠道的链接领券，在展会现场，读者还可以参与现场领券活动领取购书优惠券；第二，提供线上线下服务。读者可以在现场查询机上查询图书、在咨询服务台进行咨询，也可以在文轩云图智能书店上体验借书购书、使用二维码扫描支付等；第三，融合线上线下渠道办展。在主会场线下开展的同时，新华文轩利用自有文轩网、九月网等线上平台同步办展，让天府书展不仅惠及四川和成都市民，也让全国各地的更多读者参与到天府书展中来。

**（七）多方参与、人货两旺。**首届天府书展人流如织、人潮涌动、人气爆棚，共接待读者 110 余万人次，其中主会场 10 余万人次，分会场超过 100 万人次，真正办成了阅读嘉年华；图书销售码洋共计 2992 万元，其中主会场 405 万元，分会场 667 万元，文轩在线 1920 万元（其中省外 1410 万元）。此外，主会场的文创产品销售额也近百万元。虽然书展只有两个馆，但据会展集团负责人反映，除了糖酒会，很少有人气这么旺的展会。这充分体现了“小展会、大影响”的书展特色。

**（八）优质服务、文化惠民。**2019 首届天府书展展馆内设置了总咨询服务台、读者休息区，并提供移动充电宝、志愿者指引等便民服务。为了增强天府书展体验感，举办方专门准备了数十枚天府书展纪念印章，供读者打卡纪念；同时专门设计制作了具有浓郁四川文化特色的天府书展藏书票。书展期间，通过多渠道共计发放了价值 200 万元的无门槛、可叠加使用的惠民购书券，同时主会场全场 8 折，个别出版社低至 5 折，折后可叠加使用惠民购书券。

**（九）多媒互动、舆论造势。**为了让更多的市民和读者了解天府书展、关心天府书展、参与天府书展，在省委宣传部的关心和支持下，新华文轩就天府书展的宣传报道做了精心的设计和组织安排，无论是媒体形式的选用、报道方式的选择，还是时间段的设计、相关信息的投放，都做了认真的统筹规划，形成全方位、多角度、多渠道的媒体传播点阵。媒体围绕天府书展共计报道 1000 余条，曝光人次过亿。书展期间，共计有 80 余家媒体宣传报道了天府书展，包括《人民日报》、新华社、中央广播电视总台、《光明日报》、《中国日报》、中国新闻社等中央级媒体，《中国新闻出版广电报》、《中国出版传媒商报》、《中华读书报》、出版人杂志等行业媒体，《四川日报》、四川电视台、《华西都市报》、《成都日报》、成都电视台、《成都商报》等省市媒体。首届天府书展尤其重视新媒体和自媒体的应用，新华文轩 8000 名员工，人人都是宣传员，通过微信、微博、抖音、今日头条等新媒体平台的广泛发布，形成了围绕天府书展，每个人都是信息接收者和传播者的书展文化媒体传播生态圈。

**（十）展会信息及时传导。**2019 首届天府书展结束当天，举办方迅即组织力量针对天府书展的展示展销情况，评选了“最佳组织奖”“十佳出版单位”“主会场十佳活动”“分会场十佳活动”“最佳展场设计奖”“阅读活动人气王”“服务明星”等七大类奖项，并于书展闭幕前在主会场召开了“2019 天府书展情况通报会”，向社会公众和媒体公布了相关信息，得到参展单位和新闻媒体的肯定和好评。书展结束后，新华文轩又向关心和支持天府书展的领导和嘉宾、参展单位、支持单位和协办单位发出感谢信，并向参展的各家出版集团和 TOP 10 单体出版单位通报了该单位在书展中的销售情况。

## 乡镇校园　书展书香

为使天府书展影响更大，让主会场外的读者和市民能够感受到书展氛围，首届天府书展在四川全省21个市（州）的相关阅读场所和新华文轩各级书城、书店设置了200多个分会场，将优质图书、阅读分享、名家名师及文化活动资源送到城市、乡村、校园，带进革命老区和贫困山区，让全省各地群众对天府书展有更多的参与感和体验感。

11月29日上午，2019首届天府书展凉山分会场在西昌市月城广场正式启动。启动仪式活动丰富，除了图书85折优惠展销、图书捐赠活动、流动售书活动之外，还举办了“唱红歌、诵国学”系列活动，邀请著名儿童文学作家李牧雨及四川作协副主席、凉山籍作家倮伍拉且和凉山籍作家阿苏越尔等本土作家来到西昌开展阅读分享会，充分体现了天府书展民族地区分会场的特色。

11月29日上午，天府书展巴中分会场启动仪式在通江县涪阳中学举行。启动仪式上，新华文轩向当地学校捐赠了图书。活动现场，新华文轩开展了优秀学生读物展示展销活动。学生们驻足展台前翻阅、选购，尽情享受阅读带来的乐趣。随后，巴中分会场将“爱阅读 会生活”的相关阅读活动带到了二区三县的乡镇和校园。首届天府书展分会场的亮点之一——“阅读进校园”活动自11月18日开始在18个市陆续启动，举办了各具特色的活动120余场。在全省多个贫困地区、边远山区、民族地区的100多个县（市、区）及乡镇中规模较大的学校开展了“名师进课堂”“名家校园行”“阅读研讨会”“校园书市”等一系列活动，将“爱阅读 会生活”的主题和阅读理念传到农村、深入校园，让师生与丰富的主题教育读物和各类书刊亲密接触。

11 月 29 日下午，天府书展阅读形象大使，央视《读书》栏目制片人、主持人李潘走进泡桐树小学西区阅读分享会，以“在阅读中成长”为主题，与在场近 200 位学生、老师、家长互动，分享自己的读书感悟，让同学们更加深刻地感受到阅读对个人成长、对社会的重要价值。

书展期间，著名动物小说作家沈石溪先后走进眉山、遂宁、崇州等地的多所小学，与广大小读者朋友见面，开展“亲近生命·走进自然”主题讲座。国际安徒生奖得主曹文轩分别前往天府书展主会场、成都市双流区、文轩 BOOKS 九方店等地，为小朋友和老师们带来了关于“写作诗意之旅”的精彩分享。在弥漫着浓厚书香氛围的四川外国语学院都江堰校区和西南民族大学，北大双胞胎学霸、青年作家苑子文和苑子豪分别携新书《你要好好的》《我不怕这漫长黑夜》与在校读者见面。12 月 2 日，天府书展阅读形象大使杨红樱来到宜宾、崇州等地的书展分会场举行“杨红樱‘小樱桃’见面会”，为小读者搭建起一座与作者面对面交流的桥梁。同时，她还深入崇州乡村小学，深度开展“天府书展进校园”的公益图书捐赠活动。

为更好地弘扬社会主义核心价值观，学习“时代楷模”爱国爱党敬业奉献的精神，天府书展系列活动“时代楷模分享会”分别走进广安武胜县、成都蒲江县，“雪线信使”其美多吉来到学校和乡镇，为当地带去了精彩的故事分享。

## 总结经验　砥砺前行

2019 首届天府书展举办时间为 11 月 29 日至 12 月 2 日，为期 4 天。

4天的背后，是半年多的精心筹划和准备，是各级领导的关心支持，是各单位部门的协同配合。2019首届天府书展的成功举办，有以下几个方面的经验总结：

**（一）领导重视。**2019首届天府书展得到了中宣部印刷发行局、出版局的指导和支持，得到了中国出版协会、中国书刊发行业协会、中国期刊协会、中国版权协会、中国新华书店协会、韬奋基金会等国家级行业协会的重视和支持。中宣部印刷发行局局长刘晓凯、副局长董伊薇对书展工作给予关心指导，并莅临书展现场。全国政协文化文史和学习委员会副主任、中国版权协会理事长阎晓宏，中国出版协会常务副理事长邬书林，韬奋基金会理事长聂震宁等莅临书展。

2019首届天府书展，特别得到了四川省委、省政府和成都市委、市政府领导的关心和支持。省委书记彭清华视察书展并给予指导；省长尹力出席开幕式并宣布书展开幕；省委常委、宣传部部长甘霖多次批示并召集会议研究书展筹办工作，并在书展期间巡馆视查指导；省委常委、成都市委书记范锐平、副省长杨兴平莅临书展指导，市长罗强主持书展开幕式，市委常委、宣传部部长田蓉也到书展现场指导工作。

天府书展能够取得成功，最重要的一点是省委宣传部的高度重视。2019年4月25日，省委常委、宣传部部长甘霖主持召开天府书展筹备工作专题会议，正式启动天府书展的筹备工作；11月21日，甘霖部长召开会议，听取2019天府书展筹备工作情况汇报。11月28日，省委宣传部常务副部长傅思泉组织召开专题会议，研究落实书展开幕式及相关问题。9月12日，省委宣传部副部长周青主持召开2019首届天府书展筹备工作会议，传达落实甘霖部长关于办好天府书展的指示精神；11月22日，省委宣传部副部长周青召开专题会议，研究落实书展开展前重要准备工作。

5 月 13 日至 17 日，省委宣传部印刷发行处组织召开天府书展民营书业专题座谈会、出版社专题座谈会、新华文轩主要机构和业务部门的专题座谈会。

在举办单位层面，4 月 30 日上午，新华文轩组织召开了天府书展第一次领导小组会议，成立了天府书展工作领导小组，下设办公室，成立书展办、招商招展组等 14 个专门工作小组，负责天府书展承办的具体协调工作。为办好书展，新华文轩天府书展工作领导小组共召开 15 次工作会，研讨书展承办工作的相关问题。除书展工作例会外，新华文轩还召开了各类专题会议 30 余次，省外参展单位意见征求会 3 次、展示展销方式专题研讨会 6 次等。

**（二）定位准确。**2019 首届天府书展以习近平新时代中国特色社会主义思想为指导，围绕社会主义核心价值观，弘扬中华优秀传统文化，集中展示出版发行业发展新成就，展销优质内容产品，展示出版创意能力，开展全民阅读活动，推动书香社会建设。书展定位为全国大型综合性书展、出版发行行业盛会和全民阅读推广平台，以内容和服务供应商、出版分销商、图书馆馆配商和读者为主要服务对象，把天府书展办成行业盛会和阅读嘉年华。天府书展筹备工作将活动组织与媒体宣传放在重要位置，力求办成“一流书展品牌、一流文化品牌、一流行业品牌、一流区域品牌”。

正是基于这种准确的定位，才使书展成为出版商与读者之间的桥梁，成为知名作家、文化名人与读者之间互动的平台。

**（三）组织有序。**从成立天府书展工作领导小组开始，新华文轩就制定了《天府书展承办工作方案》，成立了 14 个天府书展专门工作小组，组织开展书展各项筹备工作。根据办展规律和特点，9 月 27 日召开了天府书展参展商预备会，10 月 31 日启动了天府书展 30 日倒计时，11 月 20

日召开了“2019 天府书展”新闻发布会。有序地组织协调各方的协同配合，使得首届天府书展于 11 月 29 日顺利开展。

2019 首届天府书展由新华文轩作为主要举办单位，是上级组织对新华文轩的信任，更是新华文轩的一种责任。由于之前新华文轩没有举办大型书展的经历，经验缺乏、团队缺失、品牌缺位等是摆在文轩人面前的几大难题。在接受书展工作任务后，公司上下高度重视，成立了新华文轩天府书展工作领导小组和专门工作小组，积极投入优势资源和充足资金筹办书展。

**（四）节约办展。**新华文轩虽然是第一次承办这样的大型书展，但本着“少花钱，多办事”“花小钱，办大事”的原则，通过严格的预算管理、项目申报论证、严格审批、督导检查等工作尽力控制好经费开支。特别是在财务管控上，从预算入手，严格控制各项费用支出，既保证展会效果，又尽可能减少经费开销。

**（五）规范运行。**为了确保天府书展各项工作规范有序，在没有现成的经验和相关规则制度可循的情况下，新华文轩制定了严格的财务管理制度，要求所有的安排与开支都要经得起后续的检查审计。为此，在书展筹备之初，就成立了合规督导组，由公司法务部、审计部、纪检监察室等部门组成。在书展各项工作和决议中充分发挥合规督导组的作用，确保各项筹备工作，特别是项目运行、经费开支等规范有序、合规合法地进行。

2019 首届天府书展已经谢幕，虽然取得了圆满成功，形成了一定的品牌和影响力，但由于是首次举办，在场馆功能设置、读者体验、服务接待等方面还有许多有待改进提升的地方，特别是在书展的专业化、市场化运营上，更显短板。“爱阅读 会生活”作为天府书展的永久主题，将会贯穿在今后的每一届书展中，为四川读者和成都市民奉献更好的阅读文化大餐，为出版发行机构和图书馆界搭建更好的交流沟通平台。

天府书展，打造四川一张崭新亮丽的文化名片！

陈大利，新华文轩出版传媒股份有限公司副总经理

# 深圳书展：又一张闪亮的城市文化名片

## ——2019 南国书香节暨深圳书展总结

陈宏强

在广东省委、省政府和深圳市委、市政府的亲切关怀下，在南国书香节组委会的积极领导下，在全国出版界的大力支持下，2019 南国书香节暨深圳书展（简称深圳书展）于 7 月 19 日正式开幕，7 月 22 日圆满落幕。中国出版协会常务副理事长邬书林，中国出版集团公司党组成员、副总裁潘凯雄，中国书刊发行业协会副理事长兼秘书长纪宏，中信出版集团党委委员、总编辑乔红兵等与会嘉宾与广东省委宣传部副部长王桂科，深圳市委常委、宣传部部长李小甘，深圳市政府副市长吴以环等省市领导共同启动了首届深圳书展。

首届深圳书展由中国出版协会、中国书刊发行业协会指导，中共深圳市委宣传部、深圳市新闻出版局主办，深圳读书月组委会办公室、深圳出版集团有限公司承办。短短 49 天内，各主承办单位全力以赴、高效推进，克服了筹备时间短、承办任务重等现实问题，办出了一届让社会各界交口称赞的精彩展会，再次展现了深圳速度与深圳质量，展现了敢闯敢试、能办大事的深圳精神，更展现了这座城市创新发展过程中始终活跃的阅读文化力量。

书展以“悦读·为祖国喝彩”为主题，采用“1+5+N”的办展模式，设深圳会展中心 1 号馆为主会场，并依托深圳书城设罗湖区、福田区、南山区、宝安区、龙岗区五大分会场，依托简阅书吧设多个专项活动点。展会期间，全国各地 300 余家优质出版机构应邀参展，约 10 万种、近 100 万册精品图书集中亮相，130 多项阅读文化活动在全市绽放，吸引近 50 万人次读者和 45 家图书馆参与，主、分会场图书零售额达 1076 万元，馆配交易额达 4985 万元。在连日雷电、暴雨等恶劣天气下，深圳书展展现出这座城市“雷阵雨也浇不灭”的读书热情和文化追求。

作为落实“不忘初心、牢记使命”主题教育的一项重要成果和落实《深圳文化创新发展 2020（实施方案）》的一项具体举措，首届深圳书展立足于实现公共文化服务、丰富“城市文化菜单”，从市民的精神文化需求与城市的创新发展气质出发，呈现出“三多三好”的特色亮点，一炮而红、誉满业界，被领导嘉宾、市民读者、新闻媒体亲切地称作“深圳又一具有代表性和影响力的城市文化名片”。市委常委、宣传部部长李小甘称赞，这是一届“真正以内容为主的精彩的书展”。

## 一、深圳书展的“三多”：书多、人多、活动多

### 1. 书多：主题读物内容丰富，青少年图书品类齐备，本土出版大放异彩，数字出版亮点频出

书是书展的根基与灵魂。首届深圳书展充分发挥集聚效应，集中展销近两年出版的热门新书与深受读者喜爱的经典好书，打造浩瀚书海。

位于核心区域的主题读物展精选图书 8000 种，涵盖习近平新时代中国特色社会主义思想、“不忘初心、牢记使命”主题教育、“一带一路”

与海洋文化、粤港澳大湾区建设、岭南文化、深圳原创、深圳书城选书等57个主题，内容全面，维度丰富，生动诠释了“悦读·为祖国喝彩”之年度主题，为庆祝中华人民共和国成立70周年、推动习近平新时代中国特色社会主义思想阅读与学习营造了浓郁氛围。

恰逢暑期，首届深圳书展着力提升青少年图书占比，组织约5万种亲子绘本、儿童图书、中小学读物等亮相，鼓励未成年读者在更加齐备的图书品类中拓宽阅读面，享受富有文化气息的假期生活。

值得一提的是，深圳本土出版力量在书展中大放异彩，除“深圳原创出版巡礼”立体呈现了近900种原创图书及相关队伍、史料图片外，作为“东道主”的海天出版社、深圳报业集团出版社还带来了千余种优秀出版成果，为读者阅读深圳、爱上深圳提供良好机会。

秉承“阅读永恒，载体创新”的时代发展理念，首届深圳书展积极组织最新数字出版成果参展，进一步深化了互联网时代书的内涵与外延。主宾社中信出版社带来了升级版的知识服务App“中信书院”，其中包含数量众多的听书产品、电子书和知识密集的讲书内容、文化课程等。喜马拉雅、懒人听书等多家数字出版龙头企业也应邀参展，共同为读者献上不一样的阅读体验。

### 2. 人多：线上关注讨论，线下踊跃参与，购书热情高涨

首届深圳书展自公布举办消息以来，吸引了众多市民读者关注讨论。“深圳书展SZBF”微信公众号短时间内就获得超过1万名读者的关注，“一年读完20本书难吗”“翻开书 不言输”等多个深圳书展10w+线上传播内容引起广泛讨论，在朋友圈等平台上呈刷屏之势。新浪微博话题#深圳书展#累计产生超过296万的阅读量。

深圳作为早在1990年就被《光明日报》报道的全国人均购书量最高的城市，读者近30年来读书购书热情不减。展会期间，每天10余万人次走进书展主、分会场，周末两天更是人山人海、人头攒动。络绎不绝的读者造就了首届深圳书展“买买买”的盛景，平均每日269万元的图书零售额，让中信出版社、生活·读书·新知三联书店、人民文学出版社、中南博集天卷等热门出版机构的上千种精品图书热卖脱销，本土的海天出版社甚至连续3天组织补货。广泛的读者参与打通了展销桥梁，为参展逛展获益共赢奠定了现实基础。

### 3. 活动多：名家交流场面火爆，亲子文创反响热烈，互动打卡引领新潮，各区活动特色鲜明

书展期间，平均每天有30多场活动在主、分会场及专项活动点密集上演，为市民读者奉上了精彩的全城暑期阅读菜单。麦家、池莉、冯唐、李潘、曹文轩、沈石溪、皮耶鲁齐、六小龄童等50余位名家大咖先后亮相，与深圳读者们面对面、近距离交流，场面十分火爆，部分重点活动每场吸引1000余人驻足聆听。仅冯唐7月20日在主会场的分享签售活动，1小时签售新作693本，让其直呼“右手签残”。

首届深圳书展，主会场特设亲子阅读专区和文创精品展区，打造“童玩悦读节”和“文创文具嘉年华”，配套开展多项亲子阅读、DIY手作、互动游戏、品牌发布、服务体验、论坛沙龙等活动，成为主会场“书展+亲子”“书展+文创”的热门活动区域，打造热闹活泼、生动有趣的书展文化生态。

书展还将“打卡”这一颇具网红性质的互动手段贯穿始终，前期联动全市12家书城书吧发起“阅读打卡”计划，吸引5000人次读者线下参与，

网络传播覆盖 10.2 万人。展会期间，主会场内设立 4 处打卡点，吸引读者完成打卡任务，并抽取“南国书香锦鲤”图书大奖。

此外，各分会场根据不同主题策划开展了各有侧重、特色鲜明的活动，包括罗湖区的“图书置换会”、福田区的“时光旅行”文艺沙龙、南山区的“深圳绘本节”、宝安区的“唯你书房”和龙岗区的“智能化与书业融合发展创新论坛”等，展现出与城市各区发展相适应的阅读氛围。单霁翔、徐扬生、曹文轩、沈石溪、皮耶鲁齐、六小龄童等名家大咖，也通过分会场及专项活动点活动深入基层社区，与读者进行亲密接触。

## 二、深圳书展的“三好”：服务好、评价好、效果好

### 1. 服务好：文化惠民无处不在，智能科技升级体验

首届深圳书展以市民读者的精神文化需求为导向，积极落实文化惠民服务。展会期间，主会场绝大部分图书 6~8 折销售，部分优惠低至 2 折，并叠加发放购书抵扣券 1200 张，阅读福袋 300 个，累计为市民读者折扣让利 279 万元。展会同时联合深圳图书馆、深圳书城推广“你选书，我买单”借阅服务，将日常公共文化服务“搬进”会场，吸引约 2000 名读者免费借取参展图书，现场办理读者证 405 张。此外，五大分会场和各专项活动点也积极组织图书联展、悦读悦借、社区阅读等惠民活动，开展全城联动的文化服务。

同时，首届深圳书展贯彻“科技办展”理念，推出一系列数字化、智能化手段提升服务质量。作为主要的线上阵地和工作载体，“深圳书展 SZBF”微信公众号实现了在线购票、预约报名、资料下载等服务功能，

77% 的市民读者选择线上购票入场。主题读物展中的“人脸识别 AI 荐书”系统可从年龄、性别等维度进行个性化推演，实现了人工智能精准推送、个性荐书的初步构想，展会期间为近 6 万体验者“量身”荐书，成为读者体验和媒体关注的焦点。依托深圳书城“微商城”开发的定位查询功能，能在第一时间查找场馆内所有图书的具体位置和库存信息。而 10 台自助购书机和随处可见的“扫码购”二维码，也为读者提供了更丰富、更便捷的买单选择，实现自助购书交易 204 万元。可以说，整个展会形成了“购票—逛展—消费”的全环节数字化链条，以“书香 + 智能”创造出全新的书展体验。

### 2. 评价好：全国瞩目，各界点赞

首届深圳书展是深圳继 1996 年和 2018 年两次承办全国书博会后首次设立面向全国书业的城市书展，受到全国业界的高度关注，更在开幕后受到各界领导嘉宾的广泛好评。中国出版协会常务副理事长邬书林称赞深圳书展让深圳的全民阅读有了更高远的立意，希望将其打造成继读书月之后又一张城市文化名片，年复一年持续开展。央视科教频道《读书》栏目主持人、深圳书展形象大使李潘评价，深圳书展是以市民诉求为出发点办的书展，对推动全民阅读有巨大意义。作家池莉称自己是因为首届深圳书展“慕名而来”，看到这么多读者看书购书参加活动，赞叹“深圳不愧是一座书香之城”。作家冯唐更是用了“大、多、高”来形容深圳书展：“展馆真大，图书种类真多，购书的热情真高。”麦家、阎真、戴军等名家对深圳简洁办展的方式十分赞赏，认为这体现了深圳人的务实、高效和创新。

参展的出版单位和市民读者也乐在其中，好评不断。三联图书营销

中心区域经理李锋认为深圳开辟的“展销结合”新模式在行业内引发了很大反响，大大提升了出版机构的参展积极性。不少读者认为书展是读者和好书之间的媒介，感谢深圳有了自己的书展，提供了很好的书香氛围。更有读者连说5个“没想到”：没想到深圳能在这么短时间内把书展办得风生水起；没想到全国各地这么多优秀出版单位齐聚深圳，带来这么多精选好书；没想到书展现场有这么多爱书人；没想到深圳人几天内买了这么多书；没想到各类新闻媒体对书展这么关注！

### 3. 效果好：满足精神文化需求，擦亮城市文化名片

首届深圳书展坚持“展销结合，双效统一”的办展思路，取得经济效益和社会效益双丰收，进一步满足了深圳人日益增长的精神文化需求尤其是读书购书需求，进一步擦亮了深圳全民阅读这张闪亮的城市文化名片，为丰富“月月有主题、全年都精彩”的“城市文化菜单”提供了强劲支持。

于个人而言，书展为市民读者追求精神文化生活创造了更丰富的选择，组织开展的阅读活动数量达平日3倍，实体书店客流较平日提升23.7%，使阅读进一步成为市民的生活方式。于城市而言，书展为深圳面向全国展现全民阅读成果、发挥引领示范效应创造了更宽阔的平台，来自全国各地的名家名社、领导嘉宾切身感受到深圳全民阅读的浓厚氛围与成熟模式，纷纷发文称道，深圳“全球全民阅读典范城市”的形象更加凸显。

2019年是深圳书展元年，也是深圳开展全民阅读工作的第20年。深圳书展将延续这份“高贵的坚持”，年复一年，成为与深圳读书月相呼应的“城市文化菜单”，成为深圳又一张闪亮的城市文化名片。透过深圳书

展这个新起点，深圳全民阅读将进一步实现持续全面的深入发展，在新时代绽放新风采，为深圳努力建设全球区域文化中心城市和国际文化创意先锋城市发挥重要而独特的作用。

陈宏强，深圳出版集团综合事业部宣传企划专员

# 科学与幻想成长基金：科幻阅读提升民族想象力

朱珍时

“想象力比知识更重要，因为知识是有限的，而想象力概括着世界上的一切，推动着进步，并且是知识进化的源泉。”

“人类需要幻想，这种特殊想象在科学、艺术领域尤为重要。”

——爱因斯坦

科学幻想是科技发展的重要促进因素，科学最伟大的进步是由崭新的大胆的想象力所带来的。很多科学家、艺术家的现代发明，其创作的灵感都来源于科幻作品，人类的实践经验早已证明了科学幻想对科技发展具有强大的前导作用。在美国，科技创新企业常常与科幻作家紧密互动，刺激创新灵感的产生。如微软在2015年出版的《未来愿景：以微软为灵感的原创科幻小说》一书就是邀请众多科幻作家参观其顶尖的微软实验室之后创作出来的小说，对其AI、VR、大数据等业务未来发展的战略指导有着极为显著的前导作用。加州伯班克有一家叫做SciFutures的咨询和原型设计公司，他们另辟蹊径，以科幻创作作为提供客户灵感和设计商业策略的主要手段。可见，科幻作品创作以及科幻阅读正成为未来文化产业中最具创新力的组成部分，也是一个民族提升想象力的最佳载体。

## 一、繁荣科幻阅读——深圳公益组织打造中国最具影响力的科幻孵化平台

2019 年 11 月，在四川成都举办的第五届中国（成都）国际科幻大会上，来自深圳的科学与幻想成长基金首次向全球正式发布了《2019 中国城市科幻指数报告》（以下简称《报告》）。《报告》选取了产业发展、政策支持、媒体覆盖和居民接受 4 个维度的 16 项指标，通过整理多个来源的大数据和调研数据，综合评估国内主要城市的科幻指数，评出“中国十大科幻城市”榜单，《报告》成为中国科幻圈最权威的研究成果。当晚，在全球科幻人汇聚的中国科幻年终盛典银河之夜上，中国科幻文学最高奖项“银河奖”与最受科幻圈追捧的综合性赛事“晨星奖”同时揭晓，双奖联颁堪称 2019 年最引人瞩目的业界盛事。

由科学与幻想成长基金设立的“晨星杯”中国原创科幻大赛是中国首个以原创科幻内容为核心，以公益资助科幻创作为模式，以多种形式推广科幻阅读的大赛品牌。赛事获得华大基因、《科幻世界》杂志社、腾讯科普、阅文集团、朗科科技、微像文化、磨铁图书以及北京大学、清华大学、武汉大学、浙江大学等全国 300 多所知名高校等企事业单位的大力支持，同时也得到以刘慈欣、郝景芳等雨果奖得主为代表的国内知名科幻作家群体以及工业光魔动画师 Jax Lee、Pixar（皮克斯）Renderman 官方特邀艺术家 Ford Hu、暴雪画廊专栏作者 CHENBO 神不月等国际知名艺术家，《最强大脑》著名主持人蒋昌建、《奇葩说》知名辩手陈铭等的鼎力协助，吸引了全国主流媒体 1300 余篇的广泛报道，影响人群过千万。通过文学、美术、影视、辩论、演说、展览等各种形式，“晨星杯”中国原创科幻大赛将科幻阅读推广到全国近 300 所大中院校。而打造这一中国科幻圈最具

影响力的综合赛事的深圳科学与幻想成长基金也在短短5年内成长为中国领先的科幻原创IP孵化与科幻阅读推广公益平台。

## 二、科学与幻想成长基金的发展历程

科幻创作与科幻阅读不仅是新浪潮时代最具发展潜力的文化产业，更对科技创新有着极大促进作用，其重要性不言而喻。2015年3月，由对科幻充满热情的科学家、投资人、科幻作家、工程师及公益人士共同发起，在省级公募基金会深圳市社会公益基金会注册成立了中国第一支致力于推动科幻产业发展的公益基金——科学与幻想成长基金（以下简称科幻基金）。科幻基金是中国第一个横跨文化、教育与科技领域的全新形态的公益基金，致力于推动中国科幻、科普文学和美术发展成长，旨在推广科幻阅读，扶持科幻及科普作家进行文学创作，参与科幻及科普作品的生产过程，为中国当代文化产业创造出一批有独创性、质量稳定、具有转化潜力的文学作品，并进一步关注文学作品的商业孵化，为出版、游戏、影视、动漫等行业提供具有独立版权的高质量IP，扶持科幻、科普的新生代创作力量，形成一条顺畅的高产出和高转化率的科幻产业链，实现中国文化产业、下游企业、类型文学和作家多方共赢。2015年，科幻基金在偶然的情况下获得深圳市南山科协的捐赠，得以开展晨星科幻大赛，先后举办了“晨星杯”中国原创科幻大赛、STICK club国际科幻论坛、晨星科幻学院、科幻大师展、《未来者说》公益电视访谈、凡尔纳计划、科幻新青年、科幻新经济产业论坛等品牌项目，推进科幻产业国际交流与合作，搭建科幻产业和内容创作者共赢平台，一方面面向全国推广科幻阅读，另一方面将更多的中国科幻作品推向国际舞台。

### （一）晨星科幻大赛

大赛于 2015 年 7 月正式启动，每年新增一个全国赛事，至今已连续举办 5 届。晨星科幻原创文学大赛、晨星科幻原创美术大赛、晨星电影工业大赛、晨星科幻翻译大赛、“晨星杯”科幻辩论赛的陆续推出使晨星逐渐成为中国最为知名的新生代科幻人才成长平台之一。5 年来，大赛的投稿总人数达 3865 位，总参赛字数达 4000 万字，收到近 4821 部科幻小说、剧本、美术插画、动画视频等作品；孵化出有潜力的科幻创作人才包括萧星寒、灰狐、谭钢等 50 余人；发放总奖金、资助金近 200 万元；已出版及在出版包括《镜像恋人》《决战奇点》等作品 18 部，2019 年斩获科幻圈多项大奖的著名科幻作家灰狐的《固体海洋》正是晨星出版的作品，获奖作品中进入影视改编流程的有 5 部，2020 年拟发行公映 1 部；孵化出新生代青年导演 3 名；发布产业研究报告 1 个；筹办网红项目 2 个。

### （二）STICK club

STICK（由 science、technology、imagine、creativity、knowledge5 个单词首字母简写而来）club 是科幻基金打造的中国科幻领域首个国际化主题研讨平台，邀请来自欧洲、北美、亚洲等地在科学研究、技术专研、想象创造、知识传播等领域的国际大师进行主题研讨，从不同视角摩擦出新观点，打造科学、技术、想象、创造和知识话题分享平台，以期激发公众想象力、提升民族创造力。2016 年 11 月，首届 STICK club 论坛以人工智能为研讨领域，邀请著名科幻作家王晋康，AI 领域专家、Rokid 人工智能公司产品总监方舟，激光专家、镭神智能系统公司创始人胡小波，北大博士、西安交大中文系副教授、科幻作家夏笳，工业光魔公司高级特效师牛闯，进行现场思维碰撞，讨论人工智能对当下人们生活工作的影响。活动获得深圳书城南山城的大力协助，现场参与人员爆满，得到参与者的广泛好评。

### （三）晨星科幻学院

晨星科幻学院是科幻基金建立的旨在提升科幻人才创作水平，培养科幻人才创作能力的点对点教学课堂，涵盖科幻文学创作、科幻电影拍摄、科幻剧本创作、电影特效技术等科幻相关领域，以创新模式探索和推进科幻产业发展。晨星科幻学院是科幻基金践行科幻教育和科学普及的重要平台，先后落地完成晨星科幻作家班线上教育，筹建科幻导演学社、科幻电影编剧学社，开展科普进校园系列活动。

### （四）国际科幻阅读与创作交流合作——凡尔纳计划

科幻基金作为中国第一支致力于推动科幻产业发展的公益基金，以推动中国科幻产业走出去、加强科幻文化国际交流、建立科幻产业国际合作、向国际推广中国科幻阅读为责任。2018 年基金正式推出“未来者说——凡尔纳培养计划”，先后与法国科幻节组委会、世界科幻大会协会、港澳台地区的科幻作家及学者取得合作，与欧洲、北美、亚洲等地科幻组织建立互访学习机制，实现人才跨国交流互动，计划连续十年资助中国科幻艺术创作者赴欧洲进行作品展出，资助中国科幻创作者获得中外双方联名资助并直接赴欧洲多个国家进行驻点创作。

### （五）科普中国《未来者说》

《未来者说》是国内首档未来幻想访谈节目，由科幻工场策划创作，科幻基金与腾讯科普共同孵化。节目每期邀请一位科幻与未来产业的践行者进行访谈，分享他们关于未来的产业幻想，推动产业创新，激发大众想象力，传播未来科技与产品，打造大众科普、科技品牌成长互动的平台。节目播出后得到国家科协的大力支持，入选科普中国重点支持项目，先后在腾讯视频、深圳广电 DV 频道等多个平台播出。

### （六）网红项目——科幻辩论赛

2018 年推出的“晨星杯”科幻辩论赛是中国科幻圈炙手可热的网红项目，屡次刷屏，登上热搜。赛事第二年即光速成长为中国辩论圈顶级的四大赛事之一，出席赛事的评委与嘉宾组成了华语辩论圈最豪华的阵容：蒋昌建、陈铭、黄执中、周玄毅、胡渐彪、陆一鸣、熊浩等。同时，包括华大基因总裁尹烨及作家七堇年、河森堡、王诺诺等众多大咖的参与，让赛事成为科幻圈最受欢迎的活动。赛事与热播节目《奇葩说》千丝万缕的关系以及脑洞大开的辩题，使得赛事得到了指数级传播。科幻基金将辩论与科幻科普的融合受到业界广泛赞誉，堪称神来之笔。

### （七）中国科幻城市指数

2019 年，科幻基金进入产业研究领域，正式推出《2019 中国城市科幻指数报告》，成为中国首个研究科幻指数的机构。《报告》通过产业发展、政策支持、媒体覆盖和居民接受 4 个维度 16 项指标，整理多个来源的大数据和调研数据，综合评估国内主要城市的科幻指数，评出“中国十大科幻城市”榜单，深圳总得分位列第三。

## 三、科幻阅读提升公民科学文化素养，滋润创新文化土壤

科幻是一种“前瞻”文化，借由想象力进行“思想实验”，描述未来的种种可能。同时，科幻也是一种生产力，能激发公众想象力。科幻基金发起人之一、著名科幻作家张冉首次提出了科幻产业的定义，他认为科幻产业是基于科学技术对未来进行合理大胆想象的、包括但不限于以文学、美术、动漫、影视为载体的内容创作，以教育、研究、人才培养为方向的理论工作，以传媒、对外交流、科学科普为责任的社会工作等产业的集合。科幻产业的发展并不是国内现在科幻行业的单一力量能够实现的，需要整合科幻、科技、文化、教育、科普等多方资源，打破现有行业壁垒，使各行业跨界合作产生共力才能推动。

在 2019 年北京举办的中国科幻大会上，科幻基金发起人马国宾说道：“中国科协的科普重点任务提出要‘加强推进科幻创作，建好用好科幻文创平台，培育有潜力的年轻科幻作家’。科幻基金发展迅速，一是源于基金的业务方向与国家政策不谋而合，科幻基金所做的正是国家所希望看到的；二是获得了深圳市有关政府部门实质性的指导、帮助和支持，给予了我们适合生长的土壤和养分；三是得益于基金的核心价值驱动，即激发大众想象力，提升民族创造性，想象和创造这两个内核吸引到科技、文化、教育产业的精英们一起合作，使我们有了充足的对外接口，也使我们孵化出‘未来的刘慈欣、王晋康’成为可能，更使深圳作为中国的科幻高地成为可能。在中国高新技术企业云集的深圳，集科技研发、技术企业孵化、知识产权储备、人才吸纳与培育于一体，有着多元化的高科技产业体系，这无疑与科幻产业有着天然契合。科学幻想不仅是新浪潮时代最具发展潜力的文化产业，更对科技创新有着极大的促进作用，其重要性不言而喻。”

科幻基金通过推广科幻阅读，为科幻、科技、文化、教育、科普等行业提供一个共生的公益平台，实现各行业的合作共赢，更能发挥科幻在科学传播和产业发展中的重要作用，丰富其科学内涵。科学技术的创新发展除须具备扎实的科学研究能力，更须具备无限的想象力。与国外内容丰富、形式多样的科普相比，一方面，我国科普发展相对缓慢，公民对新兴科学技术认知不足，并不能很好地适应“大众创业、万众创新”对科普的要求；另一方面，国内企业虽然在科学技术的应用上得心应手，但在技术创新研发上不得其力，其中原因之一是创新意识跟不上，而推广科幻阅读恰恰可以通过科幻原创内容的传播，将科幻的奇思妙想反馈给科技企业，为其技术迭代和应用研发提供新思路，建立想象与产业的互动，提升创新技术的研发。

## 四、深耕创新——国际化助力科幻阅读持续升温

2019 年，作为国内知名的科幻创作孵化与阅读推广组织，科幻基金先后受到中国科学技术协会、四川省科学技术协会、河南电影电视制作集团、甘肃省丝绸之路国际知识产权港等机构以及意大利、法国等国家的邀请，在北京、成都、深圳、兰州、东莞等多个城市及法国、意大利等国家举办了数场科幻文学、美术、影视等不同类型的专场活动，“科幻新经济”“文学跨界”“未来阅读”等多场活动在全国多个省市落地开花。在国家科协举办的中国科幻大会上，科幻基金发起人马国宾向全国科幻迷们介绍了基金未来的计划：“明年我们计划做以下几件事情，一是积极筹办深圳国际科幻节，希望深圳能够举办像法国南特科幻节那样的国际科幻盛

事，欢迎大家来大湾区、来深圳一起参与；二是晨星系列赛事在原有基础上将增加有趣的、新的 3D 设计全国赛事；三是在科幻教育上做一点新尝试，晨星科幻学院将在多个大学巡回开展‘晨星科幻公开课’，同时将对部分有电影制作及动画专业的院校每年无偿提供不少于 40 部科幻故事的授权进行毕业作品设计，并为毕业生提供设定指导服务；四是酝酿推出《未来者说》升级版，在科普领域做出更多举动；五是进一步拓宽国际交流，凡尔纳计划将新增意大利为双向驻点创作地。”会议召开一个月后，科幻基金兰州办事处正式落成，在甘肃省副省长张世珍的见证下，科幻基金与甘肃省丝绸之路国际知识产权港在甘肃开启了科幻全新的探索与尝试，力图让科幻阅读在甘肃流行起来。

尽管《三体》和《流浪地球》的大热让科幻走入了大众视野，但是中国的科幻事业依然任重道远。长期以来，国内严重缺乏科幻题材作家和作品，科学幻想创作氛围薄弱，产业基础并不牢固，而题材方面创新不够、突破有限。其原因在于科幻产业所涉及的文化、教育、科技、出版等多个领域没有归口管理部门，科幻作家、艺术家面对经济压力无法成为专职人士，难以维持稳定的创作状态，科普创作目前尚难以形成健康可持续的商业发展模式，相关作品和作者亦缺乏来自政府和民间力量的支持，难以形成广泛、积极的社会影响。

科幻基金希望以全新的思维和方式推动科幻、科普相关产业发展，拓展作品创作源头，培养一批生命力强的科幻、科普作家和艺术家，打造一批有影响力的科幻、科普作品，最终推动产业健康发展。马国宾表示，未来科幻基金一方面将进一步打造在全国科幻领域具有较高知名度、高资源聚集度的品牌型、友善型、成长型基金，搭建科幻阅读和科幻创作者的共赢平台；另一方面将重点推动科幻国际交流与合作，建设一支在国际科幻领域内具有重要影响力的公益基金。科幻基金之所以不遗余力地推广科幻阅读，最重要的目的在于提升公民科学文化素养，滋润创新文化土壤，让科幻作为科技创新先行者，为各类科技企业的新技术、新产品提供充分的曝光机会，并向下游产业输送一大批高质量的原创科幻故事，与政府、企业、作家和读者携手并进，创造出一个更加充满想象力的未来中国。

朱珍时，科学与幻想基金发起人

# 阅读空间研究

# 书业转型的战略选择

## ——现代大书城的实践与探索

尹昌龙

近年来，随着信息技术的发展，传统实体书店面临着越来越大的挑战。一方面，电子书的兴起和互联网、移动互联网的普及逐渐改变着人们的阅读习惯；另一方面，以当当和京东为代表的电子商务模式，凭借其超低的价格和便捷的配送吸引着大量消费者。传统书业经受着严峻的考验，发展步履维艰，在方生方死之间，大书城应运而生。

20世纪90年代中期，大型图书城开始兴起。1996年，深圳书城（现为深圳书城罗湖城）首次以“书城”命名开业，由此形成了巨大的热潮。据统计，截至2018年，全国营业面积5000平方米以上的大书城已有120余家，几乎每个区域市场都拥有自己代表性的大书城。如今，大书城俨然成为各地的文化地标，引领着书业市场风向，逛书城也已成为人们的一种生活方式。

## 一、现代大书城创新发展实践

大书城的产生并不是一蹴而就的，它从书业变革与突围的阵痛中一步步走来，不断上演着“革新”自我的创新之路，历经艰辛而浴火重生。中华人民共和国成立以后，书店一直在悄然换代，经历了从最初的封闭柜台式销售到开架销售，再到自选式超市书城、大型书城综合体、特色书店与大型书城综合体并举等阶段。中国大书城的出现及蓬勃发展是特定历史条件的产物，也是宏观政策环境支持、社会消费模式变迁催生的产物。从商业逻辑的维度看，大书城的历次迭代升级都紧跟城市商业发展的步伐。

工业革命后，城市化进程不断加快，一方面，工业革命极大地解放了劳动力，社会生产率空前提高，从根本上将人们从长期繁重的劳作中解放出来，增加了人们参与文化教育、社交休闲等活动的闲暇时间。另一方面，随着城市经济发展，单一功能的区域已经不能满足人们对方便快捷和效率的追求，因此城市的集聚度不断提高、土地资源日益紧张，城市的部分功能逐渐向集约化、复合化发展，开始出现建筑综合体和办公综合体等部分城市功能相对集中的城市形态。从具有一些简单复合功能的商业建筑和商业步行街的出现，到百货商场、大型超市的不断崛起，人们对图书大卖场的需求呼声也越来越高。

随着消费形态的更替，城市商业空间模式也进一步发生改变。在体验经济和体验消费的大背景下，城市商业从百货超市过渡到以购物中心为代表的综合性商业时代。同样地，大书城作为城市文化商业空间，仅依靠图书或者单一的图书营销模式已经很难满足人们日益多元的文化体验需求，须顺应时代潮流和人们需求，在业态及空间上聚集多元性、人文性、开放性和体验性等特点。大书城纷纷向一站式文化综合体转型升级，力求在城市化进程不断提速的快节奏中构建起大众的精神家园和居心之所。

深圳出版集团在探索大书城模式的道路上积累了丰富的经验。20 多年来，它积极适应市场环境、新媒体和人们消费方式的变化，不断进行业态布局和经营模式的创新，对“深圳书城”这一全国最早的大书城品牌进行持续改造提升，打造了引领全国书业历次转型升级的“深圳书城模式”。深圳出版集团目前拥有深圳书城罗湖城、深圳书城南山城、深圳书城中心城、深圳书城宝安城、深圳书城龙岗城和深圳书城龙华城 6 座大书城，它们分别代表了大书城的不同发展阶段，梳理深圳书城的代际发展，借此再现全国大书城的发展脉络。

### （一）从传统书店向图书超市演进

1996 年 11 月 8 日，深圳书城（现为深圳书城罗湖城）开业并同步举办第七届全国书市。这是全国第一家正式以“书城”二字命名的大书城，首创全场开放式、自选式超市经营方式，一举改变了“规模小、环境差、布点分散、品种匮乏”的小书店形象，完成了深圳图书零售由“小书店”向“综合性大卖场”的转变，极大满足了深圳市民的购书需求和阅读渴望。深圳书城成功开业后，在全国引发了“书城现象”，随后仅 5 年间，就陆续有数十家新华书店大书城面世。仿效“书城”起名的大小书店先后达到 60 多家，开启了行业大书城发展的新时代。

### （二）从图书大卖场向文化 Mall 演进

2004 年，深圳书城南山城开业，在国内首次采用“书与非书（其他文化产品）融合”的经营模式。将大书城的经营范围拓展到文化餐饮、传统工艺品、动漫产品、少儿培训等项目，极大满足了市民多样性的文化需求，成功探索了“书城 + 影城”“书城 + 培训”等全国领先的经营模式，实现了深圳书城从“综合性大卖场”向“书城 Mall”的跨越式发展。

## （三）从文化商场向公共文化生活中心演进

2006 年，深圳书城中心城华丽亮相，一个世界单体面积最大的体验式书城在深圳中心区诞生，标志着大书城建设再度升级。深圳书城中心城组合多种项目的文化配套、人性化的环境构建、体验式的文化交流空间，令人耳目一新，成为体验式书城的样板。深圳书城中心城最大的特色在于，它极大地拓展了“阅读”的内涵和外延，更加注重一站式文化消费空间的打造，成为人们进行文化交流和彰显品质生活的“城市文化生活中心”，被誉为“规模体量最大、环境最舒适优雅、功能最齐全、运营管理最好”的现代书城标杆。联合国教科文组织、国际书商协会、国际大体联等国际组织对深圳书城中心城予以高度肯定，并认为此模式“值得国际书业界学习”。中央领导也多次视察深圳书城中心城，盛赞深圳书城中心城是富有品质与活力的“文化场”。

## （四）从文化生活中心向创意孵化平台演进

2015 年 5 月，定位为文化创意综合体的深圳书城宝安城开业。以“书香引领生活，创意改变未来”为理念，深圳书城宝安城创造性地汲取了前几代书城的经验，在功能组合及业态分布上拓展新的构成元素，“书城 + 影城”“书城 + 创意城”“书城 + 培训城”等模式得以进一步升华。同时更加注重人文关怀，注重书城与区域文化的融合，注重书城在“实现市民文化权利”中的文化担当，设立打工文学中心和创客空间，迎合文化创意产业的新兴趋势，突出创意引领和创意孵化功能，成为创业青年分享交流、涤荡创意、筑梦圆梦的社区和家园，强力助推宝安文化创意产业转型升级。

### （五）从实体书城向线上线下融合的智能书城演进

2018 年 7 月开业的第五代深圳书城——深圳书城龙岗城，以智能化书城为特色，全方位多维度打造全国第一个智能书城。书城内开设 24 小时无人书店，读者可 24 小时全天候随时逛书店。读者扫码入店后，可以通过物联网智能识别技术精准定位图书，在结账时，使用微信扫码支付即可“一键买单”。书业与科技的融合，有效降低了书店的运营成本，同时也提升了读者的购书体验。

### （六）实体书店走进商业综合体

书城模式的更新迭代，除了紧跟商业发展的步伐，积极适应人们生活需求的升级之外，其核心理念在于坚持“尚书不唯书，求利不唯利”的价值追求，实现阅读与生活的有机结合，推动社会效益与经济效益的有效统一，使现代大书城焕发出强大的生命力，从而吸引众多商业综合体、购物中心纷纷引入书店业态，打造新的消费场景和文化氛围。

杭州万象城引入新加坡的 PAGE ONE，成为其在中国大陆的第一家分店，诚品书店进驻深圳万象天地，钟书阁亮相苏州苏悦广场，深圳京基 KK mall 引入言几又书店，而华润更是与西西弗书店建立紧密的战略合作伙伴关系……以书店为代表的文化空间正在商业购物中心孕育延展。这些现象背后指向的是商业地产在引领大书城模式历次升级迭代之后，反过来也通过引入书店业态实现其自身的文化转型。

## 二、现代大书城创新发展特点

### （一）注重规模：满足一站式购书和阅读需求

书城是书店的一种发展形态，是集教育、图书、展览、餐饮、休闲等多功能于一体的大型综合性文化消费场所。说“大书城”，自然突出在一个“大”字上。显著特点为规模大、品种全。大型书城的经营面积往往超过5000平方米，经营出版物在10万种以上，品种丰富、新书上架快、复本量大。如营业面积达4万多平方米的深圳深圳书城中心城，出版物经营面积近2万平方米，常年陈列1000余家国内外出版机构的30多万种中外出版物。

我国的大书城一般以文化需求及城市发展需要为导向，多处在城市中心或区域中心等商业繁华地带，客流量大。以书筑城，大书城适应了现代社会生活快节奏、高效率的特点，满足了人们快速方便一站式的购书和阅读需求，成为城市里一道道亮丽而独具特色的风景线，吸引着来自四面八方的人们驻足、逗留，徜徉其间，逐步构筑起现代都市人的精神生活家园。

### （二）跨界：围绕图书打造书生活

中国城市化浪潮伴随着前所未有的人口迁徙，产生了数量庞大的“城市移民”。移民陆续在城市定居，身份逐渐从移民转向市民。市民和移民的最大区别是，市民不仅要生存，更要有生活，拥有更多的休闲时间与休闲需求。当今社会渐渐步入文化休闲时代，书城阅读空间的功能也随之不断拓展和转移，不断向艺文空间、社交空间、休闲空间等转移。从书开始，但并不是到书结束。阅读空间的存在不仅仅是为了读书，更是人们休闲娱乐、相互交流的重要场所。

书城的顾客，已经不能称为“消费者”，他们有时仅仅是为了闲逛、偶遇、发呆、消磨时光。当顾客不再只是消费者，而是生活者时，如何使书店变成人们休闲生活的一部分，很大程度上取决于书店的定位。2013年11月29日，深圳各大报纸、广州部分报纸关于深圳深圳书城中心城举办“温馨阅读夜”的报道与深圳购书中心停业的新闻形成了强烈的对比。这印证了单纯依靠图书销售模式，并不能满足现代都市人多元化、个性化的文化消费需求。大书城必须进行重新定位，溢出传统书店边界，探索业态组合创新，以满足市民休闲娱乐、文化交流、情感互动、创意生活等多元化需求。

深圳书城提出“围绕生活提升，贴着地面飞翔”的理念，定位于大众够得着的品位，以出版物经营、阅读生活为主导，在空间营造和业态组合上不断创新。应现代休闲生活多样性需求，创造性应用“跨界”理念，在书城空间将书业、文化、商业、设计、创意、展览等进行融合，充分发挥平台聚合效应，成功创建出体验式书城业态和书业跨界融合的商业模式，让原本看似毫不相干的元素，相互渗透融合，产生化学反应，形成互补。书风、茶韵、咖啡香，深圳书城内到处洋溢着“扑面而来的生活气息”。人们可以品茶、阅读、社交、品美食、喝咖啡、看表演、听音乐、听讲座、看展览、欣赏传统文化等，一家人一整天尽可以在这里享受高品质的文化生活之美，在快节奏的工作生活之余释放疲惫、放飞心灵、沐浴文化。深圳书城不仅是阅读、购书的空间，更是舒适休闲的生活空间。书城中各项目、品牌的有机组合，形成了一个多层次、高效率的物质、能量共生的网络，成为现代城市居民文化休闲生活的目的地。

在深圳书城等的引领下，跨界运营成为现代大书城的一个重要特征。如南昌红谷滩文化综合体、苏州凤凰文化广场等，以书城为纽带，将电影院、休闲、娱乐、培训、艺术品展示交易等融为一体，配套各类餐饮、服饰零售、创意产品零售，在文化融入商业的同时挖掘商业中的文化，将文化与商业进行有机融合，探索“一站式文化体验和消费”。

围绕书打造书生活，跨界书店已经不再是严格意义上的书店，但是在这种创新的背后，大书城坚守文化的初心并未改变。跨界让文化在生活中流淌，而这正是大书城存在的意义和价值。

## （三）能动的休闲：以创意影响未来

在知识经济与后工业时代背景下，文化创意产业以其创新、融合、开放的产业特征，日益成为经济发展的新动力，成为当之无愧的朝阳产业。面对传统实体书店经营的困境，大书城纷纷探索如何更好地与文化创意产业相结合，适应当代经济社会的发展，不断满足人们文化需求的变化升级。一方面，文化创意产业链是传统书业的生死场，实体书店要生存发展，必须在做强主业的基础上，做好产业，以产业辅助带动主业发展，形成一条新的产业链。如南京先锋书店打造了集陶艺、书画、展览、动漫等于一体的文化创意产业链，使书店完成了真正意义上的转型。

另一方面，书城也是文化创意产业的孵化平台。例如，深圳书城将科技创意、文化创意、工业创意等各种创意时尚元素带入书城，使书店不再是枯燥的、陈旧的场所，而是充满时尚感、设计感的创意空间。深圳书城不遗余力举办大量的创意活动，设立创客空间、创意大讲堂、创意市集、创意 show 等，将书城变为文化创意产业集聚的园区、文化创意产品展示的平台。书城作为多元文化碰撞的空间，以科学合理的规划布局、完备的功能配套、密集的文化消费群体、专业的服务支持，吸引了众多的创意品牌、项目、作品、活动在此展演。诸多原创品牌及创意项目在书城获得了公众的充分了解和认同，由此迅速成长壮大，一批如 HOLY MOLY、无感陶艺、SIMPLE THINGS 等从创意市集中成长起来的品牌已开始跨地区经营、产业化发展。书城也因此成为新生原创产品迈向产业化的沃土。

### （四）场所精神：空间的独特意义

移动互联时代，为我们构建了一个方便快捷的足不出户的空间和一个无限接近现实的虚拟世界。我们在远离实体体验空间的同时，对现场感、体验感的渴求度也空前提高。面对阅读方式的改变、电子商务的冲击，提升产品、服务和环境的全方位体验感，塑造场所精神，被认为是实体书店区别于网络虚拟空间的关键。

一是感官审美。“颜值即是正义”这句话同样适用于书店。大书城的店面风格设计、背景音乐、灯光色系符合消费者的感官审美。打造高颜值书店，迎合年轻一代的消费心理。大书城在追求颜值的基础上，更重要的是营造一种独特而内在的场所精神。深圳书城通过一流的建筑设计、空间布局和氛围营造，成为发达公共文化生活空间的生产者，以其浓郁的文化与休闲气息形成独特的、标志性的、充满魅力的“文化场”，提供自在闲适、文明雅趣、能动积极的独特文化体验，使顾客愉悦地徜徉其中，成为人们向往和流连忘返的场所。

二是人文关怀。书城的空间布局明亮开阔，讲究环境、意境、情景的呼应和有机融合，让人身心愉悦。书城作为文化生活空间，不仅仅为人们提供一处休闲场所，更用空间创造连接彼此的纽带，人们在这里相聚、探索、再创作，在这个充满推送和“种草”的年代，真切地感受到人和人之间所传递的温暖。一座书城文化综合体如同由多个扇面构成，人们在每个既相似又不同的扇面里，看书、喝茶、闲谈、参与活动，扇面之间既有清晰的界限，又彼此照应，形成一个舒适的文化场。

三是强化现场感。为读者提供体验、参与和创作的机会。新一代消费群体努力摆脱被动地消费权威性的内容，他们重视参与和自我表达，拥抱共同创作。在深圳书城，顾客不是被动的旁观者，而是参与者，是重要的组成部分。书城努力扮演好“搭舞台、打灯光”的角色，让人们可以尽情展示自己的思想、情感、创作、创意，得到实现自我的满足感和成就感。书城平台的聚集作用吸引了深圳各类文化爱好者，他们受书城场所精神的感染，聚集在书城，自发开展各种文化交流活动。为此，书城为大众提供了诸多展示自我、分享交流的平台，如展示最新词曲创作的音乐时空，分享诗作的诵读会，展示绘画、摄影、设计、手工作品的各种展览等，使参与者的作品得到赏读、文化气质得到关注、情感得到释放与呼应。人们在愉快的体验中构建着自己的精神生活空间，寻找志趣相投、心灵共鸣的朋友。人们从虚拟空间中走出来，从个人世界走出来，人和人之间的孤岛被连通，享受实实在在、面对面的公共文化生活。书城实现了市民群体的文化融合和再社会化。

### （五）推崇全民阅读：构建城市公共文化服务阵地

随着社会竞争的加剧，终身学习观念深入人心。书城是崇尚阅读之所，各地的书城积极参与城市阅读生活建设，引领城市热爱阅读、求学问道的良好风尚，为读者大众打造充满活力的阅读学习平台。例如深圳书城通过“深圳书城选书”“三金工程”（金牌买手、金牌店长、金牌导购员），不断提升专业服务水平，提供优质内容出版物，为读者做专业的阅读指引。长期坚持开展“深圳晚八点”“全民品读会”“亲子阅读”“讲书会”等读书交流活动，引导充满智慧和正能量的阅读潮流。同时，书城吸引了丰富的教育资源和优质的培训品牌进驻，通过专业化、个性化的服务，满足成人、青少年等各种类型、不同阶段读者的自我提升和成长需求。书城由此变身为社会教育的大舞台。

从传统书店到现代大书城，尽管运营模式发生了剧烈变革，但其作为多元化城市文化生活空间、城市精神文明建设重要载体和肩负城市文化服务重要阵地的历史使命从未改变。传统书店只是卖书的空间，甚至不让人看书，只能买书，现在大书城则发挥着全民阅读主阵地的作用。以深圳书城为例，一方面，多年来，深圳书城始终坚守主业，积极提供公共文化服务。具有广泛影响的深圳读书月，其19年的开幕式几乎都在深圳书城举办。深圳书城作为深圳最具社会效益的公共文化服务设施，自投入运营以来，累计接待读者近3亿人次，举办各类文化活动12000余场，是城市公共文化服务的重要平台，有效保障了市民文化权利的实现。单是深圳深圳书城中心城一年就举办了约800场活动，创造了深圳所有公共文化设施的活动场次之最，可以与世界上任何一流的文化设施媲美。建一座书城，更像是同时建设了演艺中心、图书馆、美术馆、少年宫等好几座大型文化设施。深圳书城自觉地承担了阅读转向时代的承接者，自觉担当了实现全民阅读国家战略的一个主阵地。另一方面，深圳书城的文化担当反过来造就了书城在深圳的影响力和特殊地位，成为政府公共文化政策的重要选择。

深圳市委、市政府多年以来秉承"文化立市""文化强市"的战略方针，对深圳书城给予了在全国乃至全世界都绝无仅有的大力支持。可以说，深圳书城的创建和发展无不凝结着深圳市委、市政府在书城选址建设、运营发展、全民阅读活动中的坚定支持和强力推动。书城选址所在位置都是深圳城市的核心之处和商业旺地。正是认识到书店之于城市发展的长远意义，认识到阅读对市民的深远影响，作为经济发达的年轻城市，深圳选择把最好的位置留给书城，选择将与书有关、与文化有关的公共建筑作为中心地标和城市客厅，这体现了一座城市的高贵与优雅，也体现了这座城市决策者的眼光和追求，体现了城市尊重知识、崇尚文明的价值选择。

### （六）意见中心：凸显城市公共影响力

古罗马城市的中心广场除了剧院、竞技场、市场等公共建筑外，公共浴场一定是标配。而公共浴场不仅是罗马人的澡堂，更是一个社交场所。好莱坞 1950 年大片潮时代拍摄的《斯巴达克斯》有个镜头叙述的是庞贝、克拉苏在公共浴池中商讨成立“三巨头”联盟的最初想法，而这一后来的决定结束了长达 500 年之久的共和时代。民国时期的茶馆，人来人往，熙熙攘攘，浮动着蓬勃的人气。茶馆作为当时市民几乎仅有的公共空间，是市民聆听辩论，关心铁路国有化、对外贷款等的重要场所。它提供的不仅是茶水，更是信息发布中心，从茶馆放置的“莫谈国是”小纸条可窥一斑。

如今，“委员议事厅”走进深圳深圳书城中心城，邀请政协委员、专家学者、政府部门相关人员、热心市民，参与讨论市民关注的社会热点和民生主题。它搭建了一个社会各界广泛参与并表达意见的协商平台，营造协商民主氛围，传播理性声音。深圳书城对市民来说，就像公共浴场对罗马人，茶馆对老北京人一样，除了满足基本功能，也是人们社交的重要场所，更是公共意见中心，为公众建立通往正确意见中心的沟通管道。

此外，书城因其活跃的人流量，成为各类公共事件、公益机构宣传的首选场地。深圳市血液中心在深圳书城罗湖城、深圳书城中心城广场设立了固定献血点，深圳义工联设立了公益服务 U 站，许多公益组织将书城广场作为固定宣传点，为市民提供法律咨询、户外安全知识宣传、反对校园暴力（家庭暴力）宣传、爱心书籍捐赠、爱心义诊、特殊儿童与普通儿童融合写生等特色活动。还有各类民间组织也选择书城广场作为活动交流的地方，如首家民间救援NGO组织——深圳山地救援队就曾在书城组织活动，手把手教市民打绳结、支帐篷、使用急救药品，并派发急救手册宣传户外自救、营救等知识。公益组织开展的丰富活动，吸引了广大市民的踊跃参与，使深圳书城中心城成为深圳公益新地标。

### （七）拥抱互联网：线上线下融合共存

实体书店空间的有限，决定了其盛放元素、容纳内容的有限。随着互联网的飞速发展，实体书店与网络的融合共生也得到进一步促进。一方面，实体书店往线上延伸，使服务在虚拟空间得到放量拓展，让不在书店的人也同样能享受到书城的服务。深圳书城的掌上书城App，让6座深圳书城变成读者身边的书城，将有限空间转变为无限空间，使书城服务变得更加便捷，书城变成另外一种意义上的24小时书店。据报道，2017年底，新华书店总店的全资子公司新华互联和阿里云签署了战略合作协议，将整合新华书店在全国的12000家实体门店、584家出版机构、3000家大中型图书馆等全产业链资源，与阿里云联手打造新华书店网上商城，并在北京成立第一家新华书店智慧商城，借助新零售对实体企业的作用力，完成一次关键性的转型。

另一方面，网上书店也往线下走。当当网第一家实体书店于2016年1月在长沙开业，占地1200平方米。书店根据当当网大数据进行选书，并实行线上线下同价运营。此外，书店还引入儿童馆、手工教室、展馆等业态，开业后热度持续不减。目前，当当网在全国10余座城市开设了140余家实体书店，当当书店作为一种新零售业态进入到大众的生活中。此外，各种线上活动通过实体书城在线下进行推广，使虚拟空间的人物（如网红、网络作家）走入实体书店，拉近了虚拟空间与现实生活的距离。

实体书店通过转型升级，以及借助“互联网 +”融合发展，不断拉近与网店的差距。而网上书店则拥抱新零售，突出社交与文化体验，借助线上用户及其购买习惯等大数据，精确分析不同城市、地区的消费需求，利用其强大的后台能力发展线下书店。随着互联网的全面渗透，网上书店与实体书店的商业形态不再对立，边界逐渐模糊，两者逐渐达到融合共存的状态。线上营销、线下体验、交易方式多样化，已成为图书零售市场的重要模式。

## 三、书城模式未来展望

“书店的工作是一个未来的职业。”法国书店协会主席马修·德·蒙沙朗不止一次强调这一点。虽然能够实现网上购书，但读者更在意原初的体验，网络给不了人和人的真实接触，与书店店员的面对面交流，也是人工智能无法完全替代的。作为实体书店的经营者，应紧跟市场环境的变化和顾客消费需求的变迁，转变角色以及提供产品与服务的方式，以新思维促发新实践，探索新模式，获得新的发展空间。

### （一）未来书店是阅读空间

书店的工作是一个未来的职业，首先体现在书店承载着知识、与阅读相连。而阅读和知识随着时间推移始终被推崇、有分量。因此，未来书店将成为全民阅读阵地。传统的书店、书城是卖书的地方，而现在图书馆与书店进行了深入合作，如深圳图书馆与深圳书城合作开展“你看书，我买单”活动，使得读者得以在书店借书。图书馆的借阅功能和书店的卖书功能有了较为紧密的结合。到未来某一天，人们到书店极可能不是买书，而是看书。从这个意义上讲，未来在书店里，读者不但可以免费看书，即使阅读的重要载体——纸质书消亡，围绕书的其他阅读行为，仍能以书店为重要空间进行，比如听书、讲书、说书等。这将书店从传统卖书场所推演成为全民阅读的主阵地。由此，“读者只看书不买书便无法盈利”的传统书店经营思维将被打破，未来书店将成为与知识和阅读相关的场所。由此处着眼，书店经营者可探寻新的盈利空间。

### （二）未来书店是艺文空间

随着社会的发展，大众对于精神文化生活的需求日益强烈，并且越来越趋于多元化。尤其是随着现代生活方式的变化以及大众艺术审美的日益普及，越来越多的人开始对艺术生活体验产生兴趣，众多的城市艺文空间应运而生。

艺术的发散与跨界特性，以及由艺术创意分享构成的社会氛围，使艺术与书店的空间气质十分契合，并自然而然地被衍生运用到书店空间的各个领域。书店因此成为彰显艺术态度和生活品质的重要艺文空间。未来的书店将设置大小不一的艺廊、会展、小剧场等空间，开展个性化的绘画展、摄影展、书法展以及演艺演出等艺术体验活动。书店也可以是推广时尚概念的发布会，成为重要的理念策源地，甚至是时尚的风向标。综合来看，书店将成为重要的展览中心、时尚发布中心和艺术审美体验中心，生活美学将在这里得到极致展现，书店将为顾客提供全方位沉浸式的消费体验。

### （三）未来书店是公共文化服务的重要渠道

未来的书店将成为公共文化服务的重要渠道。《中华人民共和国公共文化服务保障法》的出台，意味着大力推动公共文化服务体系建设成为从中央到地方各级政府部门的重要职责。尤其在当下，民生问题的重中之重聚焦于老百姓对美好生活的向往，而文化生活则是其中极为重要的组成部分。可以预见，文化民生将成为公共财政支出的一个重要领域，这对公共文化服务领域的政府采购市场将产生巨大影响。而在这个市场中，书店将扮演十分重要的角色。

当前，书城已经变成城市公共文化活动的重要空间。传统意义上的书店是安静的，但现在的书城另有一番“热闹”，即通过讲座、展览、聚会、活动，不断放大书城的文化交流功能。这为我们描绘了一种可能：未来的书店，将变成提供公共文化服务频次最高、受众参与度最广的场所，大量的公共文化服务将在书店开展。这也为未来书店成为公共文化服务的重要供应商提供了一种新思路。

### （四）未来书店是智能空间

互联网深刻改变了人们的生活和消费习惯，尤其是随着移动通信网络环境的不断完善、智能手机的进一步普及，移动互联网应用向用户的各类生活需求深入渗透。同时，在一定程度上超越空间和时间的限制，实现数据交互、万物互联的5G时代也即将到来，如何像互联网企业一样思考，将读者视为“用户”，从“用户体验”出发考虑问题，则是未来大书城的一次“思想转型”，进而驱动书城从线下延展到线上的行动实践，使书城成为智能化程度最高的公共场馆。

基于书店目前存在的问题，一是仍属于劳动密集型场所，是微利性的经营，因此很难吸引到高端专业人才；二是大书城的经营面积往往超过1万平方米，经营出版物多达数十万种，浩如烟海，仅理货这一道工序即需耗费大量人工；三是书店作为知识服务商，面对年出版品种动辄 50 万种、新书近 30 万种且质量良莠不齐的出版现状，受制于极大供给与极为有限的终端架位之间的突出矛盾，如何进行需求匹配、选书荐书、精准营销等成为一项极富挑战性的工作。未来书店亟须通过智能化、数字化来应对劳动力成本攀升和互联网冲击等困境。如利用室内导航技术实现读者自助导购；利用 AR/VR 技术进行互动体验式阅读活动；利用人工智能，结合大数据和数字地图，实现智能推送、机器人理货，甚至提供更为细致的智能服务及管理联动等。总的来说，一方面，通过智能化，完善供应链的管理和控制，提升效率、降低成本。另一方面，透过大数据分析，为用户画像，细分市场、提升产品和服务品质，打造智能化空间。

## 四、结语

大书城经过多年的业态创新和文化坚守，在潜移默化中改变了人们的生活方式，提升了城市品格，创造了一种崭新高尚的城市文明式样。诚然，在这个急速变化的时代，没有一种资产是稳固的，没有一种商业模式是长存的，亦没有一种竞争力是永恒的，书城未来也必然会出现不同的模式更迭，但不管怎么变，只要读书的传统还在，只要书的力量还在，大书城就具有永远传承下去的可能。大书城终究要回归零售的本质，回归阅读的本质，以用户为核心，用心提供高质量的产品和服务，将书城打造成为知识供应空间和生活方式的设计空间。

尹昌龙，深圳出版集团有限公司党委书记、董事长

# 美学书城：深圳书城龙华城

孙太清

深圳书城龙华城是深圳市“十三五”规划的重要惠民工程，是深圳出版集团贯彻落实“一区一书城”战略布局，紧扣《深圳文化创新发展2020（实施方案）》打造的又一全民阅读阵地，也是集团在深圳市内建设的第六座书城。它以设计美、生态美、人文美、变化美构建起美学化的场景式阅读环境，成为独具魅力的美学书城，代表现有深圳书城的全新发展模式，堪称深圳书城的 6.0 版本。

## 一、深圳书城龙华城的概况

深圳书城龙华城坐落于深圳城市中轴的龙华区，占地面积 1.05 万平方米，建筑面积 4.6 万平方米，共 8 层（地面 6 层，地下 2 层），拥有图书近 20 万种、70 万册，覆盖五大部类及 252 个二级分类。从 2017 年 3 月 24 日竞得项目用地，2017 年 9 月 28 日动工建设，到 2019 年 4 月 30 日完成封顶，2019 年 12 月 31 日正式开业，历时两年多时间，一砖一瓦砌成了深圳书城龙华城的万卷书香。

深圳书城龙华城的惊艳亮相，吸引了超 30 万市民“打卡”，单日最高客流量突破 3.2 万人次；全国各地纸媒、网媒、电视媒体，自媒体大 V、知名公众号等争相报道，盛赞美学书城。

## 二、美学书城诞生的时代背景

实体书店作为城市的文化符号，不仅是传递价值、提供知识服务的载体，更是一个传承精神、表达文化内涵的载体。没有书店，城市如同没有灵魂。但受网络购书、电子阅读的影响，加之运营的高成本，许多实体书店面临着经营困难的窘境。在此背景下，实体书店纷纷开始探寻转型之路。

与此同时，消费者的购买行为也悄悄发生了变化，场景导向消费渐渐成为主流。消费者的延展消费与关联消费开启了互联网时代实体书店的新机遇。实体书店真实空间的互动体验让阅读不再仅仅是一项功利性举动，更日益成为一种关乎形式、关乎过程、关乎体验的生活方式。人们在实体书店中围绕阅读所展开的一系列消费行为也在审美、互动、分享等方面有了更多的追求。相较于网络书店，实体书店拥有特定的文化场景体验服务；相较于电子阅读，纸质图书跳跃在掌心之间的触感、氤氲于纸墨之间的书香更是无法被替代的。

随着人民生活水平的提高和审美意识的普遍增强，大众对美的事物的追求和渴望成为社会潮流，如何以书为核心，从满足读者的审美、体验和精神需求着手建构起一座充盈着美学元素的书城，既是行业转型、消费升级及阅读需求变化的必然产物，更是重塑实体书店价值和精神的城市呼声。

## 三、深圳书城龙华城的美学内涵及特点

深圳书城龙华城作为美学书城，立足于以人为本，通过美学空间所代表的“场”，以及由书延展开的特定文化情境所代表的“景”，构建起场景式的精神场域，来满足读者审美、体验、分享、交流等多元文化需求，从而构建深圳书城龙华城的独特价值，形成品牌符号。

### （一）设计美：会对话的空间设计

深圳书城龙华城的设计，在促成人与空间、书与空间、人与书的对话中，构建起一条情感共鸣的桥梁，用以安放人们忽略且无暇顾及的精神领域。外部形象与内部空间美学的碰撞，带着与人亲近的温度，造就了深圳书城龙华城设计的独特之美；浓厚的情景化阅读氛围，植入书城的每一处，让读者对高品质、高美学的阅读环境心生向往，从而推动人与情景的相互交融。

深圳书城龙华城独特的八面体建筑造型灵感来自翻书动态，每一个角度看过去，都像是一本翻开的书，以开放包容的姿态吸纳文化万象，寓意八面来风，文风易盛。室内一面以书的造型垒起的墙体直通天顶，宛若“书山”，气势磅礴，蜿蜒在其上的电梯搭乘者，仿佛“翻山而阅”，应和了“书山有路勤为径”的意象。书城外立面采用多孔遮阳板，形成可呼吸幕墙，让整个书城的内部空间通透敞亮。白天，每一缕洒下的光随心亲吻着书本，让每一次阅读尽情拥抱自然。夜晚，灯光映衬下，书城是瞬间被开启的四散着光芒的“月光宝盒”，是城市旅人的心灵导航塔。

深圳书城龙华城的书业主题空间融合古代园林美学与现代时尚艺术，与书开展不同的空间对话，使读者自然而然产生代入感。书城内部按照

读者年龄进行楼层规划，一楼与负一楼之间穿插着夹层，形成丰富有趣的“层楼叠榭”空间形态；拾级而上的大书墙，让读者不由自主地便进入到阅读情景中。二楼儿童阅读区的“朝阳梦舞”，是为儿童打造的寓教于乐的阅读场景——专属的阅读草坪、舞台区、游乐场式的高低阶梯，充分激发孩子的创造力，让他们可以尽情动手构造自己的小社区。三楼少儿阅读区的“启慧之路”，为少儿铺设一条成长之路，随台阶一步一步向上，开启智慧之门，小读者们在灵动的飘带灯饰下、在广阔的阅读空间里、在亲近自然的户外露台中寻找智慧，开启人生的新篇章。四楼青少年阅读区，用竹竿围合而成的竹屋，塑造出一种“竹林幽径”的静谧美，让成长期的青少年能够在这片幽静中得到安宁。五楼成人阅读区，将书与小桥流水的场景进行融合，营造一种如江南小镇般的隽秀氛围，让人放下浮躁。纵跨五、六楼的鸿博厅，用近两万本图书堆砌组成的弧形书墙，弥漫着知识的芳香，通透的落地玻璃幕墙在光影的折射下，与层层书籍交织共鸣，置身其中，仿佛沉浸在知识与沉思共存的艺术殿堂。以书为墙，以梦为马，透着阅读的灯光，承载着艺文活动的无限可能，让人们近距离感受到思想与艺术的共振。六楼精品阅读区，棱角分明的方石板与圆弧博古架相映，圆的线条柔化了方的棱角，就在“方圆之间”无声地讲述着成人世界的生活哲学。

## （二）生态美：会呼吸的垂直生态

深圳书城龙华城的绿化覆盖率超过三成，户外绿色景观及花木种类繁多，且随四季变化而变换，全年均有繁花可赏。室内垂直绿化连接各个楼层，设有景观绿植、绿植墙及多个户外露台，让室内空间与自然环境相互渗透，人文气息与自然生态交互辉映，读者置身书城内也能聆听自然的轻风、享受阳光的照拂。此外，深圳书城龙华城还利用屋顶花园打造天空农场、亲子乐园、户外运动场等，让读者在阅读的同时享受运动的酣畅淋漓、体验瓜果蔬菜丰收的喜悦。

### （三）人文美：有温度的情怀态度

书店的文化特性决定了它绝不仅仅只是贩卖空间，更多的使命在于传递精神价值、塑造生活态度、输出生活方式。

深圳书城龙华城秉持尊重、关心、爱护、重视的专业态度，从阅读空间布置、主题图书陈列、线下活动体验等方面帮助读者发现自我阅读的舒适区，并在特定的真实互动情境中产生情感，从而获得阅读带来的幸福体验。

深圳书城龙华城的人文美是尊重阅读、关心爱护读者、重视需求三大核心的凝结。尊重阅读，即读书以及一切为读书所做的服务都是高贵的，深圳书城龙华城心怀敬畏，为各个年龄段读者打造符合其审美的阅读空间，提供足够的公共阅读桌椅和舒适的灯光，员工以专业的精神风貌迎接每一位读者，专业的选品师承诺耐心回答每一份阅读疑问。关心爱护读者，即从读者的视角出发设计空间及场景，包括专为儿童设计的书架、儿童专属的小门、读者最爱的大台阶等。同时，设置多达 400 个阅读位，且每一个阅读区域各不相同，靠窗的、露台的、嵌在书架内的，款式有慵懒的沙发，也有高脚的吧台，读者可任意选择舒适的位置。读者可以坐着读、站着读，在窗边读、在户外读，伴着微风读、伴着夕阳读，每一处阅读空间里认真阅读的身影，都是深圳书城龙华城亮丽的风景。深圳书城龙华城对每一本图书都精心陈列，小心呵护；对每一位读者都热心接待，尽力照顾——儿童阅读区的直角桌椅保护贴、公共阅读区的静音温馨提醒、覆盖全楼的安全警示提醒，都是深圳书城龙华城的一份爱护；每一次服务都力求便捷，智能服务无处不在——90秒全自动存取书、自动调整适合阅读的光照值、刷一刷脸就能推荐好书、自助查书、智能导航、自助买单、人脸支付等，让读者走在阅读体验的前沿；每一处空间都保证干净整洁，为读者提供舒适的阅读环境。重视需求，即除单纯阅读需求外，重点规划艺展空间，常年策划举办各类公益性、艺术性展览，引入龙华艺廊、观澜版画工坊等艺术展览和艺术体验项目；特别规划8个公共活动空间，长期开设“对话大家”“童趣万花筒”“寻味生活”“奇妙剧场”等品牌活动，为读者的阅读生活创造万千可能。

### （四）变化美：可憩息的故事片场

“阅读，对于实体书店的读者而言，是一个自我对话、自我审视、自我完善和自我超越的过程。”为了满足读者高频次逛书城的需求，书店也需时时变换新意。深圳书城龙华城不断推出荐书、展览及各类文化活动，构建起生活、文化、社交相互交融的三大场景，满足不同阶段读者的多层次需求，让读者每一次来到书城都有新发现、新惊喜。这种常新的体验感，也让书城充分参与到读者精神生活和生活方式的构建中，让读书、逛书城成为人们喜闻乐见的生活方式。

#### 1. 生活片场常逛常新

深圳书城龙华城的“读书+”模式，融合了书与非书业态，在最大化满足阅读需求的基础上，规划了2.95万平方米的商业空间。商业空间布局上，搭建美学打卡圣地，规划了连廊空间、下沉式广场和屋顶花园等情景式开放空间，集休憩功能和视觉享受于一体。业态组合布局上，引入非遗体验、文创手作、生活美学、运动休闲和书城小剧场等兼具文化调性和人气的业态品牌，充分发挥商业空间的灵动创意。打造以家庭为核心的生活化商业平台，引入儿童体验游乐中心、亲子绘本阅读中心和早教培训中心等，让家庭客群充分享受亲子时光。此外，还引进餐饮、咖啡花艺、茶艺陶艺、教育培训等多元生活美学业态，读者在研读之外还能品咖啡、研习花艺、品茶制陶，让读者一整天都“泡”在书城成为现实。

**2. 文化片场常谈常新**

深圳书城龙华城以书为核心，构建出丰富的文化生活场景。一方面，利用线下展台、橱窗，配合线上荐书栏目，引导读者发现好书，共读好书；另一方面，依托众多活动空间，挖掘书背后的故事，开展名家分享、儿童体验、音乐会、艺术鉴赏等多元文化活动，引导读者深度阅读。不断更新的主题图书、不断变换的主讲嘉宾，都不断丰富着读者的阅读生活提案。

**3. 社交片场常来常新**

书店作为内在精神的外在表达载体，具有重要的互动和交流功能。深圳书城龙华城特别突出书城的展览功能，把艺术从专业场馆延伸至书城，搭建起艺术与读者的交流平台，让艺术贴近生活、成为日常，让读者在看展、与艺术家交流的体验中升华美学素养。艺术展、设计展、科技展、时尚展，任何一种展览与图书、与读者都有碰撞出新的火花的可能。深圳书城龙华城的魅力还在于它不仅仅局限于书本身，而且通过书变换出各种可能，向文创、音乐、影视等多领域延展，让读者每次都能收获不同的体验。

## 四、深圳书城龙华城的发展愿景

24 年前（1996 年），深圳书城凭借图书大卖场开启了全新的阅读方式；14 年前（2006 年），深圳书城以生活创意跨界融合创造了书业的二次革新；如今，深圳书城还在不断地迭代更新，蜕变出多元的体验书城、创意书城和智能书城。20 多年来，深圳书城一路引领先行，成为行业的风向标。今天，深圳书城龙华城作为深圳书城的 6.0 版本，继续秉承着为市民提供公共文化服务、拓展和丰富公共阅读空间的文化使命，肩负着为行业探索实体书店变革创新的发展重任，继续为行业发展探索新的路径。深圳书城不仅将成为深圳推动全民阅读、建设书香社会的最亮底色，也将成为实体书店探索转型之路、进行供给侧改革的最亮明灯。未来，深圳书城龙华城将朝着与国际接轨、比肩世界优秀书城的方向发展，成为助力深圳建设“全球标杆城市”的文化风向标。

孙太清，深圳书城龙华城实业有限公司总经理

# 科技赋能创造“书香 + 智能”的阅读空间

## ——浅析书城智能化建设的挑战与机遇

刘翀

随着政策及宏观经济环境的变化，实体书业的规模化发展阶段逐渐成为过去式，取而代之的是书业的精细化运营和管理。书城的传统价值是利用“场”聚合商户和读者，形成平台效应，而随着网络对生活方式的渗透以及读者价值取向的逐步演变，书城传统运营模式的发展之路开始举步维艰。比如，电商对线下客流的影响，使得书城的文化符号影响力弱化、营运能力与读者需求不匹配等。

此外，为了维系消费者黏性，一些书城、书店运营商通过定期投入成本装修、改变风格来吸引读者，但投入的成本却难以带来相应的客流和坪效提升，在新鲜感过后，没有相应提升的服务能力和运营水平作为支持，大多数书城的投入回报并不理想。

在消费互联网不断崛起、传统书业运营难以为继的时代背景下，对前沿科技和新兴网络力量的消化和吸收成了传统书业的共性选择。一是如何利用人工智能技术为读者带来愉悦阅读体验，形成区别于线上的、书城特有的阅读及购物体验，从而实现社会效益和经济效益的统一；二是如何利用书城平台构建云数据平台，提升数字化分析能力，为书城运营管理提供指导性意见；三是如何运用好大数据，为读者建立个人用户画像，实现精细化运营和分层分级读者服务。这些正是书业运营商亟待探索解决的问题。

## 一、数字化转型的瓶颈探析

当前正步入一个崭新的全民阅读时代，实体书业的发展也迎来了重大调整，作为国内最具代表性的大书城运营商，深圳出版集团的感受颇深。一方面，受近来相继开业的众多民营实体书店的直接冲击，实体门店市场竞争加剧；另一方面，在互联网新经济强势崛起的大环境下，线上对于线下的冲击持续深入，电商网络的价格战不止，使得书城近年来的销售增量变得较为艰难。

由此看来，数字化转型势在必行，即通过科技帮助书城提升自身的专业运营能力，提升“场”的运营效率和营销坪效，既真正满足读者需求，又带来收入提升，从而实现产业链共赢。然而目前的突出矛盾是，对于智能科技的应用，很多传统书业运营商并不擅长，大部分企业在数字化转型的道路探索上，遇到了各种问题和挑战，总结有以下几类。

### 1. IT 数字部门普遍不受重视，平台和技术相对封闭，欠缺数字化转型基础

大部分书业的系统建设较传统，多平台、多系统广泛存在，甚至出现多个领域的信息化系统重复建设，而这些封闭的系统之间难以互通。伴随企业规模的成长、竞争的白热化、用户需求的复杂化以及业态间协作的要求越来越高，企业不仅有内在的能力成长需求，还必须经受日益复杂的外部环境考验。要想保持持续增长，企业的数字化能力必须实现跨越式的增

长，必须完成从内向型的 IT 管理向开放型的 IT 管理平台转型。

### 2. 思维“离线”，没有重视数据，有限的数据也没有得到沉淀、打通、分析

在运营实体书业的过程中，大部分企业并没有“在线”思维，对于数据的重视程度不够，数据资产没有沉淀，数据资产的价值也一直被忽略。书城 IT 部门过往持续搭建了若干系统，包括投资测算、方案设计、采购招标、OA 系统等。但通常情况下若干系统的数据分别存储在不同的部门，部分数据的沉淀依靠人工录入，形成信息孤岛；这些多业务领域的数字化建设经常重复，系统之间没有相融和互通，造成成本浪费和效率低下。

### 3. 不了解读者，不知道进入书城、书店的读者是谁，有什么喜好

书业运营者对会员用户的数据标签和画像普遍没有重视。书城的发展离不开读者，读者的需求通过数据可以更好地实现显性化和精准化，如果缺失这些数据，书城的运营和成本投入往往不够有效。而传统商业还普遍停留在客流人次的统计上，对重复客流以及读者客流的识别基本欠缺，更不用说洞察读者的行为和喜好。当书业运营者无法准确获知进入“场”内读者的相关数据，也就无法更好地为读者提供服务。

在竞争激烈、增长下滑的挑战背景下，实体书业也同样应该看到机遇。中国互联网环境和产业边界已经发生巨大变化，互联网已经渗透到国民经济生活的各个方面，并深刻改变了商业的结构和边界，行业变化的背后是科技的更新迭代，AI、云计算、大数据等技术的发展在实体经济的应用逐渐趋于成熟，为读者体验的大幅提升和业务运营效率的大幅提高提供了技术基础。实体书业完全可以结合科学技术实现数字化变革，提升自身

专业运营能力。为此，深圳出版集团在推动书城创新方面做了许多探索和尝试，经历了 1.0 版综合性大卖场（深圳书城罗湖城）、2.0 版文化 Mall（深圳书城南山城）、3.0 版体验式书城（深圳书城中心城）、4.0 版创意书城（深圳书城宝安城）、5.0 版智能书城（深圳书城龙岗城）和 6.0 版美学书城（深圳书城龙华城）等的蜕变，致力于打造“书香 + 智能”的阅读生态空间，使书城更加生动，更加贴近生活，更加能发挥城市公共文化载体的重要作用。

## 二、让书城插上智能的翅膀

按照深圳出版集团的战略规划和董事长尹昌龙“让书城插上智能的翅膀”的重要指示，2019 年年初深圳出版集团与深圳人工智能独角兽企业云天励飞达成战略合作，共同研发国内首个智能书城的解决方案。成立专门的智能书城产品线团队，构建“端” + “屏” + “云”平台，采集分析数据，并以此为依托制定特色的、完整的智能书城产品发展计划。

在深圳书城中心城、深圳书城龙岗城、深圳书城龙华城先行先试，深圳出版集团新增投放了 AI 数字书城智能荐书屏等多种设备，一方面通过前端人像采集设备采集客户的游走动线、游逛深度、交互行为、关联消费等数据信息，细化读者画像，把客流与产品匹配起来，为读者提供个性化的定制服务和针对性的增值服务。另一方面也能通过记录分析读者的选书偏好和服务反馈，给书城运营策略的调整提供更多的参考意见。

### 1. 提升用户体验，让书城更有温度

书城嫁接科技有助于实现读者运营，知道读者是谁、有什么需求，从而制定合适的策略，成功地接触到读者，进而最大程度满足读者的期望。

智能导购：针对进入书城的读者，有效识别读者并增加与读者互动，是书城及商户提升读者体验、实现销售转化的关键。以书城放置的 AI 互动屏幕为例，进入书城后，读者可通过 AI 智能屏搜索图书，查询图书信息。书城可以根据读者的行为偏好等信息，个性化推送不同的优惠活动，并呈现去往该区域的导航路径。通过对读者的数字运营，不仅对读者进行精细画像，而且针对不同标签的读者进行分类营销，真正做到精准了解读者。结合读者标签画像分群使用不同的管理策略和营销策略，让读者得到线下选书、购书、读书的独特体验，有效提升了书城坪效，增强了读者黏性。同时，AI 屏幕还可用于商业广告、活动宣传、用户购物、图书推荐、手势体感交互等活动，实现高效、及时反馈，扩大宣传范围，节约成本，提升广告宣传的便利性。

全渠道服务：移动互联网时代的消费者已经习惯在线上和线下自由切换。书城在保持线下场景化优势的同时，借鉴并融合电商所长，利用数字技术解决线下购物的痛点，切实提升读者选书、购书的消费体验和便捷度。通过掌上书城 App 线上领券、线下消费，线上互动、线下打卡等方式，可有效将线上的流量转移到线下，而线上线下同款同价，打通物流及配送等环节，可以把线上渠道与线下实体店的优势进行互补，提高读者转化率、成交率。

### 2. 优化运营管理，让书城更加高效

在卖场设计、业态选择、区域布局、市场营销等各个环节，书城都应

围绕读者的需求展开，吸引客流，培养客流，将访客转化为书城的忠实会员、品牌的粉丝。

资源优化：随着客流监控系统的普及和升级，书城运营方可将读者动线及行为信息与空间数据结合，可对人流 / 车流进行实时监测，优化资源配置，在合适的时间和地点提供足够的服务人员，提升读者的服务体验，降低安全隐患。此外，针对工作人员的不同区域打卡和动线管理，提高工作人员的自主服务意识。

高效管理：根据读者动线、累计驻留时间的“热力图”，科学规划各品类区域的书籍摆放、商铺的布局和租金设置，做到管理更精准、更高效、更加人性化。

在防控新冠肺炎疫情期间，智能书城的管理迎来了全新的挑战，但书城出色的表现给了所有人一次惊喜。原有的智能书城服务系统做到了实时根据书城需求提供科技支持，利用人脸测温网络摄像机、工业级红外热像仪、双目近红外测温人脸门禁等多个终端设备，实现书城进出客户的疫情应急管理。

整个书城的升级发展正在以数据为纽带，经历新技术对书城重构阶段。相同领域甚至不同领域的业态将在书城平台上不再陌生，逐步形成跨界融合的文化生态共同体。

## 三、让书城绽放场所精神

书城是连接书与“城”的重要媒介，作为城市重要的文化空间，书城所提供的不仅是实体阅读空间，还包括人们在这个空间内所进行的文化想象与公众互动。而场所精神正是书城独特的魅力所在，这意味着书城完美体现了这个城市的文化气质、生活美学和精神力量。这绝不仅是满足读者作为消费者的需求，而且包含了提供给读者的一种生活方式、一种感官体验和一场高贵灵魂的寻觅之旅。

### 1. 营造“人”“空间”“生活”和谐共生的文化氛围

互联网积累了大量线上读者的多维度数据，而占交易比重更大的线下零售场景数据相对匮乏且无法互通，无法获得读者从感知到购买的完整路径，不利于书城了解读者的喜好。正因如此，线下体验场所，作为读者最真实的触点，有着不可取代的价值——它超越了买卖双方的简单关系，承载着最生动的“人”的互动和情感，满足着读者的社交需求；同时是获取读者信息与反馈的第一手渠道。智能书城引领的新零售时代的数字化、智能化技术弥补了线下数据的空白和不足，如视觉智能、导购营销、扫码购物、智能停车、刷脸支付等，搜集并丰富读者信息，与线上数据融合，形成书城的私域数据，在新技术的助力下产生新的价值。

借助 AI 科技，书城更加合理地融合了建筑、音乐、美学，将“人”“空间”与“生活”紧密联系在一起，激发读者“善”“爱”“美”的品性，传递“随时随地，触手可及”的全民阅读理念。

### 2. 重拾阅读向生活渗透的力量

书城作为文化综合体，其实是满足人们的生活方式，在相同的“空间”中不断推陈出新，这背后需要一整套的能力组合支撑，包括前瞻设计、读者洞察、核心品牌组合管理等，而这是书城运营目前普遍缺乏的。

"智能书城"在书业空间和休闲空间相结合的基础上，运用读者画像、客流统计、热力图等生态大数据，协助书城高效运营，提供多业态服务，智能化满足多种生活场景需求，实现跨行业的生态链接，使阅读成为一种无处不在的生活方式。

"智能书城"不仅要为公众提供一处文化生活的场所，更要用心创造空间、创造连接，连接起人与人、人与生活、人与城市，让公众在这里汇聚、探索、交流、碰撞、创作。当 AI 科技为书城赋能，创造更多可能的同时，书城也正以一种崭新的姿态为书业、为生活、为读者带来更多惊喜。

智能科技的大潮势不可挡，其在线下各个场景的应用，不仅迅速改变着实体经济的发展现状，更清晰勾勒出未来的发展趋势。今天的书城，要颠覆传统模式的不是内部的竞争，而是读者的需求变化和外部挑战，当数字化技术打破产业的边界，新旧动能交互融合的时候，是科技使我们更了解读者。

深圳书城智能化建设的探索与尝试，为同业的转型升级和提升书城阅读公共服务系统建设提供了诸多的思路和参考。2019 年，云天励飞研发团队应深圳出版集团邀请，出席中国书刊发行协会城市发行专委会第 34 届年会和中国书刊发行业协会第六届理事会第五次全体会议，以《智能时代下的书城转型之路》为题阐述了深圳书城的智能化建设历程，引发了同行业的广泛关注与热烈响应，也获得了国家、省、市、区各级领导，业界专家学者以及读者们的肯定与褒奖。

深圳出版集团近年来根据《深圳文化创新发展 2020（实施方案）》和"一区一书城、一街道一书吧"的战略规划，已经在深圳开设了 6 家书城。每一座书城的创新升级、迭代蜕变，都是对深圳书城品牌的传承，更是对科技创新时代的回应。深圳出版集团作为书城行业的领跑者，不会停下智能建设的步伐，将不断升级、加速、迭代技术服务。从技术创新到智能变革，始终坚持以“人”为本，为公众提供更有温度的文化场所、更优质的文化体验，将是深圳书城发展的永恒主题。

刘翀，深圳市弘文文创投资有限公司投资经理

# 坚守本来 开创未来

## ——本来书店打造线上线下一体化国际阅读生态圈

唐建元 郑喻心

本来书店坐落于深圳福田区新地标——深业上城小镇，是一家以国际前沿阅读为核心特色，集书店、咖啡、生活美学与文化体验于一体的复合型书店。深业上城小镇，是一个融合购物、生活、休闲娱乐、文化艺术等多元消费体验于一体，极具格调与品质感的新型特色小镇。

作为深业上城小镇里的核心文化地标，本来书店总占地面积 1600 平方米，共分 3 个馆：亲子体验馆、人文综合馆和艺术美学馆，其最鲜明的特色是为内地读者提供国内外最前沿的图书、讲座、主题活动和时尚创意产品。

## 一、本来书店的独特背景与资源优势

本来书店是香港联合出版集团旗下百年文化品牌——香港商务印书馆于 2018 年在内地开设的首家书店。

香港联合出版集团是香港最大的中资出版机构，旗下拥有多家大名鼎鼎的出版、印刷、零售品牌，如香港三联书店、香港中华书局、香港商务印书馆、中华商务印刷厂等，在中国、美国、加拿大、新加坡、马来西亚等国家和地区拥有多个子公司和分支机构，其在香港的书店遍布各地，成为香港人购书的重要去处。

香港联合出版集团在内地的第一家书店是位于广州北京路的联合书店，而深圳与香港一衣带水，具有得天独厚的地理优势，同时，深圳是一座年轻、前卫、具有创造力和新鲜活力的城市，多元文化在这里交融。因此，香港商务印书馆选择在深圳开办其在内地的首家品牌书店，也是香港联合出版集团在内地的第二家书店。本来，寓意让阅读回归本来的文化态度。

2019 年 6 月，香港联合出版集团整合内地书店业务，由旗下另一家专门从事图书进出口的机构——中华商务贸易公司（简称中商）接管广州联合书店和深圳本来书店的经营管理。

中商是重要的港台及国际图书进口与批发机构，总部位于广州，业务遍布全国，拥有自己独立的保税仓，是多家大型书城（如北京西单图书大厦、广州购书中心、方所等）、一些外文书店和专业书店，以及大多数国际学校和外语学校进口图书、教材、教具的重要供应源头。

更重要的是，中商还是各大电商平台进口原版图书最大的直销商家，设有广州和北京两个电商分拣中心，多年来，在天猫、京东、当当等各大平台一直稳居进口原版类目第一的宝座。中商在港台及国际出版机构中享有极高的专业声誉，而在喜欢港台和国际原版图书的读者心目中更是一个“圣地”般的品牌。在某种程度上也可以说，中商是将境外优秀读物推向内地普通大众的重要推动者。

另外，中商也是香港联合出版集团为香港和全球数十家书店供应内地图书的机构，在内地出版界拥有广泛资源。

由中商接管香港联合出版集团在内地的书店业务，非常清晰地传递出香港联合出版集团在内地书店业务的战略布局：国际化特色、线上线下。这两点充分彰显了中商独有的强大优势，也恰恰是很多内地书店想做但苦于资源或自身业态不成熟而很难实现的方面。

## 二、前沿性和一体化的经营定位特色

深圳是中国最早的经济特区之一，是开创性、前沿性、国际化的代名词。深业上城小镇，也是一个极具设计感和品质感的高档网红社区。一间前沿书店，一个有格调的小镇，一座开创性的城市，三者融为一体的格调与创新，正是中商作为新接手者要为本来书店打造的鲜明定位。

中商在此前的基础上，提出了对本来书店更具前瞻性的定位：在经营与服务上，着力打造国际化、前沿性、线上线下一体化、全天候及平台化和会员式服务；在产品与设计上，突出满足读者对品质感、时代感和前沿性的追求与体验。

### 1. 国际化

中商接管本来书店后，陆续将中商库房里数万种精选的原版图书逐步释放到书店。很多读者惊喜地发现，自 2019 年下半年，本来书店进口原版图书的比例突然大幅增加，并且品种更加丰富，不仅有港台和英文图书，一些在深圳很难见到的如日文、西班牙文、法文图书等也都出现在了本来书店。

除图书以外，来自欧美、日韩等国及中国港台等地区的文创及其他产品也都体现出本来书店的国际化特色。

国际化的另一个明显特征则体现在本来书店的各种名家大咖的讲座、论坛与活动方面。自开业以来，本来书店已举办涵盖国内外多位知名文化艺术学者，国内各大出版社、文化团体的各类讲座、读书会、文化沙龙体验等活动百余场。其中，半数以上是港台及国际性知名作者的活动，如英国著名人类学家艾伦·麦克法兰教授的新书签售、在中国香港和日本都极具人气的教育学博士陈美龄的亲子教育、台湾民谣之父胡德夫的音乐分享会、香港著名作家马家辉的读书分享会、日本生活家上条辽太郎的生活方式分享等。

目前，本来书店已拥有超过 2 万种英文图书、3000 余种日文及其他语种图书、万余种港台版图书和近 6000 种来自欧美和日本的文创产品。中商与全球各主流及专业出版社建立了广泛的合作，未来的图书及文创产品将更加丰富。

### 2. 前沿性

与其他外文书店主要销售畅销排行榜图书或学习类经典外文读物不同，本来书店尤其注重阅读的前沿性。店里有港台及国际最新畅销的流行读物和流行文化，包括与中国港台地区和欧美同步上市的影视小说、流行文化，以及各门类经典必备的奠基性作品。本来书店致力于为国内各领域的读者提供港台及海外最新的出版资讯及活动讲座，如文化、艺术、设计、时尚、娱乐、科技、建筑、生活及文史哲和其他的前沿性研究成果和最新文化动态等。

国际化和前沿性是本来书店区别于国内其他书店同行最主要的核心特色。由于这部分人群相对高端，书店面临两个现实的经营问题：一是采购渠道和采选水准，二是消化渠道和库存风险。而这正是中商的优势所在。

中商的专业采选团队和丰富的境外出版渠道保证了采购的水准，而其广阔的线上线下销售网络及先进的流转调配体系，最大限度地规避了库存积压的风险。

### 3. 线上线下一体化

O2O 是近几年来的一个热词，很多人都看到了这个风口和趋势，但实现起来却很难，也没有特别成功的模式。主要原因在于做线上的，缺少实体店，即使有，很多也是片面扩张的加盟连锁形式；而做实体店的，又缺乏线上经验，且产品定位的特色和差异化不突出。

中商则正好具备这两项经验与优势，目前正在打造 O2O 线上线下书店销售体系。作为国内最大的原版图书进口电商企业，中商联合内地线下万家实体书店，希望走出一条成功道路：通过线上线下相互推动，相互吸引引流，实现一场活动中既有现场观众，又有庞大的在线观众；顾客进店扫码，不仅可在现场翻阅购买，也可进入线上平台尽览数百万种图书；顾客进店后即使在线上购买，同样算作书店的业绩。如此一来，书店不仅有推动线上销售的积极性，更将书店从现场的几万个品种一下扩展到线上的数百万个品种，实现了读者与书店的互利共赢，构建起一个以用户需求为核心的线上线下一体化阅读生态圈。

### 4. 全天候

预计 2020 年内，本来书店将实现线上线下一体化并提供 365 天 ×24 小时的营业服务，真正实现全天候向市民提供不打烊的阅读体验服务。顾客扫码进店，白天有人值守，夜晚无人自助。这并不是噱头或炒作概念，而是线上线下一体化经营的需要和水到渠成的服务升级。

### 5. 平台化和会员式服务

书店不仅是一个图书零售的贩卖空间，更是一个提供体验式，具备会员制的学习、教育、社交平台。顾客来到书店，不仅可以享受购书服务，更能体验书店提供的各种学习、培训活动。

书店的高端定位结合线上线下一体化的运营模式，有利于实现精准细致的会员式服务。由于本来书店产品及活动的独特性，书店会员可以享受到与众不同的各种国际化特色产品与服务。例如为家长和孩子们准备的英语绘本教育营、steam 体验式教育课程及各种线上线下前沿讲座、海内外顶级设计沙龙、二次元粉丝活动等。

目前，本来书店已有“本来读书卡”等会员服务，未来将结合新的规划和布局，与中商的原版平台会员卡一起，为会员提供全平台消费同等、线上线下优惠、在线课程、资讯推送、活动优先参与等更多有独特价值的产品、内容和服务。

## 三、三大馆的高远追求

进入深业上城小镇，在北、中、南三条街上，每条街的正中央都坐落着本来书店的不同分馆，3 栋独立又相互串联的建筑构成了本来书店的 3 大馆：亲子体验馆、人文综合馆和艺术美学馆。

本来书店由设计界享有卓越口碑的香港知名设计师团队设计，不追求外观的特立独行，而是用尽心思做好细节，着力为读者打造具有“品质感、创意性”的产品与设计，通过灯光、背景、陈设等，营造既具书香气息，又极富雅致格调和时代感、科技感的店面氛围，凸显书店的国际化、前沿性定位。

**亲子体验馆**：占地面积约 600 平方米，从接轨国际的儿童教育出发，分成不同年龄区域和主题空间。这里的原版儿童绘本、亲子教育读本、steam 益智玩具等，为孩子们提供了一个国际化的启迪空间。

馆内的公共区是一个社群聚合的场所，不同年龄段的小朋友在分龄区阅读后，和爸爸妈妈一起来到公共区域与其他家庭进行互动。

亲子馆采用亲子俱乐部会员制运营模式，家长周末可以带孩子参加 steam 动手课、英语绘本角、DIY 工作坊和小店长体验活动等。此外，馆内定期邀请国际讲师、知名儿童教育作家以课程或讲座的方式为亲子带来国内外前沿教育理念的分享。同时，亲子馆还与国内外知名出版机构合办各类自然科普展览，为孩子提供一个思考和学习的场地。

目前，亲子馆已举办多场富有特色的活动，如针对亲子教育的长期品牌活动“Mini Talk 英语角”原版绘本故事会和“小店长，大计划”职业体验。Mini Talk 每周一场，由书店英文图书专员挑选经典外文绘本，通过趣味主题，用英语口语展开教学、互动；而“小店长，大计划”是香港商务印书馆多年来的常设活动，通过招收 6~12 岁的儿童进行“书店店员”的角色扮演和职业体验，了解书店的运作与书本的知识。各家书店关于儿童职业体验的活动有很多，但“书店店员”的体验是由本来书店在深圳首次推出的。

**人文综合馆**：占地面积约 700 平方米，陈列来自欧美、日韩等国及中国港台地区的人文社科、哲学历史、商务投资、畅销文学、二次元动漫、旅游健康等类别的最新书籍，以及具有创意时尚感的品质生活文创。读者在馆内能买到时下最新最热的英美小说、商业管理读本及港台人文社科类丛书等，其中很多图书都是首次在内地上市。

设计师将人文馆划分为中央主空间及围绕主空间隔出的 6 个分区，并将其分别作为不同主题图书的陈列区，让每个类别的读者都拥有自己的阅读专区，而不被其他阅读者打扰。

人文馆有 3 个极具特色的专题区：一是正在打造的 IP 主题空间。目前正在筹建，计划 2020 年年内完成。建成后的 IP 主题空间将对国内外知名热门 IP 和优质文化品牌的产品及周边衍生品进行季节性的陈列展示，并邀请国内外大咖、知名达人、人气网红等举办主题活动，为读者提供极具特色的主题化、专题化产品与活动，使之成为深圳时尚潮流的粉丝聚集地。二是动漫二次元走廊。未来或将成为令深圳动漫迷尖叫的网红打卡地，展示售卖包括中国、日韩、欧美等地的动漫、设定集、二次元元素及周边衍生品，并不定期举办网红与粉丝活动。三是生活与工作场景化创意体验室。中庭主空间的时尚精品、文创文具，将形成“书 +”生态的生活与工作实验室，通过对生活、工作场景的打造，为顾客提供国内外最具创意的生活、家居、办公、商务等新潮产品和多元生活方式提案。

本来书店的“国际人文讲堂”和“本来分享会”也设在人文馆，未来将会邀请更多国内外文化名家、专业学者、明星偶像和畅销书作者举办讲座、沙龙和读书会等，为高素质的深圳读者带来丰盛的思想盛宴，注入文化精髓。

**艺术美学馆：**占地面积约 300 平方米，在空间设计上，6 米挑高的天花板、巨幅书墙、深色调，以及充满设计的观感，营造出一个向人类智慧与艺术致敬的恢宏圣殿。

目前，艺术馆已汇集了众多全球最新出版的时尚美学和艺术设计类图书、艺术家传记、鉴赏画册、绘画技巧类图书和艺术工艺品等，其中不乏一些日本、欧美的艺术、建筑、设计大师，如安滕忠雄、奈良美智等的最新作品。

馆内还设有岭南陶瓷艺术传承人刘致远先生的工作室及产品陈列室，这在国内是难得一见的艺术名家的现场手工打磨作坊，读者可以在现场一饱眼福，观看其创作的全过程。

令艺术设计界更为关注的，是即将在这里举办的众多国际艺术设计与时尚名家的讲座与活动，本来书店致力于将艺术馆打造成为深圳乃至全国艺术时尚界的潮流聚集地。目前，本来书店已邀请在地及港台艺术家、设计师、诗人、艺术团体等开展了多场讲座沙龙，如被称为“品牌医生”的香港设计师李永铨的经验分享、著名建筑师冯果川的建筑课、挪威艺术家的艺术疗愈体验活动、在地设计师平台“不懒惰艺术”的原创设计师沙龙等。

此外，本来书店也正与深业上城小镇一起规划打造以“艺术”为核心的“艺术街”，希望能为小镇顾客提供更多关于艺术、设计、时尚等方面的产品，聚集深度粉丝群体，在享有“设计之都”盛名与原创氛围浓厚的深圳，为热爱艺术的专业人士和正在学习成长的原创者们搭建起一条文艺交流与展示的艺术长廊。

## 四、社会责任与阅读联盟

不局限于书店本身，2019 年本来书店联合深业上城打造了“本来 × 深业讲堂”，成功举办“向金庸大师致敬——金庸作品御用画家李志清先生水墨画及藏品展”，推动企业践行社会责任，履行文化使命。

2019 年深圳读书月期间，本来书店作为福田区图书馆发起的“图书馆 + 书店”战略合作联盟成员，与福田区委宣传部、福田区文化广电旅游体育局、福田区图书馆联合举办了“城市静空间——让阅读回归本来”

全民阅读品牌书展，通过 7 个具有原版特色的图书区域，为深圳市民献上了一场原版阅读的饕餮盛宴。

本来书店注重在地发展，积极与深圳本土各界文化进行交融，多次参加各类大型文化活动，活跃在深圳各大热点文化项目中，成为 2018—2019 年广东省书报刊发行业协会会员单位和深圳市阅读联合会会员单位；以活动承办方身份承办由深圳出版集团有限公司主办的第四届“领读者大奖”初评会、香港贸易发展局主办的第二十九届香港书展路演深圳站；参与 2019 年世界读书日期间举办的粤港澳“共读半小时”活动、2019 首届深圳书展、2019 年深圳动漫节和 2018 全国书博会等项目；成为第二季“加油！书店”广东站的唯一承办书店。

此外，本来书店一直不遗余力地与各种业态尝试探索“书 + 百态”的文化可能性：与茶饮店合作的“一书一茶”茶文化分享、与剧院合作的经典小说改编舞台剧主创见面会、与深圳猫网合作的关爱生命“见猫会”、与公益组织无境深蓝合作的公益观影会等。

在科技高速发展的现代化都市生活中，很多人已经丢掉了阅读，尤其是纸质阅读的习惯。作为书店人，我们常常思考，除了为固有的读者群体提供内容与体验服务，如何不断地进行多元尝试，吸引和拓展更多的全民阅读群体，以书为媒，让更多的人看见书本，走进阅读呢？

## 五、坚守本来，开创未来

当下，国家正在大力倡导全民阅读，中商和本来书店则致力于提升全民的国际化阅读。这既是本来书店的优势，也是本来书店的高远目标。依托深圳市委、市政府及社会各界对全民阅读上下一心的推动、政府对实体书店各项利好政策的落地支持，结合深圳市民优质文化素养的优势，我们对深圳打造良好的全民阅读环境充满信心。

我们希望为国际化的深圳拓宽更具国际化的视野，通过提供港台及国外最新的前沿文化和智慧成果，服务深圳、服务社会。同时，着眼时代趋势、依托自身优势、利用现代科技，打造特色书店，思考并尝试开创“互联网 +”时代下的书店运营新模式。

不管未来能走多远，我们始终不忘初心，坚守本来，一往无前。

唐建元，中华商务贸易公司总经理

郑喻心，本来书店运营经理

# 附 录

深圳全民阅读
发展报告
2020

# 2019年深圳全民阅读大事记

深圳市全民阅读研究与推广中心

## 1月

1月，深圳书城罗湖城在2018时代出版中国书店年度致敬活动中获评“年度超级书店”。

1月3日，为鼓励会员单位加强阅读品牌建设，促进阅读活动可持续发展，深圳市阅读联合会“2018年全民阅读推广活动优秀组织奖、优秀项目奖”评审会在覔书店（方大城）召开。评选出深圳书城罗湖城实业有限公司等10家优秀组织奖；第六届深圳大学生文化节等10个优秀项目奖。

1月5日，由龙岗区委宣传部、龙岗区文化广电旅游体育局主办，龙岗区图书馆承办的“龙岗大讲堂”在龙岗区图书馆学术报告厅举行。该项目全年举办品牌活动74场，参与人数达14895人次。

1月6日，由龙岗区文化广电旅游体育局、深圳市阅读联合会主办，龙岗区图书馆承办的“榕树头书场（含文博宫分会场）”在龙岗区图书馆学术报告厅举行，参与人数达150人次。该项目全年举办品牌活动82场，参与人数达上万人次。该品牌活动邀请了著名评书大师刘兰芳的弟子、深圳市曲艺家协会副主席刘昭定期为龙岗市民演绎精彩评书，讲说历史朝代更迭、英雄征战和侠义故事。

1月19日，由龙岗区文化广电旅游体育局主办，龙岗区图书馆承办的“遇见·阅读”在龙城街道徽王府管理处阅读室举行。该项目全年举办品牌活动 50 场，参与人数达上万人次。活动将“遇见”图书馆与“阅读”推广紧密结合，让小读者在活动中认识了解图书馆，培养阅读习惯。

1 月 25 日，深圳市阅读联合会一届八次理事会在深圳书城中心城南区多功能厅召开。会议审议并通过了《深圳市阅读联合会 2018 年工作总结暨 2019 年工作计划》和《深圳市阅读联合会 2018 年财务收支情况报告》，与会领导为荣获“2018 年全民阅读推广活动优秀组织奖及优秀项目奖”的 20 家单位颁发了奖牌。

## 2月

2 月至 11 月，大鹏新区群团工作部以强化妇儿服务、促进家庭建设、扩大家庭参与为目标升级启动 2019 年度“阅读悦成长”亲子阅读推广项目。该项目由专业团队策划，累计开展亲子绘本阅读活动 18 期，共招募本土“故事妈妈”阅读推广志愿者 30 名，邀请专业团队开展“故事妈妈”阅读推广培训 5 期，“故事妈妈”在各社区开展儿童阅读推广活动 29 期，开展亲子绘本阅读线上打卡活动 7 期，活动吸引 1600 余人次参与。

## 3月

3 月 3 日，由海天出版社主办的“我们都要诗意地生活”暨《大曾画话》新书分享会在深圳书城中心城举行。关山月美术馆馆长陈湘波与《大曾画话》作者大曾老师进行对话。

3 月 8 日，“深圳图书馆青少年阅读基地”揭牌仪式暨“南书房经典阅读”特别策划——文化学者高端对话在深圳市第二高级中学举行。北京大学信息管理系教授、教育部高等学校图书馆学学科教学指导委员会主任王余光，南京大学信息管理学院教授、中国图书馆学会学术委员暨阅读推广委员会副主任徐雁等嘉宾出席了活动。活动嘉宾以“中学生应该读什么样的经典”为主题，与1200余名学子及家长开展交流对话，探讨学生时代的经典读物选择与阅读方法。

3月8日，深圳图书馆联合中国图书馆学会阅读推广委员会召开“2019南书房家庭经典阅读书目”专家评审会。年度书目涵盖《国语》《阅微草堂笔记》《平凡的世界》等30种古今中外经典著作。该书目是深圳图书馆的一项长期计划，定于每年“世界读书日”发布，旨在向广大读者推荐适合当今中国家庭阅读与收藏的经典著作。

3月23日，坪山区图书馆开馆。当日举办“大家书房”会客厅——“大家来读书”活动，邀请深圳大学特聘教授、中国海外利益研究院学术主导丁学良，全国政协委员兼副秘书长、民进中央副主席朱永新，坪山区图书馆馆长周国平，著名作家韩少功，与读者进行阅读分享及互动。

3月27至29日，由深圳市阅读推广人协会、深圳少年儿童图书馆、盐田区图书馆承办的第二期广东省少儿阅读推广人培训班在盐田区图书馆一楼报告厅成功举办。活动由少儿阅读推广领域专家及深圳少年儿童图书馆阅读指导组为来自全省各级公共图书馆（含少儿图书馆）、中小学校、民间阅读团体等单位的160多名图书馆员、阅读推广人带来为期3天的理论与实操技术兼备的培训课程，全方位提高阅读推广人的专业素养。

3月29日，南山区委宣传部联合深圳晶报传媒有限公司在人才公园求贤阁举办“春来阅南山——《晶报·深港书评》2018年度十大好书发布会”。现场除了为获奖的十大好书颁奖外，还公布了5个单项奖。活动以“1场颁奖礼+1场阅读马拉松”的创新形式吸引了众多阅读爱好者参与。

## 4月

4月，罗湖区图书馆举办“我与罗湖共成长”朗诵艺术大赛，共有500余人参加线下比赛，35名选手获得奖项。除线下比赛外，本次活动还开展了线上网络朗诵比赛，吸引近万人参与投票，评选出最佳朗诵奖和最佳人气奖。

4月，罗湖区图书馆共策划举办包括“共读半小时”在内的九大主题、80项系列阅读推广活动，参与读者超过1.5万人次。

4月，由宝安区妇联及深圳读书月组委会办公室主办、宝安区妇女儿童服务中心承办的“小书虫成长计划”系列活动启动，活动分为“小书虫”阅读漂流集市、“爱·阅读·爱——故事畅想家”亲子故事大赛两部分，在宝安区妇女儿童服务中心及10个街道各举办一场“小书虫”阅读漂流集市，服务上千人次，以亲子阅读引领全民阅读，以家庭阅读引领家风建设。

4月7日，“青少年核心素养经典阅读课”丛书读者见面会在深圳书城中心城举行，丛书主编胡立根、谢晨携主创团队与广大读者见面。

4月17日，由深圳监狱、深圳出版集团联合举办的“阅读共建单位”授牌仪式在深圳监狱正航学校举行，这是广东省首个落地狱内的全民阅读共建点。深圳书城南山城实业有限公司向深圳监狱捐赠图书700余册，涉及文学、艺术等多个门类。当天，深圳出版集团党委书记、董事长，深圳市阅读联合会会长尹昌龙做“阅读与人生”主题讲座，深受服刑人员欢迎。

4月17日，深圳市庆祝第24个“世界读书日”暨第4个“未成年人读书日”系列活动启动仪式在深圳书城中心城举行。市委常委、宣传部部长李小甘，市委宣传部副部长、市新闻出版局局长王楚宏，市教育局党组成员、副局长王水发，市文化广电旅游体育局党组成员、巡视员张杰，市社科院党组书记、院长吴定海以及阅读推广人代表、基层推广点代表等出席活动。王楚宏、王水发、张杰、尹昌龙向学校、社区、企业、书吧等基层推广点代表授“深圳市全民阅读基层推广点”牌，李小甘向阅读推广人代表授旗。《深圳全民阅读发展报告 2019》在现场首发。这是我国首部以城市为单元的阅读行业报告，已连续第四年发布，由深圳市全民阅读研究与推广中心策划编辑。李小甘向深圳大学、深圳市社科院、深圳图书馆、特区文化研究中心等单位赠送了首发报告。

4 月 20 日，第二届“小小阅读推广人”授聘暨“小阅读 大梦想”分享会在深圳书城中心城北区台阶成功举办。本届共有 10 位“小小阅读推广人”被授予证书。

4 月 22 日，入选第三届全国“书香之家”的 4 个深圳家庭在深圳书城罗湖城接受媒体采访，讲述他们的书香家庭故事。第三届全国“书香之家”共入选 944 个家庭，包括 43 个广东家庭，其中入选的深圳家庭有张澂、狄春华、柳伟、李迪 4 家。

4 月 23 日，由海天出版社与深圳民间阅读组织“乡村读书会 ”共同举办的《与皮沃父女左岸读书》新书首发式在腾讯滨海大厦未来教室举行。《与皮沃父女左岸读书》是法国“全民阅读推广第一人”、法国龚古尔奖评委会主席、法国《读书》前主编贝尔纳·皮沃与女儿合著的文化散文集。

4 月 23 日，“4·23 世界读书日”活动暨“图书馆伴我成长”——盐田区图书馆儿童阅读推广养成计划启动仪式在盐田区图书馆下沉广场举行。活动在企业、学校、书吧及公共文化空间全城联动开启阅读，用具有仪式感的共读行为激发阅读共鸣，凝聚阅读共识。

4 月 23 日，坪山区“4·23 世界读书日”系列活动启动仪式在坪山区图书馆公共阅读文化体验馆举行。在随后举行的“书话坪山”主题沙龙中，中组部全国党建研究会顾问、中国国际战略协会高级顾问卢秋田为现场读者作“工匠精神和文化品格”主题分享；坪山区图书馆馆长周国平就其著作《周国平论阅读：做大师的学生》开展“与周国平共读一本书”活动。

4 月 23 日，由宝安区委宣传部主办的宝安区庆祝第 24 个世界读书日暨 2019 年全民阅读系列活动启动仪式在宝安区图书馆举行。

4 月 23 日，由广东省文化和旅游厅、深圳市文化广电旅游体育局、香港特别行政区政府康乐及文化事务署、澳门特别行政区政府文化局、澳门特别行政区政府教育暨青年局主办，广东图书馆学会阅读推广委员会、深圳图书情报学会阅读推广委员会、广东省立中山图书馆、深圳图书馆、香港公共图书馆、澳门公共图书馆、广东省各参与图书馆承办的 2019 年首届粤港澳“共读半小时”活动在遍布粤港澳的“4+N”个会场同时举行，共有逾 500 个共读点、超 6 万人次参与活动，超过 4 万人次在线观看。深圳主会场汇聚了 400 余名市民读者、学生、志愿者以及图书馆馆员代表。国务院参事、深圳读书月组委会总顾问王京生，国务院参事、中国作协副主席、著名作家张抗抗，国务院参事、中国出版集团原副总经理、三联书店原总经理樊希安，深圳市文化广电旅游体育局党组书记、局长张合运，深圳市委宣传部副部长、市新闻出版局局长王楚宏等领导莅临现场观摩指导。此外，深圳市文化广电旅游体育局党组书记、局长张合运，澳门特别行政区文化局局长穆欣欣作为领读人参与共读活动宣传片以及《共读宣言》视频拍摄，大力倡导全民阅读。

4 月 23 日，世界读书日主题沙龙“全民阅读：国家战略与城市选择”

在深圳图书馆南书房举行，王京生、张抗抗、樊希安三位国务院参事围绕该主题进行对话，畅论全民阅读对深圳创新发展、高质量发展的积极作用，并对深圳全民阅读和全国全民阅读的未来进行展望。

4月23日，深圳图书情报学会和深圳图书馆联合发布《2019年深圳“图书馆之城”阅读报告》，从文献外借、读者群体、阅读喜好、阅读推广活动等维度，分析深圳市民在图书馆的整体阅读状况。

## 5月

5月9日，悠·图书馆（中设广场）开馆，为罗湖区重点企业丰富阅读资源。

5月12日，由中国图书馆学会阅读推广委员会、深圳市福田区委宣传部、深圳市福田区文化广电旅游体育局主办的“2019年绘本剧嘉年华（深圳·福田）之绘本剧展演”在深圳市文化馆启幕，来自深圳、佛山、株洲等地的8个不同特色的剧组同台献演。

5月16日，第十五届文博会在深圳会展中心开幕。其中，由中宣部出版局主办、深圳出版集团承办的媒体融合·新闻出版馆，围绕“媒体融合与数字出版产业创新”主题，组织展出国家数字出版基地及相关企业的发展建设、产业进程和AI、VR、5G等最新数字技术，策划举办名家分享、作品发布等阅读文化活动，为市民读者呈现丰富多彩的“文化大餐”。

5月17日，在中共深圳市委宣传部的指导下，由深圳出版集团有限公司主办，深圳市海天出版社有限责任公司、深圳市书城文化投资控股有限公司和华影传媒有限公司承办的第十五届文博会专项活动第五届大书城精英荟以“大书城的融合发展”为主题，在福田区中投国际商务中心一楼举行。第五届大书城精英荟通过项目签约、跨市对话、主题演讲、三大画展与文化市集创意长廊等形式，搭建高效、跨市的文化探索交流平台。

5 月 20 日，坪山区面积最大的社区公共文化服务中心——石井简阅书吧开业。

5 月 26 日，深圳图书馆影音馆正式启用，设“音乐坊”和“聚艺厅”两个功能区域，打造集影音专业研究、多媒体视听体验、经典特色影音作品推广、公众艺术素养培养于一体的城市公共文化空间。

5 月 26 日，罗湖区图书馆举办“图书馆服务宣传周”活动，重点推介了“罗图悦借”“智能听书机”“图书馆之城统一服务指南”项目，吸引近千名读者参与，免费派发出 200 个宝贝阅读包。

5 月 26 日，深圳图书情报学会联合深圳图书馆发布《深圳“图书馆之城”2018 年度事业发展报告》。该报告包括规划与建设、服务与技术、数据与分析、学术交流与培训、媒体报道与获奖、大事记等 6 个部分，图文并茂地展示了深圳“图书馆之城”事业发展历程。

5 月 26 日，位于宝安区图书馆的宝安分中心加入深圳捐赠换书中心联网运行，同时宝安区图书馆下属 5 个分馆（松岗街道分馆、石岩街道分馆、福永街道分馆、新桥街道分馆、湖畔书院·立新湖自助分馆）均设立服务站。宝安区分中心及其服务站将与深圳捐赠换书中心遵循统一的管理模式和服务规则，实现数据联网、积分共享。至此，深圳捐赠换书中心联网的分中心和服务站已达 10 家。

## 6月

6 月，深圳广电集团少儿频道承办的“经典传承”主题系列活动之《诗声朗朗》在少儿频道播出 12 期节目，全市共有 12 所中小学校近 1500

名师生及家长参加。

6月11日，深圳书城罗湖城在中国新华书店协会举办的“庆祝中华人民共和国成立70周年主题出版物造型展示大赛”华南片区比赛中荣获优秀奖。

6月12日，由深圳市社科院组织、吴定海主编的《深圳改革创新丛书》《深圳学派建设丛书》（第六辑）在京举行新书发布会。两套丛书共计12本，涵盖人才竞争、城市更新、医院管理、城市空间优化、GDP核算、党建等多个研究领域。

6月29日，“大家书房”会客厅、“书话坪山”主题沙龙相继在坪山区图书馆举行。坪山区图书馆馆长周国平，北京大学教授、国际艺术史学会主席、坪山区图书馆“大家书房”入驻名家朱青生，坪山美术馆馆长刘晓都，围绕“互联网时代怎样读书”，从不同角度分享他们在互联网时代背景下对“读书”的认知与体会；朱青生教授做《中国当代艺术的现状与问题——以<中国当代艺术年鉴>为例》主题分享。

## 7月

7月，深圳市阅读联合会秉承“阅读永恒，载体创新”理念，首次举办“湾区深圳 爱阅之城”Vlog大赛，利用新媒体、新手段全方位呈现并传播深圳全民阅读风尚。活动征集到来自澳大利亚网红、国内网红博主、普通白领以及大学生等的作品100余条，最终评选出一等奖2名、二等奖3名、三等奖5名及优秀奖10名。在网络投票环节，平台访问次数达17万余次，累计投票7万余次。

7月6日，南山区委宣传部联合中信出版集团、深圳书城南山城在人才公园求贤阁举办“科技驱动历史 创新引领南山——吴军博士《全球科技通史》新书发布会”。吴军博士发表主题演讲，生动讲述人类科技文明的演进。

7 月 12 日，深圳图书馆喀什分馆正式对外开放。喀什分馆是深圳图书馆首次在外地开设的分馆，设有深圳城、北斗双创基地和喀什前指 3 个阅览室，总面积约 300 平方米。

7 月 19 日，2019 南国书香节暨深圳书展开幕。此届书展以“悦读，为祖国喝彩”为主题，采用“1+5+N”的办展模式，设深圳会展中心 1 号馆为主会场，并依托深圳书城设罗湖区、福田区、南山区、宝安区、龙岗区五大分会场，依托简阅书吧设多个专项活动点。书展为期 4 天，吸引 50 万人次读者、45 家图书馆和 300 余家优质出版机构参与，约 10 万种、近 100 万册精品图书集中亮相，主、分会场图书零售额共计 1076 万元，馆配交易额共计 4985 万元。书展期间，平均每天有 30 多项活动在主、分会场和专项活动点密集上演，为市民读者奉上了精彩的全城暑期阅读菜单。麦家、池莉、冯唐、李潘、曹文轩、沈石溪、皮耶鲁齐、六小龄童等 50 余位名家大咖先后亮相，与深圳读者们面对面交流，部分重点活动每场吸引超过 1000 人驻足聆听。

7 月 19 日，罗湖区图书馆主推新书借阅平台“罗图悦借”，在 2019 南国书香节暨深圳书展主会场会展中心和分会场深圳书城罗湖城举办了两场大型悦读悦借活动。该活动为期 5 天，共 3000 余人参与，外借图书达 1716 册。

7 月 19 日，由南山区委宣传部主办，深圳市书城文化投资控股有限公司承办的“2019 南国书香节暨深圳书展·社区阅读季”系列活动举办。邀请文化学者分别在南头古城书吧、麒麟山人才书吧、深圳大学书吧、君尚书吧举办 4 场文化活动。同时，书吧在深圳书展期间开展了一系列回馈市民读者的线下活动，免费赠送读者专属礼品、生日礼包等，活动吸引近千人参与。

7 月 27 日，深圳书城南山城获中国新华书店协会颁发的“最美新华书店”荣誉称号。

7 月 31 日，盐田区图书馆获中国图书馆学会颁发的“2018 年全民阅读先进单位”荣誉称号。

## 8月

8 月，深圳书城罗湖城在“2019 年广东省实体书店绘本故事 PK 大赛”中荣获三等奖。

8 月 8 日，由深圳市书城文化投资控股有限公司承办的“城市创意写作营”文化项目正式启动。该项目邀请深圳著名作家杨争光及各大刊物主编作为专家团队，以深圳新锐青年作家为主，面向全国招募 20 名学员。该项目采用“大课讲授 + 一对一辅导”的培训模式，致力于提高学员的综合写作能力，打造原创文艺精品。

8 月 19 日下午，2019 深圳读书月“年度十大童书”分享会在 2019 南国书香节广州主会场举行，这是将“年度十大童书”的推广模式向异地输出的初步探索。

8 月 19 日，深圳市阅读联合会组织联合会阅读指导专家及会员单位代表赴丽江开展“深圳 · 丽江”城际阅读交流活动。两地就文学创作资源共享与合作达成初步共识。

8 月 21 日，盐田区在 2019 年中国图书馆年会上获得 2019 年“书香城市（区县级）”荣誉称号。

8 月 29 日，“图书馆小小采购员 & 暑假活动总结表彰会”在盐田区图书馆读海书吧举办。暑假期间，盐田区图书馆推出了盐田爱心故事会、“小小漫画家”体验活动、图书馆小主持人培训活动、小小图书管理员、我是诗词朗读家 / 我是散文朗诵家等 65 场精彩活动，吸引 1745 人次参与。

## 9月

9 月 12 日，第二十届深圳读书月组委会举行全体委员会议，会议听取了该届读书月总体情况及特色亮点汇报，审议了部分重点主题活动方案。读书月组委会主任，市委常委、宣传部部长李小甘充分肯定了深圳读书月的发展成就和 2019 年的筹办工作，强调了办好此届深圳读书月的重要意义，部署了需要全力以赴做好的重点工作。会议提出，围绕“建设先行示范区”工作中心和“中华人民共和国成立 70 周年”重大节点，以全国全民阅读工作经验交流会为切入点，以深圳读书月创办第 20 年为契机，办好一系列庆祝总结活动，增强“粤港澳”“大湾区”“国际化”等彰显城市定位的元素，形成可复制、可推广的发展经验，率先在阅读理念与文化精神上形成“先行示范”。会上，“先读为快，行稳致远”被定为第二十届深圳读书月的年度主题。

9 月 18 日，在由中国出版传媒商报社、大连市新华书店有限公司等联合主办的“2019 年度全国书业榜样阅读空间推展礼”上，简阅书吧荣获“2019 年度全国书业榜样阅读空间之新锐品牌”。

9 月 27 日，由南山区委宣传部主办，深圳市书城文化投资控股有限公司承办的“中华人民共和国成立 70 周年深圳市南山区阅读特别活动”正式启动。简阅书吧在南山辖区内的 7 家书吧开展“庆祝中华人民共和国成立 70 周年”主题书展，以党建类图书，深圳历史、改革开放图书以及深圳本土作家代表作品为主进行陈列展示。同时邀请胡野秋、彭庆元等名家学者为周边社区居民提供6场内容丰富、形式多样的阅读文化活动，与读者朋友们近距离交流互动，展示南山文化气象。

## 10月

10月，悠·图书馆所在的罗湖区鹏兴社区获得由中华人民共和国文化和旅游部指导、中国图书馆学会授予的“书香社区”荣誉称号，成为全市唯一获此殊荣的社区。

10月，《寻找光明记忆：新城旧事》《寻找光明记忆：农场往事》两本乡土口述历史文献被中国国家图书馆馆藏。

10月，宝安区总工会组织开展宝安“十大书香企业”与“十大读书成才职工”评选活动，并推荐优秀职工、书香企业参加“深圳十大书香企业”和“深圳十大读书成才职工”评选活动，进一步激发广大职工的读书热情，形成良好的企业文化和职工文化。

10月18日，南山文化讲坛之名家系列在深圳大学、南山区图书馆举行。陈平原、陶思炎、程大利、安家瑶4位中央文史研究馆馆员、人文学术界名家分别就新文化运动、民俗与社会、中国哲学与中国画、城市遗产保护等主题为市民带来重磅演讲，现场听众达2000余人。

10月25日，由深圳市委宣传部指导、深圳市文联主办、深圳市作协承办的“第六届深圳文学季”在深圳市当代艺术与城市规划馆举行。活动包括《深圳报告2——中华人民共和国成立70周年前沿记录》新书发布会、首届大湾区杯（深圳）网络文学大赛颁奖暨第二届大湾区杯（深圳）网络文学大赛启动仪式、第十届深圳青年文学奖、第六批深圳重点文学作品扶持签约、名家专题讲座等。中国作协书记处书记邱华栋，中国戏剧家协会党组书记、第十届茅盾文学奖获得者陈彦，广东省作协党组书记张培忠，深圳市委宣传部常务副部长陈金海等人应邀出席，参与人数近 600 人。

10 月 28 日，“第二十届深圳读书月推荐书目”正式发布。“特别推荐书目”为《习近平新时代中国特色社会主义思想学习纲要》。“藏书与阅读推荐书目”分经济管理类、哲学社科类、历史传记类、文学艺术类、科技科普类五大类，《中国经济改革进程》《与皮沃父女左岸读书》《费孝通晚年谈话录（1981—2000）》《应物兄》《人生海海》《改变世界的七种花》《5G 时代：什么是 5G，它将如何改变世界》等 30 种图书入选。

10 月 30 日，简阅书吧市委老干部局店（长青书房）开业，是首家为深圳市老领导和老干部服务的简阅书吧。

10 月 31 日，第十三届海洋文化论坛系列活动在连云港正式开幕。该活动由盐田区委宣传部、盐田区文化广电旅游体育局、深圳报业集团深圳晚报社、深圳读书月组委会办公室、连云港市文化广电和旅游局、江苏海洋大学主办，深圳市盐田区图书馆、连云港市图书馆、金陵图书馆、深圳市盐田区海洋文化研究会、江苏海洋大学图书馆等单位承办。作为走出深圳的读书月重点主题项目，活动涵盖了第十三届海洋文化论坛、“一带一路”图书馆联盟座谈、深圳香港澳门连云港古地图联展等。截至目前，“一带一路”图书馆联盟成员馆已增至 15 家。

## 11月

11 月，市妇联积极发动各区妇联、新区妇工委、各工委等单位和基层妇联及妇女组织参与深圳读书月活动，组织开展第二十届深圳读书月主题系列活动 300 多场，覆盖全市各区（新区），服务社区居民近 3 万人次，在全市范围内形成了“读好书、好读书、读书好”的良好氛围和文明风尚，调动众多家庭广泛开展家庭阅读、亲子共读和早期阅读，持续激发广大家庭形成热爱阅读的良好习惯。

11月，第二十届深圳读书月佳沃蓝莓·深圳读书论坛延续嘉宾演讲、高端对话等形式，邀请了第十届茅盾文学奖得主梁晓声、徐则臣和严歌苓、祝勇、毛尖、艾伦·麦克法兰等阅读文化名家学者开坛设讲，并邀请王京生、朱永新、聂震宁开展重头戏“在历史的天空下——城市与阅读”高端对话，以名家智慧融贯经典力量，进一步提升文化品位和阅读质量。

11月，罗湖区“文化行走 筑梦未来”悦读接力活动招募50位领读者，分布在7个阅读接力点，举办7场主题阅读活动，参与人数达882人次。活动由领读者带动社区，社区带动社会，促进全民阅读。

11月，深圳“图书馆之城”推出“鹏城励读证”。该证具有“免证”“免押”两大特点，进一步方便市民在“无卡时代”畅享“图书馆之城”的各种便捷服务，提升民生幸福指数。11至12月，全市办理“鹏城励读证”40895张，占全市办证量的84.6%；全市办证量共计48343张，同比上涨27.8%。宝安、龙岗、福田、光明四馆的原励读证，以及全市学生的原励读证、阅览证也升级变更为“鹏城励读证”。截止到2019年年底，全市“鹏城励读证”共计378597张，占全市有效读者证的16.9%。

11月，市妇联持续推进实施0～6岁儿童早期阅读项目“阅芽计划”，继续指导并协同爱阅公益基金会就增设“阅芽包”领取点、实施网上寄送等事宜进行推动和联系基层，增加“阅芽包”发放量，并以项目参与形式选拔培训早期阅读推广人，不断扩大早期阅读公益讲座受众面。截至2019年年末，已建立“阅芽包”领取点60个，遍布深圳各区（新区），预约及发放“阅芽包”23万多个，阅芽计划App和公众号用户达33.4万，培养早期阅读推广人73人，研制并向社会推荐各年龄段儿童书目1000本，成人图画书阅读指导书目 15 本。因服务成效突出，社会反响良好，2019 年，“阅芽计划”获评“深圳市终身学习品牌项目”和“深圳市全民阅读示范项目”等殊荣。

11 至 12 月，由市妇联支持并指导开展的第三届小凉帽国际绘本奖在华侨城甘坑客家小镇举行颁奖仪式，并开展为期 3 个多月的获奖作品展及相关配套活动。自 2019 年 5 月启动以来，共收到来自 50 多个国家和地区的有效参赛作品 1854 件。赛事分为专业组、少儿组以及“小凉帽”主题创作组三大组别，奖金高达 25.45 万元。邀请数位享誉国内外的绘本大咖担任绘本奖专业评委，经过多轮严格评选，共选出 245 件入选作品，入选比例约为 13.2%。

11 月，海天出版社举办了《歌词独白》读者分享会系列活动、“书香中国·全民阅读推广丛书”（第二辑）新书首发式、海天名家座谈会及“我与阅读共成长”征文大赛颁奖典礼等一系列阅读推广活动，并邀请朱永新、周国平、徐雁、李杨、邓一光、南翔、邓康延、南兆旭、严凌君、胡洪侠等嘉宾携手为深圳读者献上一场场精彩绝伦的文化盛宴。

11 月 1 日，简阅书吧人才园店开业，是首家为全市劳动关系和社会保障系统服务的简阅书吧。

11 月 1 日，由龙岗区委宣传部主办的第二十届深圳读书月龙岗分会场启动仪式暨龙岗区文化名家讲坛在深圳书城龙岗城拉开帷幕。启动仪式过后，湖北省作协主席、当当年度影响力作家李修文做客《文化名家讲坛》，与现场 300 余位读者面对面交流。

11 月 1 日，第二十届深圳读书月光明区系列活动启动仪式在光明区图书馆四楼报告厅正式启动。光明区委常委、宣传部部长刘大岭等领导和嘉宾出席启动仪式。活动现场，光明区公共文化艺术发展中心主任陈瑛向知名作家许石林颁发了“捐赠证书”，同时进行光明区文化馆图书馆总分馆制建设授牌仪式。此届深圳读书月期间，光明区陆续举办33项主题活动，通过光明大讲堂主题讲座、青少年短视频训练营、星阅光明少儿阅读推广活动等为广大读者带来一场场阅读文化盛宴。

11月3日，第二十届深圳读书月“图书馆之城”系列活动在深圳图书馆水幕广场正式启动。深圳市委宣传部副部长、市新闻出版局局长王楚宏，深圳市文化广电旅游体育局党组成员、巡视员张杰，深圳读书月组委会办公室主任、深圳出版集团党委书记、董事长尹昌龙等领导和嘉宾出席仪式。当天举行“深圳学人·南书房夜话”5周年特别策划活动及社会各界人士座谈会，推出“人文讲坛”100期特别策划——文化学者高端对话等，其中第三届“阅在深秋”公共读书活动，由市、区13家公共馆与高校馆全城联动共同打造，集传统与现代、传承与创新、互动与体验、文化与科技于一身，现场吸引近3万人参加，“阅在深秋”微博话题单日阅读量高达151万，视频点播量近2万，荣登新浪微博政务排行榜全国文化榜榜首。

11月3日，深圳图书馆获广东省社会科学界联合会授予的首批“广东省人文社科普及示范基地”称号。

11月3日，第二十届深圳读书月坪山区系列活动开幕式暨“大家书房’会客厅活动在坪山区图书馆举行。开幕式后，全国政协委员兼副秘书长、民进中央副主席朱永新，著名人类学家、历史学家、剑桥大学国王学院终身院士艾伦·麦克法兰和坪山区图书馆馆长周国平参加题为“中英教育比较”的“大家书房”会客厅活动。此届深圳读书月坪山区围绕“书页翻处·清风自来”主题推出3项重点主题活动和90项一般阅读活动，活动范围覆盖坪山区图书馆、坪山城市书房以及全区所有街道和社区。

11月3日，由深圳书城南山城、共青团深圳大学委员会承办的第七届深圳大学生文化节在深圳大学举办启动仪式。该活动为广大高校学子提供多元文化展示平台，全方位展示学子们的青春风采与文化素养，文化节活动包含朗诵大赛、舞蹈展演及戏剧展演等，吸引深圳各高校1000余名学生参加。

11月6日，第十三届“深圳十大书香企业”“深圳十大读书成才职工”评选活动正式启动，共有16家企业、37名职工报名，评选出深圳市特区建设发展集团有限公司等十家企业为第十三届“深圳十大书香企业”，侯万彪等十名职工当选第十三届“深圳十大读书成才职工”。

11月8日，全国全民阅读工作经验交流会时隔10年再次在广东深圳召开。会议由中共中央宣传部主办，中共深圳市委宣传部协办，深圳读书月组委会办公室、深圳出版集团承办，在五洲宾馆举办。中国出版协会常务副理事长邬书林，中国期刊协会会长吴尚之，中宣部出版局局长郭义强，中央文明办二局局长吴向东，广东省委副秘书长、广东省委宣传部副部长、省新闻出版局局长王桂科等出席会议，深圳市委常委、宣传部部长李小甘致辞。会上揭晓了“全国全民阅读优秀项目”名单并颁发奖牌，其中“深圳读书月”获此殊荣。全国妇联家庭和儿童工作部、北京市委宣传部、江苏省委宣传部、湖北省委宣传部、浙江省委宣传部、甘肃省委宣传部、中国图书馆学会、深圳市委宣传部8家单位代表交流发言。

11月8日，在深圳参加全国全民阅读工作经验交流会的各地代表参观了在深圳书城中心城展示的“大书城小书吧”展览。此外，该成果随深圳市委常委、宣传部部长李小甘参加首届海南岛国际图书（旅游）博览会，获得一致好评。中国书刊发行业协会理事长艾立民称赞“一区一书城、一街道一书吧”做法值得其他城市借鉴。

11 月 8 日，第二十届深圳读书月启动仪式在五洲宾馆举行。深圳市委书记王伟中出席活动并启动仪式。市委常委、宣传部部长李小甘致辞。联合国教科文组织原文化助理总干事班德林先生发来贺信。中宣部出版局局长郭义强、中央文明办二局局长吴向东，深圳读书月组委会总顾问厉有为、王京生，市领导高自民、吴以环出席相关活动。第二十届深圳读书月以“先读为快，行稳致远”为主题，全市组织开展 700 多项文化活动，分设“特别策划”“书海导航”“名家分享”“互联网 +”“书林撷英”等十大板块，众多知名作家、文化学者受邀做客深圳，与市民读者近距离互动分享。

11 月 8 日，由韬奋基金会主办，深圳出版集团、中国大百科全书出版社承办的韬奋基金会全民阅读促进会揭牌仪式在深圳书城中心城举行。中宣部出版局局长郭义强，中国出版协会常务副理事长邬书林，中国期刊协会会长吴尚之，韬奋基金会理事长聂震宁，中国书刊发行业协会理事长艾立民，中国出版集团副总经理孙月沐等嘉宾出席活动，共同为韬奋基金会全民阅读促进会的成立揭牌。韬奋基金会全民阅读促进会是从事全民阅读推广、研究、传播，由出版、发行等企事业单位和机构自愿结成的全国性、非营利性的社会组织，致力于提升全民阅读兴趣，培养全民阅读习惯，提高全民阅读能力，推动全民阅读事业的发展。

11 月 8 日，由第二十届深圳读书月盐田区组委会主办，盐田区图书馆承办的第二十届深圳读书月盐田区系列活动启动仪式在盐田区行政广场举行。盐田区委书记陈清、区人大常委会主任梁景海等相关领导同志与盐田区各街道、企业、学校、阅读志愿者、驻盐部队代表以及来深建设者等 500 多人参加了启动仪式。随后举办了“书记区长荐书活动”、盐田“智慧书房”阅读展示和体验区、“一带一路”公共图书馆文创产品展、“20

年：阅读，与盐田共生”主题图片大展、“碳币”换图书、读书月推荐图书展等多项精彩的阅读活动。

11 月 8 日晚，“南海潮头又春风”——第二十届深圳读书月经典诗文朗诵会在深圳广电集团演播厅举行。祝希娟、姚锡娟、虹云、吴俊全、王余昌、赵普、康庄、严晓频等国内朗诵名家到场表演。第二十届深圳读书月经典诗文朗诵会以深圳作家邓康延专为深圳读书月而作的文章《秋风浩荡好读书——深圳读书月二十年巡礼》作为开场篇。整场朗诵会分为《古风长吟书在手》《艺海听涛声入云》《东风起兮展诗情》3 个篇章。中央歌剧院演员、朗诵表演艺术家康庄为现场观众带来了经典名篇《岳阳楼记》的精彩朗诵。

11 月 9 日，由深圳市书城文化投资控股有限公司、深圳书城简阅书吧连锁有限公司承办的“‘阅读双城记’深圳·维也纳双城文学论坛暨国际城际阅读联盟亮相”活动在深圳书城中心城南区台阶举行。活动当天，全国政协常委、中国作协副主席白庚胜，开封市政府副市长、中国（河南）自贸试验区开封片区管委会主任刘震，深圳市委宣传部副部长刘文斌，世界文化遗产丽江古城保护管理局副局长晏湧，ICA 国际文化交流协会执行会长韩葵等领导应邀出席。当天国际城际阅读联盟正式成立并举办首场阅读双城记文学论坛。

11 月 9 日，由中国出版协会、深圳出版集团主办，深圳书城南山城实业有限公司具体承办的第二十届深圳读书月重点主题活动“出版改革成果系列宣讲活动深圳宣讲报告会”在深圳书城南山城召开，活动邀请中国出版协会常务副理事长邬书林、韬奋基金会理事长聂震宁、长江出版传媒集团原总编辑周百义、中国出版协会副秘书长刘丽霞等领导嘉宾及 150 位出版界、阅读推广同行出席，活动取得圆满成功，获得各方高度评价。

11月9日，2009—2019丰子恺儿童图画书奖作品插画展在福田区图书馆展出，并于当天举行了开幕式。浙江师范学院儿童文学研究院教授方卫平、中国著名儿童图画书画家黄丽、深圳市著名儿童阅读推广人袁晓峰带来“儿童图画书的过去、现在和未来”主题分享。截至闭展，观展人数近5000人次。

11月10日，深圳巴士集团在莲花山公交总站举行2019年深圳读书月“流动书巴”启动仪式。国务院参事、深圳读书月组委会总顾问王京生，深圳市委常委、常务副市长刘庆生等领导出席启动仪式。在第二十届深圳读书月期间，深圳巴士集团把数字阅读与读书文化引进10米车厢，将335条线路的6000多台车辆打造成“流动书巴”，穿越城市的大街小巷，引领全民阅读。

11月10日，由宝安区委宣传部主办、深圳书城宝安城实业有限公司、新桥街道承办的第二十届深圳读书月宝安区启动仪式在深圳书城宝安城三楼大台阶举办，宝安区读书月组委会各成员单位代表、读者代表和广大市民参加本次活动。

11月10日，由龙华区文化广电旅游体育局主办，龙华区教育局等单位承办的第二十届深圳读书月龙华区启动仪式暨龙华区首届诗词大会总决赛在大浪街道大浪时尚小镇公共服务平台一楼秀场举行。龙华区委常委、区政府党组成员马里出席了活动。活动以“四书五经”“唐诗宋词”“传统文化”“近现代诗词”等为范围，角逐出“龙华诗词大会个人金奖”“龙华诗词大会团队金奖”“龙华诗词大会金牌导师”。活动超过300位选手参加。第二十届深圳读书月期间，龙华区共举办46项120场活动。

11月12日，由深圳地铁运营集团有限公司、罗湖区图书馆、深圳书城罗湖城实业有限公司等单位共同承办的第二十届深圳读书月罗湖区“书香进社区”暨“地铁阅读季”启动仪式在深圳书城罗湖城一楼外广场举行。“书香进社区”通过吴甘霖分享会、悦读文化车、图书置换等活动展开；“地铁阅读季”以“地铁享阅读，书香漫深圳”为主题，通过书香专列、图书置换、地铁阅读文化角、扫码听书等活动展开，参与人数逾百万。

11 月 12 日，由南山区委教育工委、南山区教育局主办的第二届深圳名师论坛在南山文体中心启动，共设九大专场论坛，首次推出“南山校长圆桌论坛”。在 8 场分论坛活动中，各校开展了学生阅读成果展示、教师沙龙、家校共读等丰富多彩的阅读活动，邀请儿童文学家、中国阅读推广人梅子涵，香港教育大学教授赖明珠，北京中关村三小雄安校区校长张文峰等专家学者参与活动。活动通过专题讲座、阅读分享等形式从 11 月 12 日持续至 12 月 12 日。

11 月 13 日，法国作家塞西尔·皮沃女士参加海天出版社“中法讲书团全国巡讲”活动，该活动以“左岸书香：邂逅法兰西”为主题，坚持秉承以加强中法文化交流为宗旨，在深、桂两地举办了一系列阅读推广活动。该活动于 2018 年由海天出版社发起，在法国和中国多个城市轮流举办。

11 月 14 日，福田区“图书馆 + 书店”战略合作联盟发布仪式暨“城市静空间”授牌 + 对话研讨在深圳书城中心城北区大台阶举行。福田区图书馆和深圳书城中心城、本来书店、覔书店、时间行者书店、笔画生活书店战略合作联盟正式启动运作。福田区委宣传部部长高大伟、福田区文化广电旅游体育局副局长罗春方等嘉宾出席活动，随后高大伟、孙重人、王冰带来“图书馆 + 书店 融合发展嘉宾对话”，探讨馆店合作未来发展方向。

11 月 15 日上午，《让城市的每扇窗户都透着阅读的灯光——20 年，与深圳读书月一起走过》新书首发式暨深圳读书月 20 年座谈会在深圳书城中心城举行。北京大学教授谢冕、深圳市副市长吴以环、深圳市委宣传部副部长刘文斌等领导嘉宾共同为新书揭幕，并向深圳市史志办公室、深圳市社科院、深圳图书馆等 5 家单位进行赠书。该书由深圳读书月组委会办公室策划编写，海天出版社出版，是深圳读书月在创立 20 年之际重点推出的总结成果之一，也是"二十年，十个一"特别策划的重点项目之一。全书 24 万字，共收录 40 篇文章，50 多幅老照片，图文并茂地回顾了 20 年读书月的温暖故事和温馨历程。

11 月 15 日，海南省举办 2019 年海南岛首届国际图书（旅游）博览会，深圳作为此次博览会的主宾城市，深圳出版集团旗下海天出版社携优秀传统文化类、深圳人文地理类、非遗传承类、青春读物类、经济管理类、法语文学类等六大类近 300 种精品图书亮相。

11 月 16 日，由国务院参事室内刊编辑部和深圳读书月组委会办公室联合举办的第二十届深圳读书月主题活动"论国是"系列座谈会在深圳举行。北大教授、博导、北大中国语言文学研究所所长谢冕，国务院参事、深圳读书月组委会总顾问王京生，中央文史馆馆员、北大中文系教授陈平原，中央文史馆馆员、复旦大学历史地理所教授葛剑雄等嘉宾围绕"物质之强与精神之强"主题，就文化自信、文化创新与城市阅读等话题展开深入探讨。

11 月 16 日，2019"年度十大童书"颁奖典礼在深圳书城中心城南区台阶举行。北大教授、博导、北大中国语言文学研究所所长谢冕，国务院参事室特约研究员、《国是咨询》总编辑郗杰英，全民阅读形象大使、中央电视台《读书》栏目主持人李潘，深圳市教育局副局长王水发、深圳市文化广电旅游体育局副局长陈绍华，深圳出版集团党委书记、董事长尹昌龙等领导和嘉宾，以及全国20余家出版社代表出席并参加了颁奖典礼。“年度十大童书”已成为颇具影响力的权威童书榜单，旨在为广大家长选择儿童读物提供指引，让儿童遇见优秀童书。

11月16日，在华侨城湿地自然学校影像播放厅举办“2019大鹏自然童书奖”颁奖典礼。该活动以“多样的生命”为主题，面向全球征集到300余本华文自然童书。活动现场公布了华文原创大奖和国际作品大奖等十大奖项，最终诞生“十大自然童书”。当天同时举办了“多样的生命”——2019大鹏自然童书奖优秀童书展，“给孩子的清宫鸟谱——童书创作分享会”等系列活动。

11月20日，由共青团深圳市委、深圳读书月组委会办公室主办，青年发展说第四期暨“青年好读书”朗读演说会在深圳联通大厦举行。朗读演说会以“青年好读书”为主题，邀请到来自市朗诵艺术家协会的朗读者和“2019年十大深圳好青年”俞露、刘培超等优秀青年演说人朗读好书，结合自身生活和阅读经历，抒发读书心得和人生感悟。同时开展“青年好读书”阅读角活动，让青年和市民朋友可以免费在店阅读图书。

11月22日，由深圳市文联主办、深圳市作协承办的“南方·北方”田地诗词作品研讨会在深圳市文联九楼会议室举行。活动邀请中国作协副主席高洪波，深圳市文化广电旅游体育局副局长钱强，著名影视艺术家、国家一级编导贺梦凡，中国音乐家文学学会副会长兼秘书长李昌明，著名词作家蒋开儒，著名作曲家姚峰及文化学者近300人参加。

11月22日，由深圳书城中心城承办的第二十届深圳读书月辩论赛在深圳书城中心城南区举办。经过初赛和决赛的激烈角逐，菖蒲辩论社获得冠军，南方科技大学辩论队获得亚军。

11月23日，第三届文明阅读小义工颁奖典礼在深圳书城南山城三楼活动区举行。为弘扬民族优良传统，培养学生“奉献、友爱、互助、进步”志愿精神，深圳书城南山城成立“深圳书城南山城文明阅读小义工”志愿服务，3年来，已有14000多名小义工参加志愿活动。此次表彰以“倡导文明阅读”为理念，“提升自我”为主题，评选出10名优秀小义工、优秀团体奖和5名单项奖小义工。颁奖典礼上，南山区委宣传部副部长、区文明办主任宁少贤向深圳书城南山城颁发“南山区新时代文明实践点”牌匾，表彰及肯定深圳书城南山城在提倡及推广文明阅读所做的工作。另外，在“文明阅读小义工”的基础上，深圳书城南山城开始招募初高中大专院校及成人义工，是首个得到义工联认证可录入义工工时的书城服务岗，至今招募初高中学生义工2282名。

11月23日，由深圳读书月组委会办公室、深圳市阅读联合会、深圳市收藏协会主办，深圳尚书吧承办的“伍文弄墨——2019深圳私人藏书联展”暨“珠玉文心——崔文川藏书票艺术展”在深圳书城中心城二楼中厅开展。展览邀请10余位深圳本土藏书家，围绕手稿本、签名本、批校本、信札四大主题展出古旧书近150种。

11月23日，第二十届深圳读书月2019深港澳中小学生读书随笔大赛颁奖典礼于深圳书城中心城举行。此届大赛年度主题为“经典阅读＋庆祝中华人民共和国70华诞”。2019年，深圳赛区增加了小学组和现场作文环节，征文环节设置了网上投稿和分享点赞，现场作文环节安排了百米卷轴展示、现场照片线上同步更新和家长免费讲座区，借此向中华人民共和国70华诞献礼。深港澳教育文化界嘉宾和获奖学生、老师、家长及学校机构代表共400余人出席此活动。该活动累计征稿达37000余篇。

11月23至24日，第六届广场换书大会 × 阅读生活节在华强北华强广场举行。活动全新升级，以"'书'是生活"为主题，通过换书活动、文创集市、好书推荐、阅读分享等内容为市民读者打造丰富的阅读嘉年华。为期 2 天的活动吸引近万人参与，换书量近 5000 册次。

11 月 24 日，"对白·流年"都市讲坛在罗湖区图书馆举办。活动邀请江苏省作协副主席、南京市作协主席、当代著名作家叶兆言为主讲嘉宾，以"废墟上的怀旧"为主题，与高级编辑、著名海洋文化学者梁二平展开深度对话。

11 月 26 日，由广东图书馆学会主办、盐田区图书馆承办的全省图书馆界最重要的会议之一——广东图书馆学会第十三次会员代表大会在盐田会堂召开。全省 300 多名会员代表、特邀代表参加会议。盐田区图书馆获"先进工作单位"称号，盐田区图书馆"山海之旅·走读盐田"项目获案例大赛二等奖。"山海之旅·走读盐田"活动是深圳市首创"走读"文旅地标、深度文旅融合的阅读活动，用立体式、沉浸式的阅读研学体验推广盐田文化旅游资源，全年开展 12 期。

11 月 26 日，在广东图书馆学会 2019 年阅读推广案例大赛中，坪山区图书馆提交的"'书话坪山'主题沙龙"项目，荣获三等奖。

11 月 26 日下午，由深圳市教育局、深圳读书月组委会办公室、深圳少年儿童图书馆、深圳市阅读联合会主办，深圳晚报社承办的"看见城市的光——2019 最美校园图书馆"评选活动颁奖礼在深圳中学举行。本次活动聚焦理念之美、空间之美、图书之美、服务之美、活动之美 5 个维度，共评出"2019 最美校园图书馆"大奖 10 个、"2019 最美校园图书馆提名奖"30 个。此次活动共有全市 800 所校园图书馆参评，产生候选图书馆 55 所，其中 30 所通过初评，经过实地走访终评，最终确定了 10 所"2019 最美校园图书馆"。活动展现了深圳校园浓厚的阅读氛围，进一步吸引全市对校园阅读的关注。

11 月 27 日，深圳读书月“年度十大文学好书”评选揭晓礼在南山文体中心举行。评选出《云中记》《T.S. 艾略特传——不完美的一生》《手上春秋——中国手艺人》等十大文学好书。经现场嘉宾及近 300 位观众共同投票，《云中记》成为大众最喜爱的年度推荐图书。揭晓礼还公布了年度致敬出版机构——人民文学出版社，年度致敬出版人——曹元勇，年度致敬作者——黄永玉，以及年度致敬译者——黄灿然 4 个致敬单元奖。

11 月 27 日，福田区读书月“书香溢校园 悦读伴成长”校园嘉年华活动，在园岭外国语小学举办，该活动共有 1800 名学生参与。

11 月 28 日，在由中国出版传媒商报社、新华文轩出版传媒股份有限公司联合主办的“壮丽 70 年 · 书香社会”中，深圳市党群服务中心党建书吧获评“新华名店”。

11 月 28 至 29 日，市妇联“阳光童年——知识关爱留守流动儿童项目”相继在河源和平县贝墩镇共荣村、深圳龙华区大浪街道启动开展“快乐阅读会”系列服务活动。2019 年，“阳光童年”项目共开展个人阅读成长、能力成长等主题工作坊、小组、户外体验、公益电影播放、来深夏令营等服务及活动 20 场次，共计服务近 1200 人次。项目自 2016 年 8 月开展至今，针对留守流动儿童开展早期阅读推广、个人能力成长、亲子关系提升等服务活动近 80 场次，服务近 7000 人次，捐赠儿童用品 500 件、爱心图书 3000 册，并在河源与深圳同时链接资源，为留守流动儿童及其家庭提供关爱服务。

11 月 29 日，由深圳读书月组委会办公室、深圳报业集团主办，深圳特区报社、深圳合纵文化集团承办，以“扬风颂雅——致敬韩愈柳宗元”为主题的“第十三届‘诗歌人间’原创诗歌音乐会”在合纵旗下胡桃里音乐酒馆中心城店举办。2019 年，“诗歌人间”再度牵手合纵文化集团，以“诗歌朗诵 + 歌唱”的方式，邀请韩东、西川、吕德安等 14 位嘉宾参与诗歌盛会。

11 月 29 日，由中国图书馆学会阅读推广委员会、中国阅读学研究会、深圳读书月组委会办公室、宝安区委宣传部、南方都市报、深圳市阅读联合会主办，南都读书俱乐部承办的第五届“领读者大奖”颁奖礼在深圳市宝安区青少年宫举行。深圳读书月特别顾问、中国出版协会常务副理事长邬书林，第十二届全国政协委员、韬奋基金会理事长、中国出版集团原总裁聂震宁，深圳市委宣传部副部长、市新闻出版局局长王楚宏等领导参加了本次活动。活动组织评选“年度致敬大奖”“年度领读者大奖”“阅读组织奖”“阅读项目奖”“阅读空间奖”“阅读支持奖”等奖项，并创新推出“5 周年宣传片”“领读城际阅读对话”“领读报告”等内容。其中深圳大学简阅书吧荣获第五届领读者 · 阅读空间奖。深圳市南山区教育局荣获领读者 · 阅读支持奖。

11 月 29 日下午，由深圳读书月组委会办公室、深圳出版集团主办，深圳市全民阅读研究与推广中心、深圳市阅读联合会、深圳市华文国际传媒有限公司承办的 2018—2019 年度深圳数字阅读报告发布会暨精英沙龙在深圳书城中心城举办。深圳市委常委、宣传部部长李小甘，深圳市委宣传部副部长、市新闻出版局局长王楚宏等领导和嘉宾出席发布会。发布会现场为宝安区、龙岗区、龙华区颁发了“2018—2019 深圳数字阅读奖”活力区奖，并为在数字阅读领域中表现突出的企业颁发“2018—2019 深圳数字阅读奖”服务创新奖项。本次数字阅读大会推出了《2018—2019 年度深圳数字阅读报告》，为数字阅读研究提供了基本方法和数据基础。

11 月 30 日，由深圳书城宝安城实业有限公司承办的 2019 年第二届

“十大劳动者文学好书榜”评选及颁奖活动在深圳书城宝安城华夏星光影院举行。活动邀请由中国作协副主席叶辛领衔的19人作为评委团，评选出10部2019“十大劳动者文学好书”和2家2019“全国劳动者文学好书优秀出版社”。广大读者参与热情高涨，通过网络渠道共投出86万票，选出5本2019“最受网民喜爱的劳动者文学好书”。

11月30日下午，“全民阅读丛书·名家系列”新书首发暨深圳读书论坛“在历史的天空下”对话在深圳图书馆举行。国务院参事、深圳读书月组委会总顾问王京生，全国政协委员兼副秘书长、民进中央副主席朱永新，第十二届全国政协委员、韬奋基金会理事长聂震宁共同为新书揭幕，并围绕“城市与阅读”为主题展开对话。该活动由深圳读书月组委会办公室主任，深圳出版集团党委书记、董事长尹昌龙主持。“全民阅读丛书名家系列”图书由深圳市全民阅读研究与推广中心策划，海天出版社出版。丛书第一期推出“名家系列”，包括《让城市因热爱读书而受人尊重：阅读与城市发展》《造就中国人：阅读与国民教育》《改变，从阅读开始：阅读与时代变革》3本。

11月30日晚，第二十届深圳读书月总结分享会暨第八届“温馨阅读夜”启动仪式在深圳书城中心城举行。全国政协委员兼副秘书长、民进中央副主席朱永新，国务院参事、深圳读书月组委会总顾问王京生，深圳市委常委、宣传部部长李小甘等领导嘉宾出席。围绕“先读为快，行稳致远”年度主题，此届深圳读书月组织策划了722项主题活动，其中重点主题活动60项，近四成是新设项目。活动现场公布了深圳市第五批全民阅读示范单位、示范项目和优秀阅读推广人，第二十届深圳读书月“最具影响力活动”和“最具人气活动”等奖项并予以表彰。随后举行的“温馨阅读夜”精心策划了“我们的故事——深圳人讲深圳事主题作品展演”、

“汉字大咖”竞赛、“因书结缘，以书会友”“台阶音乐会”等活动。当晚全场出版物最低折扣 6.8 折起。收官阶段，赠书献爱心、名著新编短剧大赛等 20 余项活动再掀读书热潮。据统计，第二十届深圳读书月吸引约 1100 万人次参与，反响热烈。

11 月 30 日晚，由深圳读书月组委会、深圳市新闻出版局联合主办，深圳读书月组委会办公室和深圳市阅读联合会联合承办的第五批深圳市全民阅读示范单位、示范项目、优秀推广人颁奖礼在深圳书城中心城南区大台阶举行。本次评选工作于 7 月 17 日正式启动，最终评选出示范单位、示范项目、优秀推广人各 10 个。示范单位分别是深圳市福田区红岭中学、深圳市罗湖区教育局、深圳书城罗湖城实业有限公司、深圳市莲南小学、深圳市南都读书俱乐部、深圳书城宝安城实业有限公司、宝安区打铁文艺社、深圳市友谊书城有限公司和坪山区图书馆。示范项目分别是深圳读书论坛、“十大书香企业”评选、“深圳校园十佳文学少年”评比活动、“看见城市的光”小而美系列评选活动、“南书房家庭经典阅读书目”推荐推广十年计划、图书馆第一课、“阅芽计划”项目、“星星点灯”自闭儿童读书会、春韵文学社和大鹏自然童书奖。优秀推广人分别是曹宇、许石林、熊佑平、张岩、丁时照、周英雄、林苒、张玉波、韩岩、宁宇。

## 12 月

12 月 5 日，第二十届深圳读书月重点主题活动“赠书献爱心”在金山大厦八楼会议室举行赠书仪式。深圳市委宣传部、深圳出版集团等主承办单位的领导嘉宾出席了赠书仪式，向热心捐赠单位代表颁发荣誉证书，并向“青工书屋”“读书月联系单位”等受赠方代表赠书授牌。第二十届深圳读书月共收到全国 112 家优秀出版单位和热心捐助单位共计 5 万余册爱心图书，价值近150万元。其中人民出版社、海天出版社捐赠图书价值超过10万码洋。列入今年受赠单位的“青工书屋”、广东省及全国各省市贫困地区中小学校等共计23家。

12月9日，2019年深圳图书情报学会年会暨第二届深圳“图书馆之城”发展论坛在深圳北理莫斯科大学会堂举办，来自全市20个会员单位的近300名会员和138名演职人员共同参与。年会现场对年度优秀论文、优秀课题及优秀学会工作者、优秀会员、优秀服务奖等进行表彰。中国图书馆学会副理事长、深圳北理莫斯科大学图书馆馆长朱强，广东图书馆学会理事长、广东省立中山图书馆馆长王惠君做专题报告。

12月10日，大鹏新区管委会举办2019年“大鹏生态文学奖”征文大赛颁奖仪式。生态环境部原副部长周建，全国政协委员、中国作协副主席、中国作家军事文学委员会主任、国防大学军事文化学院文艺创演系主任徐贵祥等领导和作家出席了本次颁奖活动。活动面向全国征集到作品6500余篇，最终评选出小说、散文、诗歌一等奖各1篇，二等奖各2篇，三等奖各3篇，优秀奖各10篇，共48篇作品。

12月15日，第六届“深圳十大佳著”评选活动颁奖仪式在深圳书城中心城举行，《手上春秋：中国手艺人》《非常眼》《深圳通史·图文版（01、02）》等10部非虚构文学类作品被授予“深圳十大佳著”称号。

12月15至31日，福田区“一座城一本书”城市导览活动在福田辖区举行，包括“解码读城”城市漫步导览、“城市之心”建筑博览之旅、“荧光徒步”城市导览之旅、“深圳之心”影像读城摄影展、“中心区变形记”城市读本分享会，带领读者游览福田中心区的多个经典历史建筑物，后邀请城市设计专家、地方历史研究专家带来分享，引导市民走读深圳。

12月20日，光明街道综合性文化服务中心揭牌并正式投入使用，以图书馆作为主要阵地，面积 700 多平方米，藏书 3 万册，集自助服务区、少儿阅览室、电子阅览室、成人阅览区、藏书区、采编室、档案室等于一体，为居民群众提供更为优质的阅读服务和更为舒适的阅读环境。

12 月 21 至 26 日，深圳市书城文化投资控股有限公司特别策划承办的国风创艺节——“这里是中国·每一寸都是挚爱”主题阅读活动在深圳市人才公园求贤阁二楼举办。活动采用“国风有声书画展 + 国风咏流传 + 国风名家谈 + 国风文创展”等多种形式展开立体阅读，吸引了诸多热爱摄影、地理和书画的市民前来观展。

12 月 22 日，盐田区图书馆获深圳市海洋渔业局颁发的 2019 年首批“深圳市海洋文化意识教育基地”称号。

12 月 22 日下午，由深圳读书月组委会办公室、福田区委宣传部、深圳市阅读联合会、福田区公共文化体育发展中心共同主办，深圳市壹书文化传播有限责任公司承办的“少年诗词达人大赛”决赛在深圳书城中心城拉开帷幕，福田区委常委、宣传部部长高大伟为此次大赛致辞，国务院参事、深圳读书月组委会总顾问王京生作为特邀嘉宾出席。

12 月 23 日，深圳市“新时代十大文化设施”首批项目开工仪式暨深圳湾文化广场项目奠基活动举行，标志着包含深圳第二图书馆在内的全市新一轮重大文化设施建设正式进入实施阶段。广东省委副书记、深圳市委书记王伟中宣布项目开工，并与深圳市市长陈如桂、市委宣传部部长李小甘、市政府常务副市长刘庆生、市委秘书长高自民、市人大常委会副主任蒋宇扬、副市长吴以环、市政府秘书长曾湃等为项目培土奠基。深圳第二图书馆承担着“一馆一库三中心”功能，整个建筑地上 6 层、地下 3 层，建筑面积约 7.2 万平方米，设计藏书量 800 万册，提供阅览座位 2000 余个，预计将于 2023 年投入使用。

12 月 25 日，“温暖的友情——巴金与友朋往来手札展”在坪山区图书馆开幕。此次展览重点展出巴金与鲁迅、郭沫若、茅盾、老舍、曹禺、叶圣陶、冰心、沈从文等 40 余位友人（及其家属）的往来手札，配以作家简介、交往照片、赠书、赠物、相互评说等文献，生动再现巴金与这些作家之间的深厚情谊，展现中国现代文学圈名家精神印记。

12 月 31 日上午，深圳书城龙华城开业。国务院参事王京生，深圳市委常委、宣传部部长李小甘，龙华区委书记杜玲，区委副书记、区长王卫等领导出席开业典礼。李小甘宣布深圳书城龙华城开业，与会主要领导、嘉宾共同为书城开业启动。深圳书城龙华城占地面积 10562.31 平方米，其中书业经营面积约占四成，其他配套业态、公共活动区面积约 2.95 万平方米，是被列入《深圳文化创新发展 2020（实施方案）》和《深圳市国民经济和社会发展第十三个五年规划纲要》的重要惠民工程。

2019 年，深圳图书馆数字资源馆外访问量破百万，创历年新高，达 109.63 万人次，同比增长 36.49%，相关新闻报道被学习强国 App 收录。

# 后记

《深圳全民阅读发展报告》自 2016 年 4 月发布以来，现已连续出版 5 本。作为我国首部以城市为单元的阅读报告，我们一直坚持探讨全民阅读的新风向、新理念，以科学严谨、博纳包容的态度，努力促进全民阅读的发展。

为体现全民阅读国家战略导向，聚焦城市阅读特色和发展动态，本书首次提出报告的年度主题——先读为快，行稳致远。“先读为快”体现了深圳求知进取的价值共识；“行稳致远”彰显了深圳持续先行的文化驱动。全书紧扣主题，汇集 2019 年深圳全民阅读领域的推广成果、先进经验、发展研判等，从特稿、总报告、阅读综合研究、“深圳读书月”研究、数字阅读研究、图书馆研究、阅读平台研究和阅读空间研究 8 个板块探讨阅读研究与实践。

本书在编写过程中，得到了众多持续为全民阅读做出贡献的专家学者的大力支持。在这里由衷感谢朱永新委员应允刊载特稿，王京生参事和李小甘部长专门为本书撰稿，让我们感动之余备受鼓舞。感谢天府书展和海南书展与我们分享宝贵经验，感谢一如既往给予我们支持的国务院参事室、深圳市社科院、深圳大学、深圳图书馆、各民间阅读组织及民营书店的合作伙伴们，大家持之以恒的支持和贡献，才促成了本系列图书的持续出版。

2020 年，深圳全民阅读活动已走过 20 载。深圳的社区街道随处可见书吧书店，市、区中心的图书馆、书城为市民灌输着书籍的养分；每日上演的亲子阅读、名家论坛和读书分享会等各类阅读活动都在激发着我们的阅读兴趣；还有不断完善的阅读设施、阅读推广理念和阅读模式研究等，都在践行着深圳作为“全球全民阅读典范城市”的光荣使命和神圣职责。本书旨在整合行业的前沿经验和智慧成果，为研究阅读活动、阅读设施、阅读平台不断总结经验，激发深层次的持续思考，推动深圳继续探索更为广阔的全民阅读发展道路。

习近平总书记指出，要提倡多读书，不断提升人民思想境界、增强人民精神力量，中华民族的精神世界就能更加厚重深邃。去年，《中共中央 国务院关于支持深圳建设中国特色社会主义先行示范区的意见》赋予深圳“城市文明典范”的战略定位，并提出通过全面推进城市精神文明建设实现发展目标。国家战略举措一再强调阅读对于人民生活的必要性和重要性，以及全民阅读在国家发展战略中的重要地位。这无疑也给深圳提出了更高的要求，分享全民阅读推广经验、加强阅读文化交流，深圳一马当先，任重而道远。我们期待本书的出版能引领全民阅读向纵深发展，打造一个与“先行示范区”发展活力与文化魅力相匹配的书香社会。

深圳市全民阅读研究与推广中心

2020 年 4 月